KB093060

365일 역사에서 배우는

# 세상을 바꾼 전략 36계啓

365일 역사에서 배우는

# 세상을 바꾼 전략 36계啓

김재한 지음

아마존의나비

365일 역사에서 배우는

# 세상을 바꾼 전략 36계略

**펴낸날** 2019년 9월 2일 초판 2쇄
2016년 3월 31일 초판 1쇄

**지은이** 김재한 **만들어 펴낸이** 오성준 **펴낸곳** 아마존의 나비
**디자인** 디자인콤마 **인쇄처** 이산문화사
**출판등록** 제2018-000191호 (2014년 11월 19일)
**주소** 서울 마포구 양화로 56 동양한강트레벨 1022호
**전화** 02-3144-8755, 8756 **팩스** 02-3144-8757
**웹사이트** info@chaosbook.co.kr
**정가** 17,000원
**ISBN** 979-11-954108-8-0 03340

아마존의나비는 카오스북의 인문학 임프린트입니다.

# 머리말

최근 인공지능 알파고가 이세돌 9단을 4 대 1로 꺾어 파란을 일으켰다. 경우의 수가 거의 무한대로 많은 바둑의 속성 그리고 모든 계산을 하지 않고는 옳은 선택을 할 수 없는 컴퓨터의 속성 때문에 컴퓨터는 인간 바둑 고수에게 이기기 어렵다는 통설을 깬 것이다. 알파고의 승리를 두고 여러 해석이 가능하겠지만, 무엇보다도 인공지능의 계산이 직관에 의존한 인간보다 더 빠르고 정확함에 다름 아니다.

직관과 계산은 서로 반대되는 의미가 아니다. 과거의 경험에서 얻은 감으로 굳이 새롭게 일일이 계산하지 않고 결정하는 것이 직관이다. 인공지능이나 사람에게는 과거의 경험 자체가 계산인 것이다. 알파고가 굳이 모든 경우의 수를 따지지 않고 과거 데이터에 기초해서 일부 경우만 따져 선택하는 방식은 인간의 직관과 별 차이가 없다.

인터넷이 발달한 오늘날에 지식의 검색은 매우 쉽다. 굳이 기억하지 않아도 스마트폰으로 바로 검색할 수 있는 세상이다. 여러 지식과 정보를 단순하게 나열하는 병렬 작업에 관한 한 컴퓨터가 인간을 뛰어넘은 지는 이미 오래다. 하지만 개별 지식들을 연결하는 논리적 사고는 인터넷을 통해 바로 얻을 수 있는 것이 아니다. 알파고의 승리는 인공지능이 그런 계산을 일부 대신해줄 수 있음을 보여준다. 상대의 포석뿐 아니라 과거 데이터 분석을 통해 경우의 수를 압축한 후 계산하여 대응하는 방식이다. 이러한 방식은 인간이 전략론적 관점에서 알고리즘을 짜줘야 가능하다. 다양한 지식과 정보를 융합하는 작업은 아직 인간의 도움 없이 컴퓨터가 혼자 해낼 수 있는 일이 아니다.

이 책은 융합, 즉 동서고금의 여러 파편적인 세상사를 전략적 키워드로 묶어본 것이다. 조선시대 관청이나 벼슬아치가 임금에게 올리는 글을 계언啓言, 줄여서는 계啓로 불렀다. 이 책의 36편 글이 독자에게 드리는 새로운 계언이라는 점에서 부제를 〈36계〉로 정했다. 6개 분류에서 각각 6개씩, 총 36가지 계計를 제시하고 있는 〈36계計〉를 패러디하여 정한 부제임은 물론이다.

〈36계計〉는 전략적 교훈을 잘 정리하고 있지만 저자가 명확치 않고 그 발견 시점이 근대라는 점에서 권위를 갖춘 문헌이나 고전으로 간주되지는 못하고 있다. 게다가 〈36계計〉는 남을 속이는 방법에 대해 많이 논하고 있다. 이기심과 이타심은 양립할 수 없는 정반대의 마음으로 생각하기 쉽지만, 꼭 그렇지만은 않다. 남이 잘되는 것이 결과적으로 나의 행복을 증진시키는 경우도 많다. 그래서 부제를 조금 다른 의미의 〈36계啓〉로 정했다.

36장의 글은 각각 하나의 연구논문으로 여기고 집필했다. 사료 등의 근거를 주석으로 붙이고 싶은 학자적 동기가 치밀었지만 책의 가독성을 위해 출판사에서 극구 말렸다. 결국 주석을 달지 않았지만 내용을 철저하게 고증하여 집필한 것임을 밝힌다. 한편 책 곳곳에서 일반적으로 알려진 내용과 어긋난 부분을 발견할 것이다. 사실에 기초하되 교과서적인 당연한 내용에서 탈피하려고도 노력했다. 객관적 사실뿐 아니라 독창적 해석에도 많은 시간을 들였다.

사마천의 『사기』가 사실을 단순하게 잘 나열했기 때문에 오늘날 훌륭한 고전으로 남아있는 것은 아니다. 잘 엮어 해석하고 있기 때문에 많은 사람들이 애독하고 있다. 이 책도 시대와 장소를 초월한 전략 개념으로 세상사를 서로 연결시키고 있다. 지구 반대편에서 또 고대와 현대처럼 장소와 시대가 전혀 다른 사건을 함께 엮고 있기 때문에, 자의적으로 갖다 붙여 서술하고 있다고 여길 독자도 있을 것이다. 보편적인 계啓를 드러내려는 필자의 노력으로 이해해주면 좋겠다.

이 책은 여러 분야에서 활용할 수 있다. 먼저, 일반 독자에게는 선거와 같은 정치 게임의 관전 포인트를 제공한다. 또 전략적 정치 참여를 가능하게도 한다. 당선 가능성을 보고 차선의 대안에게 투표하는 이른바 전략적 투표에 관한 장은 어떻게 투표 선택으로 정치 결과를 바꿀 수 있는지를 설명한다.

정치인에게도 전략적 한 수를 던져 줄 수 있다. 한국 사회에서 바둑 9단에 빗대 정치 9단이라는 용어가 언론에 심심치 않게 등장한다. 정치 9단들은 엄격한 수리적 계산에 의해 자신의 선택을 결정하지는 않는다. 주로 직관에 의존한다. 이 책에서는 정치 9단의 행동을 논리적 계산으로 설명한다.

한국 정치처럼 정당체제가 불안정한 나라에서는 창당이 매우 중요한 정치 행위다. 어떤 창당이 블루오션 공략이고 어떤 창당이 틈새시장 공략이며 어떤 창당은 성공하지 못할 것인가는 신민당 창당을 다룬 장에서 보여줄 것이다.

한국 선거에서 연대가 가장 중요한 관심사가 된 지는 이미 오래다. 합당도 종종 발생한다. 한국정치사에서 가장 큰 규모의 합당은 이른바 3당 합당이다. 지나치게 거대한 규모의 정당은 유지하기 어려운데, 3당 합당으로 탄생한 민자당이 거대여당을 유지했던 비결은 안정적인 지분 배분에 있었다. 이에 관한 장에서 배분의 황금비를 이해할 수 있을 것이다.

선거를 앞둔 공약 수립이나 인재 영입에 있어 이른바 좌클릭이 유리하냐 아니면 우클릭이 유리하냐는 고민이 있다. 이른바 집토끼와 산토끼의 사정을 따지면서 선택해야 할 것인데, DJP연합을 다룬 장에서 산토끼 공략의 성공 조건을 제시하고 있다. 오늘날 여론조사는 선거 전망뿐 아니라 정당의 후보 공천 과정에도 활용되고 있다. 정확한 여론조사를 수행하는 방법과 여론조사 결과에 영향을 주는 경로에 대해서도 언급했다.

민주사회에서 대중의 생각은 매우 중요하다. 괴벨스의 대중 선동에 관한 장과 드레퓌스 사건에 관한 장은 오늘날 소셜미디어의 발달 속에 더욱 폭발적인 영향력을 갖는 군중 심리에 대해 여러 시사점을 제공한다. 토목건축의 정치적 효과는 청계천 복원, 삼각지로터리 건설, 평양도시 등을 다룬 장에서 언급하고 있다. 외부세력과의 대치 속에 국내정치의 안정이나 패권을 도모하는 전략은 나폴레옹과 메이지를 다룬 장에서 이해할 수 있다.

국제정치 문헌에 자주 등장하는 게임 두 가지는 죄수딜레마 게임과 치킨 게임이다. 죄수딜레마 게임은 중앙정부가 없는 국제사회에서 자주 맞닥뜨리는 상황이고 따라서 무임승차가 발생하기 쉽다. 이런 죄수딜레마 상황에서는 '눈에는 눈, 이에는 이' 전략이 상호협력을 가져다줄 수 있다. 기후변화 대응에 관한 장 그리고 대북정책에 관한 장은 상호주의의 효과와 한계에 대해 정리하고 있다.

치킨 게임은 벼랑끝 대치에서 종종 볼 수 있는 상황이다. 치킨 게임에서의 수읽기는 카이사르의 루비콘 도강, 임진왜란의 탄금대 전투, 미국의 쿠바 미사일 봉쇄, 연평도 포격 등을 다룬 장이 예시하고 있다. 배수진의 효과와 한계를 이해할 수 있을 것이다.

보불전쟁에 관한 장은 전략적 사고가 겸비된 전쟁이 통일을 가져다주고, 그렇지 못한 전쟁은 분단을 고착화시킨 사례를 설명한다. 아울러 개방이 통일과 발전을, 쇄국이 분단을 초래하고 발전을 저해한 사례도 설명하고 있다. 이외에도 인간사회의 일면을 다루고 있는 여러 장들은 전략이 작동하지 않는 분야가 거의 없음을 보여주고 있다.

이 책의 초고는 '중앙일보 일요판'이라고 할 수 있는 〈중앙선데이〉 '세상을 바꾼 전략' 코너의 연재물이다. 발행일에 해당하는 '오늘의 역사' 가운데 하나에서 서너 개까지 골라 전략 키워드로 함께 서술해가는 방식이다. 연재하면서 느낀 점 하나는 당일 발생한 역사적 사건에서 전략적 측면을 발견하기 어려운 날짜는 거의 없고, 365일 거의 모든 날짜에 전략적 에피소드가 존재한다는 사실이었다.

이 책을 출간하게 된 동기 가운데 하나는 주변의 요구였다. 〈중앙선데이〉 인터넷 판이 유료로 전환되면서 찾아보고 싶은 이전의 글을 읽기 불편하다는 등의 이유로 책의 출간을 권유받았다. 2014년 9월부터 2016년 2월까지의 1년 6개월 동안 연재된 36편의 글을 1월부터 12월까지의 순서로 배열하되 〈중앙선데이〉 연재 당시의 시의성 대신에 시공을 초월하여 읽을 수 있는 문장으로 수정하였다. 이 책에서 다룬 사건과 관련 전략은 본문에 들어가기에 앞서 머리말 뒤에 따로 정리해 두었다. 이 책에서 다루지 못한 나머지 날짜 모두에 관한 원고가 추가되어 명실상부한 『전략 365일』이라는 역사서이자 전략서가 완성되기를 기대해 본다.

이 책과 관련하여 감사해야 할 대상은 그 누구보다도 〈중앙선데이〉다. 여러 생각을 정리하고 또 근거를 확인할 수 있는 기회였기 때문이다. 처음 연재할 때의 남윤호 편집국장님과 현재의 이정민 편집국장님, 특히 편집을 맡으셨던 김창우, 안혜리, 이현민, 장세정, 한경환, 홍병기 선생님께 깊은 감사를 드린다. 초고를 읽어준 김규현에게도 고마움을 표한다.

세상사 특히 산전수전을 많이 경험하여 만감을 느낄수록 깨달음도 함께 많아진다. 다만 그 경험이 심각한 세상사이면 후유증 또한 클 수밖에 없다. 세상사는 크든 작든 비슷한 원리로 작동한다. 그렇다면 후유증이 심각하지 않은 자그마한 세상사가 배움에는 훨씬 전략적이다. 그런 맥락에서 필자에게 전략적인 큰 배움의 기회를 안겨준 필자 주변의 모든 이에게 감사드린다.

알파고와 이세돌 9단 간의 다섯 번 대국이 끝난 날에

김재한

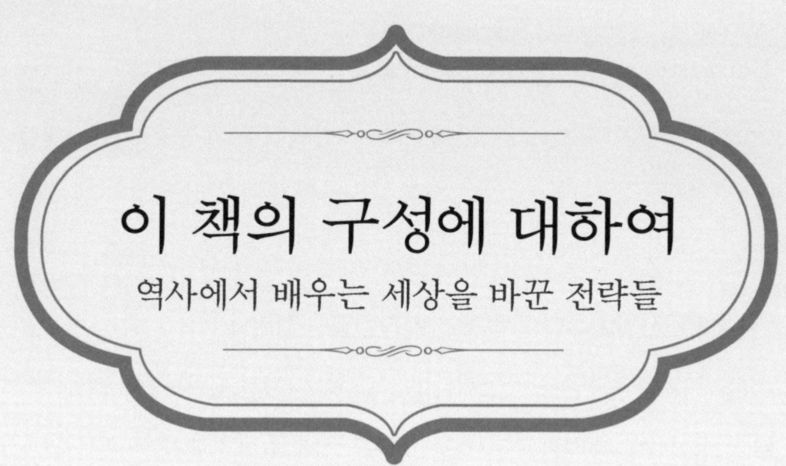

# 이 책의 구성에 대하여

## 역사에서 배우는 세상을 바꾼 전략들

우리가 확인할 수 있는 역사 속의 365일 모든 일자에 크건 작건 교훈을 얻을 수 있는 사건들이 발생했다. 수많은 사건들 중 이 책에서 분석의 준거로 다룬 사건들을 월별로 나열하면 다음과 같다.

**1월 4일: 1 · 4후퇴와 공성계—전략 1**

1951년 6.25전쟁 당시 서울에서 철수할 때 도시를 철저하게 비워 중공군의 전력을 소모시켰다. 이른바 공성계다.

**1월 10일: 카이사르의 로마 진격과 배수의 진—전략 2**

기원전 49년 율리우스 카이사르가 루비콘강을 건넜다. 힘겨루기의 치킨 게임에서 되돌릴 수 없는 행동을 선택함으로써 상대를 굴복시켰다. 기원전 205년 10월 정형에서 한나라 한신이 조나라를 상대로 구사한 배수진도 같은 맥락이다.

**1월 13일: 드레퓌스 사건에 대한**
**에밀 졸라의 기고와 조직화—전략 3**

1898년 에밀 졸라가 〈로로르〉에 '나는 고발한다'는 제목의 글을 게재했다. 드레퓌스를 마녀사냥하던 사회 분위기에 맞서 진실 폭로와 세 결집으로 소기의 성과를 이뤘다.

**1월 18일: 신한민주당의 창당과 시장진입—전략 4**

1985년 신한민주낭이 창당됐다. 창당 후 20여일 만에 치른 총선에서 기존 정당들을 싫어하던 유권자 집단의 적극적 지지를 얻어 제1야당으로 등극했다. 이른바 블루오션을 공략한 전략이었다.

**1월 22일: 3당 합당과 연대의 방정식—전략 5**

1990년 민정, 민주, 공화의 3당이 합당을 선언했다. 이렇게 탄생한 민주자유당은 거대 정당 유지가 어려운 속성에도 불구하고 1995년 공화계가 탈당할 때까지 5년을 유지했다. 더 큰 지분을 탐한 배반의 결과 자칫 승리연합에서 추출될 수도 있는, 이른바 배분의 황금비에 입각한 결과였다.

**2월 1일: 경부고속도로 기공식과 연결—전략 6**

1968년 경부고속도로 기공식이 있었다. 경부고속도로는 대한민국 경제 건설의 지름길로 기능했다. 또 1989년 한국과 헝가리는 대사급 공식외교를 체결했다. 한국은 헝가리를 전략적 거점으로 하여 다른 공산권 국가와 연이어 수교를 맺었다.

**2월 7일: 비틀스의 미국 입성과 중원 진출—전략 7**

1964년 영국 출신의 록그룹 비틀스가 뉴욕 케네디공항에 입국했다. 사통팔달의 중원에 성공적으로 진출함으로써 세계 시장을 장악할 수 있었다. 자신들의 이웃나라 프랑스에서의 인기도 미국에서의 인기 후에야 비로소 급등했다.

**2월 16일: 교토의정서 발효와 협력과 담합의 구조—전략 8**

2005년 교토의정서가 발효했다. 모두가 탄소 배출을 줄이는 상태를 더 선호함에도 불구하고 배출량이 감축되지 않는다. 무임승차가 가능한 죄수딜레마 게임 상황이다. 역설적으로 강제적 의무가 별로 없고 미사여구로 가득한 문서였기에 많은 국가가 교토의정서에 서명했다.

**2월 21일: 닉슨의 미국 방문과 우적관계—전략 9**

1972년 리처드 닉슨 미국 대통령의 중국 방문은 양극체제의 종식을 상징했다. 소련이 공동의 적이라는 맥락에서 미·중 화해가 이뤄졌다. 소련 붕괴 후에 미·중 경쟁은 다시 치열해졌다.

**3월 1일: 일제의 만주국 건국과 차도살인—전략 10**

1932년 일본은 만주국을 건국했고, 1934년 푸이를 만주국 황제로 즉위시켰다. 청나라 황제였던 푸이라는 청왕조 시신을 빌려 동북부 중국을 지배하려는, 이른바 차시환혼이었다. 이에 비해 차도살인은 남의 칼을 빌려 또 다른 남을 죽이는 행위다.

**3월 12일: 노무현 대통령 탄핵과 교각살우—전략 11**

2004년 야 3당이 국회 경호권을 발동하여 노무현 대통령 탄핵소추안을 가결시켰다. 야 3당에서는 논공행상까지 나올 정도로 승리에 만취했다. 그러나 1개월 후 실시된 국회의원선거에서 야 3당은 참패했다. 선거 1개월 후 헌법재판소는 탄핵심판 기각을 결정했다. 탄핵소추안 가결은 쇠뿔을 바로잡다가 소를 죽이는, 이른바 교각살우에 해당했다.

**3월 15일: 카이사르의 암살과 의인물용, 토사구팽—전략 12**

기원전 44년 로마 원로원 의원들이 율리우스 카이사르를 암살했다. 카이사르는 사람을 쓰면 의심하지 말라는 용인물의를 실천하고 있었다. 카이사르의 계승자 옥타비아누스는 의심스러운 자는 쓰지 않는 의인물용을 따랐고 또 불필요한 멤버를 솎아내는 토사구팽을 통해 최초의 로마황제로 즉위했다.

**3월 29일: 미군의 베트남 철수와 기대효용의 방정식—전략 13**

1973년 미국이 베트남에서 철수하고 전쟁 종식을 선언했다. 북베트남은 자국이 이길 가능성을 높게 평가하지는 않았지만 성공했을 때의 효용을 크게 인식했다. 다윗은 싸움으로 기대되는 효용이 싸우지 않을 때보다 크다면 이기기 힘듦에도 불구하고 골리앗과 싸운다.

**4월 13일: 출구조사와 예측—전략 14**

2000년 방송 3사의 첫 선거 출구조사가 실시됐다. 30여 개 선거구에서 당선자를 잘못 예측했다. 그 이후 선거 때마다 실시된 출구조사의 성적표는 좋지 않았다. 오늘날 여론조사는 후보 단일화 혹은 후보 공천의 과정에 활용되는데 조사결과에 영향을 줄 수 있는 방법은 존재한다.

**4월 26일: 괴벨스의 등장과 선전 선동—전략 15**

1930년 아돌프 히틀러가 요제프 괴벨스를 나치당 선전 책임자로 임명했다. 괴벨스는 이성보다 감성을, 특히 감성 가운데에서도 불안, 공포, 증오를 활용하여 나치를 제1당으로 만들었다. 거짓에 의존한 선동과 선전은 단기적 성공을 가져다주더라도 결국 실패하기 쉽다. 대중은 쉽게 잊어버리기도 하고 쉽게 생각을 바꾸기도 하기 때문이다.

**5월 10일: 마지노선의 붕괴와 우회 공격—전략 16**

1940년 독일은 프랑스의 허를 찌르는 전격전으로 마지노선을 우회하여 5주 만에 프랑스 주요 지역을 점령했다. 창과 방패의 싸움에서 창은 상대의 허를 찌르려 하고, 방패는 창이 향할 곳에 있으려 한다. 공격에는 우회와 기습이, 방어에는 혼합적 대응과 예방적 중재가 효과적일 때가 많다.

**5월 24일: 이명박 정부의 5 · 24 조치와 상호주의—전략 17**

2010년 이명박 정부는 천안함 폭침을 북한 소행으로 결론내리고 대북제재 조치를 발표했다. 상호협력을 위한 상호주의적 대응은 꼭 등가적일 필요가 없고 비례적이면 된다. 또 시차가 있더라도 상대 행동에 대응하는 일관성만 갖추면 된다. 상호주의적 대응이 확고하면 상대방은 자신의 협력이 곧 상호협력이고 또 자신의 배반은 곧 상호배반이기 때문에 협력하려 한다.

**6월 7일: 6 · 25 직전의 대남평화통일 호소문 발표와 트로이목마—전략 18**

1950년 북한 조국통일민주주의전선은 남북 총선거를 통한 평화통일 방안을 제의했다. 18일 후인 6월 25일 북한은 기습적으로 남침했다. 겉으로 드러난 행동으로 의도를 속단하지 말라는 경구는 기원전 13세기 트로이목마를 포함한 여러 고전에 등장한다.

**6월 21일: 마키아벨리의 사망과 권모술수—전략 19**

1527년 니콜로 마키아벨리가 사망했다. 사망 후에 출간된 그의 저작 대부분은 교황청 금서목록에 포함됐었다. 이기심을 인간의 본성으로 받아들이는 사람일수록 정직한 행동을 하는 경향이 있다. 포르투나는 결국 능력이나 실력으로 어찌 할 수 없는 부분이다. 운때가 맞지 않으면 어떤 전략으로도 세상을 바꿀 수 없다.

**7월 6일: 첫 인공백신 접종과 마중물—전략 20**

1885년 프랑스의 루이 파스퇴르는 광견에게 물린 아이에게 광견병 백신을 접종했다. 인위적으로 만들어 인간에게 주사한 첫 백신이었다. 바이러스를 약화시켜 만든 백신을 광견에 물린 잠복기 환자에게 투여하여 항체를 만들어 발병되지 않도록 하는 방식이었다. 골든타임, 마중물, 급격물실 모두 작은 대가를 지불하고 큰 혜택을 얻는 백신 원리를 이용한 것이다.

**7월 7일: 2차 국공합작과 우적관계—전략 9**

1937년 루거우 다리 사건으로 일본과의 전면전이 시작되자 중국 국민당과 중국 공산당이 서로 연합하여 이른바 2차 국공합작이 성사되었다. 1945년 일제가 패망하자 국공합작은 자동으로 결렬되었다. 공동의 적 유무에 따라 협력이 형성되고 와해되었다.

**7월 13일: 독일 통일의 서막, 엠스전보사건과 수읽기—전략 21**

1870년 프랑스 대사가 프로이센 국왕의 휴양지 바트엠스를 방문하여 스페인 왕위 계승에 프로이센 왕족 모두가 포기할 것을 요구하자, 비스마르크는 이를 자극적인 문투로 바꿔 공개했다. 비스마르크는 몇 수를 내다보고 통일을 위해 프랑스와의 전쟁이 불가피하다고 판단했다. 결국 1871년 1월 베르사유궁전 거울홀에서 독일제국의 선포식을 치렀다.

**8월 15일: 파나마 운하 개통과 연결—전략 6**

1914년 파나마 운하가 정식으로 개통했다. 대서양과 태평양 간의 연결에 있어 약 15,000km를 단축시킨 파나마 운하는 미국 패권 시대의 개막을 의미했다.

**8월 17일: 르윈스키와의 스캔들에 대한 클린턴의 대응과 사과—전략 22**

1998년 빌 클린턴 미국대통령이 백악관 인턴 모니카 르윈스키와의 스캔들에 대해 사과연설을 했다. 사과문은 과거 행위의 사과, 현재 상황의 수습, 미래 재발의 방지, 무고한 피해, 다른 당면 위기 등 다섯 가지 요소로 구성될 때 잘 받아들여진다.

**8월 30일: 세계대전의 위험을 잠재운**
**미 · 소 간 핫라인 개통과 커뮤니케이션—전략 23**

1963년 미국과 소련 정부는 핫라인긴급직통라인을 개통했다. 당시 케네디 정부는 게임이론가 등 여러 전략가들을 중용했고 그들의 아이디어가 미국 정책에 많이 반영되었다. 쌍방이 원치 않는 결과를 예방하기 위해 미소 간 핫라인이 개설되었다.

**9월 14일: 나폴레옹의 모스크바 침공과 공성계—전략 1**

1812년 나폴레옹 1세의 군대가 모스크바를 침공했다. 그러나 모스크바는 비어있었고 방화까지 발생했다. 보급에 어려움을 겪던 프랑스 군대는 곧 퇴각했다. 러시아의 공성계가 통했다.

**9월 21일: 고구려 평양성의 함락과 동맹—전략 24**

668년 당과 신라의 연합군이 평양성을 함락했고 바로 나당 연합은 분열되었다. 신라는 고구려 부흥군과 연합해서 당과 전쟁을 치른 후에야 한반도 패권을 차지할 수 있었다. 격랑의 판세에서는 외부와의 연합뿐 아니라 내부의 결속이 성패의 주요 결정요인이다.

**9월 29일: DJ의 신민당 대통령 후보 당선과 전략적 투표—전략 25**

1970년 신민당의 대통령 후보 지명대회 결선투표에서 김대중DJ 후보가 김영삼YS 후보에게 역전승했다. DJ가 자신에게 최선의 대안은 아니지만 적어도 YS보다는 나은 대안이라고 판단한 대의원들 때문이었다. 당선 가능성이 더 큰 차선의 후보에게 투표하는 전략적 투표 행위는 1등을 제치고 최종승자가 되는 것을 가능하게 한다.

**10월 1일: 청계천 복원과 토목 · 건축의 정치학—전략 35**

2005년 청계천이 복원 개통되었다. 이명박 시장의 청계천 복원사업과 박원순 시장의 서울역고가 공원화사업은 종종 비교된다. 특히 사업의 정치적 효과에 대해 거론한다. 무릇 정치는 동원으로 세력화되고, 정치적 동원은 감성으로 동력화되며, 원초적 감성은 보이는 걸로 증폭된다. 눈에 보이는 토목구조물이 정치적 상징효과를 갖는 근거다.

**10월 5일: 베르사유 시위와 집단행동—전략 26**

1789년 근대적 의미의 대규모 여성 시위가 최초로 등장했다. 파리의 수천 명 여성들이 베르사유까지 장장 6시간을 행진한 것이다. 베르사유 시위는 루이 16세 체제의 붕괴를 원했던 여러 행위자가 직간접으로 개입하여 시작되었고 전개된 것이다. 세상을 바꿀 대규모 집단행동에는 참가자 모두가 함께 향유할 수 있는 공공재적 대의명분이 필수적이다.

**10월 12일: 헌법개정안 국회 통과와 과반수의 상대성원리—전략 27**

1987년 국회는 재적의원 272명 중 258명이 참여하여 254명 찬성으로 개헌안을 통과시켰다. 10월 27일 실시된 국민투표에서도 투표자의 93.1%(투표율 78.2%)가 찬성했다. 언젠가는 현행 헌법 대신에 내각제제2공화국형 헌법이나 대통령중임제제3공화국형 헌법을 국민 다수가 선택할 가능성도 있다.

**10월 22일: 헌법개정안 국민투표와 과반수의 상대성원리—전략 27**

1980년 제5공화국 헌법안이 투표율 95.9%에 찬성률 91.6%로 국민투표를 통과했다. 제5공화국 헌법안을 최선으로 봤기 때문에 찬성한 것이 아니고, 장기집권의 유신헌법보다 단임제의 제5공화국 헌법이 더 낫다고 국민 다수가 생각한 데 불과하다.

**10월 22일: 케네디의 쿠바 봉쇄와 위기관리—전략 28**

1962년 미국 대통령 케네디는 소련의 쿠바 미사일 설치에 관한 대對국민연설을 했다. 미국 정부가 쿠바 해상의 봉쇄를 선언함으로써 미국과 소련은 일촉즉발의 위기를 맞았는데, 결국 소련이 쿠바에서 미사일을 철수했다. 민주국가 지도자는 다음 선거를 위해서라도 공개적 경고를 실천할 수밖에 없기 때문에 상대국이 그 경고를 심각하게 받아들인다는 것이다.

**10월 26일: 10·26사태, 서울시장 선거와 판도 읽기—전략 29**

1979년 대통령이 시해되었다. 다음 서열의 권력자 대신에 전두환 소장이 새 권력자가 되었다. 2011년 서울시장 보궐선거가 실시되었다. 여론조사 1위의 불출마 선언 후 2위 후보 대신에 박원순 후보가 당선되었다. 1909년 이토 히로부미가 피살되었다. 일본 정계의 빅2가 아닌 이토가 사라지면서 빅2 간 경쟁이 뒤바뀌었다. 누군가의 공백은 종종 판 바꾸기로 연결된다.

**11월 3일: DJP 연대와 정체성 변경—전략 30**

1997년 국회의원회관에서 김대중DJ 총재와 김종필JP 총재는 대통령후보 단일화 합의문에 서명했다. DJ는 DJP연합을 통해 우측으로 이동했는데, 본래 DJ보다 이회창 후보를 더 가깝게 여긴 유권자 일부는 DJP 연합 이후 DJ를 더 가깝게 받아들였다. DJ의 득표율이 1992년 33.8%에서 1997년 40.3%로 6.5% 포인트 증가했다.

**11월 8일: 포츠담 칙령 발표와 개방—전략 31**

1685년 브란덴부르크-프로이센 공국이 포츠담칙령을 공표했다. 포츠담칙령에 따른 위그노와 유대인들의 유입에 의해 프로이센은 급속히 발전하였다. 반대로 나치 정권 때에는 자국 내 많은 인재들이 외국으로 망명함으로써 독일은 쇠퇴와 패전의 길로 들어섰다.

**11월 9일: 나폴레옹의 권력장악과 대외 경쟁—전략 32**

1799년 나폴레옹 보나파르트가 쿠데타를 통해 권력을 잡았다. 1867년 메이지가 에도 막부에게서 권력을 돌려받아 왕정으로 복고했다. 1918년 독일 빌헬름 2세가 강제로 퇴위되어 유럽 전제황권이 종식되었다. 정서든 실리든, 외부 경쟁은 내부 정치를 위한 신의 한 수다. 잘못 쓰면 패착이 될 수 있음은 물론이다.

**11월 21일: 유신헌법 통과와 과반수의 상대성원리—전략 27**

1972년 유신 헌법안이 찬성률 91.5%(투표율 91.9%)로 국민투표를 통과했다. 헌법안에 대한 정당이나 사회인들의 의견개진이 금지된 상황에서, 국민 다수는 정국 불안정의 제3공화국 헌법보다 유신헌법이 더 낫다고 강요된 셈이다.

**11월 29일: 사사오입 개헌과 게임의 규칙—전략 33**

1954년 국회는 부결된 헌법개정안을 번복하여 통과시켰다. 이틀 전 애초의 헌법개정안 표결에서 재적의원 203인 가운데 135인만 찬성하여 국회 부의장이 부결을 선포했었다. 사람 수는 분수나 소수로 나타낼 수 없고 따라서 사사오입(반올림)해야 한다고 하면서 개헌 의결정족수인 재적 2/3가 135.33… 대신 반올림한 135라고 우기면서 부결 선포를 번복했다.

**12월 7일: 빌리 브란트의 참회와 마음 얻기—전략 34**

1970년 서독 총리 빌리 브란트가 폴란드 바르샤바 게토(유대인 격리 지역)의 희생자 추모비 앞에서 무릎을 꿇었다. 주변국에서는 젊은 시절 나치에게 저항하다 박해받은 브란트가 나치와 독일 국민을 대신해서 사죄한 것으로 받아들였다. 이런 진정성 있는 사죄가 있었기에 훗날 주변국들은 독일의 재통일을 허용했다.

**12월 27일: 삼각지 입체교차로 개통과 토건의 정치학—전략 35**

1967년 대한민국 최초의 고가도로인 삼각지 입체교차로가 개통되었다. 1967년 대통령선거 직전에 착공했다가 그해 말에 개통한 것이다. 고가도로는 시민들이 도시 한복판에서 체감할 수 있는 산업화의 가시적 조형물이었는데, 특히 삼각지 입체교차로는 서울시민뿐 아니라 국민 전체가 체감하는 토목구조물이었다.

**12월 30일: 우측통행규칙 공표와 표준화—전략 36**

1905년 대한제국 경무청은 우측으로 통행해야 한다고 규정했다. 1921년 조선총독부 경무국은 우측통행을 폐지하고 좌측통행으로 변경했다. 1945년 일제 패망으로 미국과 소련의 군정이 실시되면서 한반도의 통행규칙은 우측통행으로 다시 바뀌었다. 2010년 대한민국 정부는 차량뿐 아니라 사람도 우측으로 통행한다고 고시했다. 표준은 자체 생명력을 지닌다.

# 차례

전략 1

# 공성계

## 표준을 장악하여 권력을 취하고, 표준을 해체하여 상대를 무력화한다

### 수도 이전의 효과, 묘청의 난과 1.4후퇴

수도를 정하고 바꾸는 것은 정치, 경제, 사회 모든 면에서 매우 중요하다. 수도 이전은 오늘날의 용어로 표현하자면 표준 변경에 해당한다. 표준은 그 자체가 일종의 권력이기 때문에 표준 변경은 곧 권력 교체이다. 따라서 수도 이전이 아무런 저항 없이 이루어진 예는 거의 없으며, 주로 정변이나 전쟁에 의해서 이루어진다.

먼저 정변에 의한 수도 이전이다. 1135년 1월 4일(음력) 고려의 수도 이전이 발표됐다. 묘청은 개경개성 대신에 서경평양을 수도로 하여 '대위국'이라는 국호와 '천개'라는 독자적 연호로, 칭제건원稱帝建元(왕을 황제라 칭하고 독자적인 연호를 사용함)을 실시했다. 이른바 묘청의 난이다. 서경천도론은 묘청뿐 아니라 태조 왕건을 위시한 고려의 여러 국왕들도 검토했었다. 대표적으로 제3대 국왕 정종은 지지기반인 서경으로 천도하려 했으나 5년도 채우지 못한 짧은 재위기간으로 실천하지 못했다.

천도론을 주장하는 세력은 새 수도의 풍수지리적 이점뿐 아니라 기존 수도와 새 수도의 문제점을 이야기한다. 서경천도론에서도 개경파와 서경파의 대립, 그리고 두 도시의 풍수지리 비교가 늘 등장했다. 국제정세의 이용은 천도 추진과 천도 저지 모두에 필요하다. 대외 위상을 높이는 칭제건원에는 다수가 공감하더라도, 막상 강력한 군사력을 지닌 주변국을 정벌하자는 주장에는 선뜻 동의하지 않는다. 묘청의 금나라정벌론은 천도반대론자들을 결집시켜 결국 서경 천도는 실패했다. 이에 비해 이성계의 한양 천도는 명明이라는 새로운 패권국의 등장과 함께 성공했다. 물론 국제정세를 정확히 파악했다고 해서 천도나 정권의 성공이 보장되지는 않는다. 조선 광해군 때의 교하천도론이나 청淸과 가까웠던 소현세자의 죽음이 그런 예다.

다음은 전쟁에 의한 수도 이전인데, 수도가 경쟁국에 넘어가는 것을 막으려는 목적에서 발생한다. 제2차 세계대전 말 독일 수도 베를린은 소련군에 의해 점령되었다. 소련이 점령한 동독 지역 한가운데에 위치한 베를린은 수도라는 이유로 전승연합국인 미국, 영국, 프랑스, 소련에 의해 다시 분할 점령되었다. 1949년 서독정부FRG와 동독정부GDR가 출범한 이후에도 베를린은 동서독 정부의 주권 관할에 있지 않고 법적으로는 전승연합 4개국이 관할했다. 1990년 통일이 되어서야 동서 베를린은 하나로 합쳐졌고, 다시 통일 독일의 수도가 되었다. 하지만 '베를린-본법Berlin-Bonn-Gesetz'을 통해 연방정부의 분할이 이루어져 서독의 옛 수도 본에도 많은 정부청사들이 이전되었다.

패전국 독일 관리를 위한 분할 점령이 시작된 1945년, 한반도에도 패전국 일본군의 무장해제를 위한 분할점령선이 공포되었다. 분할선 위치는 수도의 위치에 크게 영향을 받았다. 소련에 비해 병력이 한반도로부터 멀리 있었던 미국은 서울이 북위 38도선 이남에 있고 또 38선이 대략 한반도를 절반씩 나누기 때문에 38선을 분할점령선으로 소련에 제의했고, 이에 소련은 동의했다. 만일 대한제국 수도나 조선총독부가 평양에 있었다면 평양 바로 남쪽에 위치한 39도선을 미 · 소 간 분할선으로 하고, 평양을 다시 남북으로 분할하는 방안을 미국은 제안했을지도 모른다. 또 만일 수도가 세종, 공주, 부여 등지에 위치했다면 37도선으로 제안했을 수도 있다.

전략적 수도 이전은 전쟁 직후보다 전쟁 직전이나 전쟁 중에 실시된다. 고려 무신정권의 강화도 천도가 그런 예다. 조선시대 임진왜란과 병자호란 때 임시수도가 세워졌던 것처럼 6.25전쟁 중에도 여러 차례 수도 이전이 있었다. 1951년 1월 4일 국군과 유엔군은 서울을 비우고 임시수도를 부산으로 옮겼다. 이미 1950년 12월 24일에 '서울시민 피난령'을 공표하여 철수를 진행했다. 1월 5일 중국인민지원군은 서울에 입성하였지만, 그 기쁨은 오래가지 못했다. 전선의 북진보다 적군 전투력 박멸에 주력한 유엔군의 반격으로 중국군은 1~2월에만 10만 명의 병력을 잃었다.

군사거점으로 활용되는 고지와 달리, 낮은 지대의 도시는 공격에 취약하여 군사전략적 가치는 작다. 물론 적군에게 수도를 뺏겼다는 사실은 군대의 사기에 부정적으로 작용하지만, 텅 빈 서울은 먼 중국으로부터 보급품을 조달받던 중국군과 북한군의 자원 소모를 더욱 가속화시

| 1951년 1월 5일 서울 중앙청 앞에서 서울 점령을 기뻐하는 중국인민지원군과 북한인민군

켰다. 유엔군과 국군은 평양, 흥남, 서울 등지에서 철수하면서 사람뿐 아니라 물자까지 적의 수중에 들어가지 않도록 조치하였다.

이런 1.4후퇴에 비해 6.25전쟁 초기의 서울 철수는 아무런 준비 없이 이루어졌다. 특히 6월 28일 발생한 한강 인도교 폭파가 그 예다. 정부의 말만 듣고 서울에 남아있던 시민들은 갑자기 너무 일찍 다리가 폭파되어 고초를 겪었으며, 또한 폭파 작전이 인근 국군 부대들과 소통되지 않아 병력 손실이 많았다. 이로 인해 폭파 작전 수행의 책임자인 공병감 최창식 대령은 이적행위 죄목으로 8월에 체포되어 9월에 바로 총살함으로써 의혹을 키웠다(1962년 무죄로 판결되어 사후 복권되었다). 이 철수과정은 군사적 측면뿐 아니라 정치적 측면에서도 이승만 정부의 지도력에 큰 손실을 가져왔다. 철수도 내용에 따라 그 결과가 바뀌기 때문에 작전으로 불린다. 1.4 철수가 성공한 작전이었다면, 6.28 철수는 실패한 작전이었다.

## 공성계, 2보 전진을 위한 1보 후퇴

공성계空城計는 지킬 수 있는 성은 지키고, 지킬 수 없는 성은 비우는 전략이다. '삼국지연의'에 나오는 공성계는 방어하기 어려운 열세의 상황에서 오히려 방어를 더욱 허술하게 하여 상대에게 혼란을 줘 아예 공격하지 않도록 만드는 것이다. 이런 심리전은 소설에서나 나올 법한 이야기로 실전에서는 통할 가능성이 희박한 무모한 행위다. 상대가 정찰을 수행할 수 없고 불확실성을 무조건 피하는 경우에만 성공 가능한 전략이다.

실제의 공성계 사례로 나폴레옹과 히틀러의 공격을 격퇴한 러시아와 소련을 들 수 있다. 1812년 나폴레옹 1세의 군대는 모스크바를 점령했지만 텅 빈 모스크바에서 보급의 어려움을 겪어 오래 머물 수 없었다. 나폴레옹의 모스크바 점령은 2~3년 후에 벌어질 나폴레옹 패망의 시작이었다. 또 1942년 1월에는 나치 독일군이 모스크바 근방에서 소련군의 반격을 받고 퇴각했는데, 모스크바 진격 실패는 히틀러의 전투 일정에 큰 차질을 주어 나치 패망의 시작으로 평가된다. 모스크바를 성공적으로 점령한 사례는 13세기 몽골이 유일한데, 보급에 문제가 없던 몽골군이 오히려 도시를 불태워버렸다. 공성계는 최종적 패배를 피하기 위해 일시적 점령을 받아들이는 전략이다. 단기적으로는 손해를 최소화하면서 지는 전략이지만, 장기적으로는 결국 이기기 위한 전략이다.

수도와 같은 표준을 두고 각축하는 시장은 독점을 전제한 경쟁이다. 새로운 표준을 도입하려는 측은 단기적으로는 출혈을 감수하면서 대내외 다수의 호응을 유도하려 한다. 기존의 표준을 보유한 측 역시 도전자가 제공할 수 없을 정도의 혜택을 대내외 다수에게 제공하고 또 규제

| **모스크바에서 퇴각하는 나폴레옹** 19세기 아돌프 노르텐의 그림

를 만들어 표준 시장의 진입장벽을 높이는 전략을 구사할 수 있다. 만일 도저히 표준을 고수할 수 없다면, 자신의 표준뿐 아니라 경쟁자의 표준까지 무용하게 만들어 아무도 독점하지 못하게 만들 수 있다. 이런 독점적 표준의 일시적 부재는 공성계이다.

표준의 다양화 역시 공성계에 해당한다. 수도 이전도 아니고 수도 고수도 아닌, 수도 분할은 그런 예다. 실제 행정중심복합도시 세종특별자치시는 행정수도로 불리지 않는다. 수도 이전이 아니라 행정기관 분산이기 때문이다. 무릇 정치적 타협 대부분은 비효율적이다. 민주주의에서는 효율성보다 교착되더라도 타협을 더 중시한다. 만일 타협을 중시한다면 비효율적인 표준 분할을 감수해야 하고, 효율을 중시한다면 표준 독점을 받아들여야 한다. 타협과 효율이라는 두 마리 토끼를 동시에 잡는 것은 높은 신뢰 수준의 민주주의에서나 가능하다.

2 전략

# 배수의 진

## 자신을 속박하여 상대의 선택을 강요한다

### 루비콘 강 건너기, 주사위는 던져졌다!

작타 알레아 에스트Jacta alea est, 주사위는 던져졌다! 기원전 49년 1월 10일(로마 음력), 율리우스 카이사르가 루비콘강을 건너면서 했다는 말이다. 폼페이우스와 로마 원로원들은 정적이었던 갈리아 총독 카이사르를 로마로 소환했다. 갈리아에서 로마로 들어갈 때 그 길목인 루비콘강을 무장한 채 건널 수 없는 것이 당시 관례였다. 무장한 채 강을 건너는 것은 로마에 대한 반역을 의미했다. 루비콘강을 건너기 전 카이사르에게는 역적도 권력자도 아닌, 그저 변방에서 장수로 지내거나 아니면 로마에서 한직으로 일하거나 하는 다양한 가능성이 존재했다. 실제 카이사르 진영 내에서 루비콘강 도하渡河에 대해 이견이 존재했다.

무장해제한 상태로 로마에 입성하면 처형될까 우려했던 카이사르는 루비콘강을 건너더라도 잃을 게 많지 않았다. 결국 무장한 정예군과 함께 강을 건너 로마로 진격함으로써 로마를 장악하거나 아니면 실패하여 역적으로 몰릴 기로에 섰다. 강을 건넌 후 카이사르 진영은 역적이 되지 않기 위해 목숨 걸고 일치단결했다. 로마 집권세력에 불만을 갖던 계층들은 카이사르를 집권세력에 대한 유일한 대항마로 받아들이게 되었다.

루비콘강 도하 행위는 상대 진영의 선택에도 영향을 주었다. 카이사르와 맞서 싸우거나 아니면 카이사르를 새로운 권력자로 받아들이는, 이 두 가지 가운데 하나의 선택을 강요당했다. 카이사르는 이전 로마 권력자와 달리 반대파를 숙청하지 않았다. 이는 카이사르와의 전면전으로 치명적인 손실을 우려한 로마 집권층 일부를 카이사르 쪽으로 귀순하게 만들었다. 즉 루비콘강 도하는 로마 귀족으로 하여금 공멸이라는 최악 대신에 투항이라는 차악次惡을 선택하게 했다. 결국 폼페이우스를

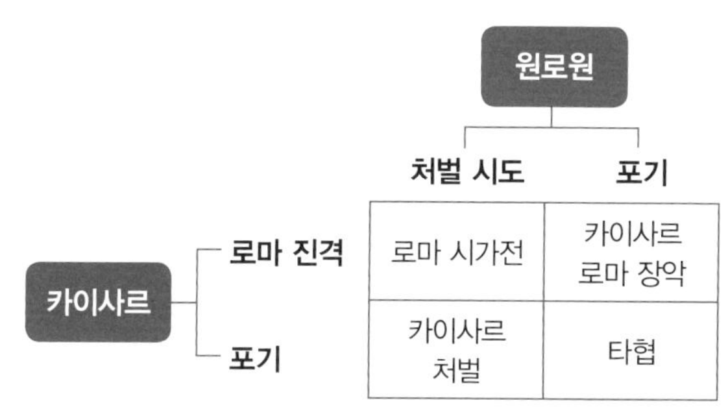


| 카이사르의 입장 | |
|---|---|
| **최선** | 카이사르 로마 입성/원로원 로마 포기 |
| **차선** | 타협 |
| **차악** | 카이사르 처벌 |
| **최악** | 로마 시가전 |

| 원로원의 입장 | |
|---|---|
| 카이사르 처벌 | **최선** |
| 타협 | **차선** |
| 카이사르 로마 입성/원로원 로마 포기 | **차악** |
| 로마 시가전 | **최악** |

비롯한 반反카이사르 세력은 로마를 버리고 다른 지역으로 피신했다.

카이사르의 입장에서 '자신이 로마로 진격하고 상대는 로마를 포기하는 것'(최선), '쌍방이 타협하는 것'(차선), '자신이 로마로 진격하지 않고 상대에게 처벌당하는 것'(차악), '쌍방이 로마 시내에서 내전을 치르는 것'(최악)의 순으로 선호했다고 가정하자. 또 원로원 주류 및 폼페이우스의 입장에서 '카이사르가 로마로 진격하지 않고 처벌받는 것'(최선), '타협'(차선), '카이사르가 로마로 진격하고 자신들은 로마를 포기하는 것'(차악), '로마 시가전'(최악)의 순으로 선호했다고 가정해보자.

이는 서로 마주보고 자동차를 몰아 먼저 피하는 쪽이 지는, 전형적인 치킨 게임이다. 치킨 게임은 배짱 싸움으로, 상대의 양보를 유도하는 것이 관건이다. 자신이 끝까지 돌진할 것이라는 확신을 상대에게 주기 위해 자기의 운전대를 상대 앞에서 파손하기도 하고, 상대는 더 단호함을 보여주기 위해 운전대에 더해 브레이크마저 파손할 수도 있다. 이는 벼랑끝 전략이다. 벼랑끝 전략은 잃을 게 적은 쪽이 구사하기 쉽

**루비콘강을 건너는 율리우스 카이사르 군단** 프란체스코 그라나치의 1494년 그림

**로마로 입성하는 율리우스 카이사르** 아돌프 이본의 1875년 그림

다. 잃을 게 많은 쪽은 상대가 그 무모함을 잘 믿지 않기 때문에 통하기 어렵다.

아무도 피하지 않는 파국이 모두에게 최악인 치킨 게임 상황에서는 먼저 돌진하는 쪽이 이긴다. 상대가 무조건 돌진할 것으로 믿을 때에는 자신만이라도 피해서 죽음(최악) 대신 치킨(겁쟁이, 차악)을 감수하기 때문이다.

'루비콘강을 건너다'는 표현은 '돌아오지 않는 다리를 건너다'는 의미로 사용된다. 되돌릴 수 없는 불가역不可逆적 행위라는 뜻이다. 불가역 전략은 자신의 선택을 속박함으로써 상대의 선택을 속박하는 것이다. 카이사르는 루비콘강을 먼저 건넘으로써 원로원 주류에게 공멸(최악)과 로마 포기(차악) 가운데 하나를 선택하게 했고, 원로원 주류는 로마 포기를 선택했다. 만일 원로원 측이 먼저 군대를 동원했더라면 카이사르가 굴복했을 가능성도 배제하지 못한다.

이처럼 치킨 게임에서는 돌이킬 수 없는 강경한 옵션을 선행先行하는 것이 상대 양보를 이끌 수 있어 유리하다. 다만 내가 시간적으로 먼저 행동했다고 해서 성공이 보장되지는 않는다. 내 행동이 되돌릴 수 없는 최종적인 선택임을 상대가 최종 선택을 하기 이전에 인식시켜야 성공한다. 원로원 측이 전투태세를 갖추기 전에 카이사르가 루비콘강을 먼저 건넜고 이를 원로원 측이 바로 알게 됨에 따라 카이사르가 승기를 잡은 것이다.

## 배수의 진

서로 부딪혀 싸우는 것이 쌍방에게 최악의 결과이어야 치킨 게임이 된다. 만일 자신만 양보하는 것이 최악이라면 이는 죄수딜레마 게임의 상황이다. 상대만의 양보를 얻기 어려운 죄수딜레마 상황에서는 선제적 강경책이 도움이 되지 않는다. 만일 권력 장악 후 귀순 여부에 관계없이 카이사르가 상대 파벌을 모두 죽일 것이라고 확신하는 상황이라면 이는 치킨 게임이 아니다. 양보해봤자 끝까지 싸우는 것보다 더 낫지 않기 때문에 굳이 양보할 이유가 없다.

루비콘 도하 행위는 동서고금에 걸쳐 종종 발생한다. 고려 말 위화도에서 압록강을 건너 회군한 행위, 1961년 5월 16일 새벽 한강을 도하하여 서울 주요 기관을 점령한 행위, 1979년 12월 12일 밤 한강을 건너 국방부와 육군본부를 장악한 행위 등이 그런 예다.

강을 건너 싸우려는 행위와 마찬가지로 강을 등 뒤에 두고 싸우려는 행위 또한 불가역적 선택이다. 기원전 205년 한나라 한신이 강을 등 뒤에 두고 조나라와 싸워 이긴 정형 전투는 배수진의 성공 사례로 언급된다. 한편으로 성 밖으로 나온 조나라 대군을 맞아 배수진으로 죽기를 각오하고 싸우면서 다른 한편으로는 잠복한 특공부대로 조나라 성을 함락하자 조나라 군은 투지를 잃고 지리멸렬했다. '죽으려 각오하면 살고, 살려고 하면 죽는다必死卽生, 必生卽死', '솥을 깨고 배를 침몰시키기破釜沈船', '군량미를 버리고 배를 침몰시키기棄糧沈船, 捨糧沈船' 모두 배수진의 다른 표현이다.

죽기를 각오한 자신의 투지를 상대에게 확신시키려면 그만큼 대가를 치러야 한다. 정형 전투에서 한신은 적지 않은 인명을 잃었다. 전쟁에서 아군 병사들을 도망 못 가게 묶어두고 결사항전하게 했다고 계속 승리한 사례는 없다. 병사들이 진지에 묶인 채 사투를 벌여 한 번 이겼다고 한들 다음 전투에서 사기와 전투력은 감퇴할 수밖에 없다. 상대가 아군의 기에 눌려 피하거나 아니면 양적 열세가 투지로 극복할 수 있는 정도가 아니라면 배수진 전략은 자충수나 자승자박이다.

배수진 전략이 실패한 걸로 종종 언급되는 사례는 임진왜란 때인 1592년 탄금대 전투다. 신립은 서쪽의 달천과 북쪽의 남한강을 배후로 하여 탄금대 벌판에 진지를 구축했다. 전투 경험이 부족한 병졸들이라 사생결단의 투지가 필요했다는 점은 한신의 배수진 상황과 유사했다. 그렇지만 왜군이 조총으로 기선機先을 잡을 수 있었다는 점은 배수진이 부적절했던 이유 가운데 하나다. 실제 신립의 군대는 죽기를 각오하고 싸우지 못했다. 정형 전투의 조나라 군대처럼 신립 군대는 충주성이 함락되자 우왕좌왕하여 대패했다. 왜군에게 살상된 수보다 물에 빠져 죽

**신립이 탄금대에서 배수진을 친 후 부하 장수 김여물이 왜군과 사생결단해 싸우는 모습**
에혼다이코키 삽화

은 수가 더 많았다는 기록이 이를 말해준다. 아군의 투지를 다지지 못하는 배수진은 아군을 공황에 빠트린다.

북한의 핵과 미사일 실험이 실시될 때마다 벼랑끝 전략이 주목을 받아왔다. 또 2015년 말에 이루어진 한국과 일본 정부 간의 위안부 문제 합의에 대해서도 양국 내에서 논란이 많다. 논란거리 가운데 하나는 '최종적, 불가역적'이라는 표현이다. 청와대는 '벼랑 끝에 선 심정'으로 협상에 임했다고 하고, 일본 정부는 "이번 타결로 일본과 한국이 같은 배를 탔다"고 밝혔다. 모두 치킨 게임 전략에 관한 표현들이다. 한국과 일본이 상대의 말 바꾸기 행태에 서로 불만을 표해왔고 더 이상 상대가 변심하지 못하게 추가한 문구로 보인다. 흔히 '니블'이나 '살라미'로 표현되는, 작고 잦은 양보의 요구를 원천적으로 막아 합의 파기를 미연에 막으려는 취지였던 것 같다.

양보(차악)가 파국(최악)보다 더 나은 치킨 게임 상황에서는 불가역적 행위를 선제적으로 하는 쪽이 유리한 결과를 얻는다. 그런데 위안부 문제는 치킨 게임 상황이 아니다. 가위바위보 게임처럼 상대가 이긴 만큼 내가 지고, 내가 이긴 만큼 상대가 지는 제로섬 상황에서는 선제적 행위가 오히려 불리하다. 만일 양보보다 차라리 파국이 낫다면, 되돌릴 수 없는 선택은 패착일 뿐이다.

과거사 문제는 본래 상태로 되돌리기 매우 어려운 문제이다. 왜냐하면 시간 자체가 불가역이기 때문이다. 되돌릴 수 없는 과거의 상처를 치유하는 길은 현재 합의의 불가역이 아니라 과거에 대한 진정성이다. 일본과 협력적 관계를 구축하는 것은 옳은 방향이지만, 불가역의 전략적 의미를 되새기면서 추진해야 한다. 마찬가지로 북한과 협력을 지향해야 하지만, 북한의 벼랑끝 전략의 효능과 한계를 인지하고 접근해야 한다.

3 전략

# 조직화와 결집

## 세 사람이 호랑이도 만든다

### 드레퓌스와 에밀 졸라

한국 사회에서 종종 진실공방이 펼쳐진다. 당사자들은 서로 엇갈린 주장을 하며 자신이 마녀사냥을 당했다고 생각한다. 프랑스에서 일어난 드레퓌스 사건을 되짚어 보면 현재 한국 사회에서 벌어지는 진실공방과 마녀사냥의 전략적 측면을 이해할 수 있다.

1894년 12월, 프랑스 군사법정은 만장일치로 알프레드 드레퓌스 대위에게 종신유배형과 공개 군적박탈을 선고했다. 유대계 프랑스 장교인 그가 적대국 독일에 군사정보를 제공했다는 혐의였다. 당시 헌법이 정치범 사형을 금지했기 때문에 종신형은 최고형이었다.

군적박탈식은 선고 2주 후 집행됐다. 육군사관학교 광장에서 드레퓌스의 계급장, 단추, 바지 옆줄은 모조리 뜯겨졌고 군검도 조각났으며, 군중들은 야유했다. 태워죽이지 않았다는 점 말고는 마녀화형식과 별 차이가 없었다. 다시 2주 후, 드레퓌스는 유배지를 가던 도중에 군중에 둘러싸여 폭행당하는 곤욕을 치러야 했다.

이렇게 끝난 것 같았던 드레퓌스 사건은 마리 조르주 피카르 중령으로 인해 새로운 국면에 들어갔다. 피카르는 본래 드레퓌스 유죄를 의심치 않던 인물이었으나, 참모본부 정보국에서 일하면서 첩보자료를 보고 관련 혐의자를 조사하는 과정에서 드레퓌스 유죄를 의심하게 되었다. 그냥 덮으라는 상관의 요구에 불응하고 조사를 계속하여 관련 사실을 밝히기 시작했다. 그러다가 다른 지역으로 발령받았고 뒤에 수감되기도 하였다.

피카르보다 더 큰 파급효과를 가져온 인물은 에밀 졸라다. 반反유대주의를 비난해온 졸라는 1898년 1월 13일 '나는 고발한다'를 〈로로르〉에 게재했다. 본래 '대통령에게 보내는 편지'라는 제목이었는데 발행인이자 편집인인 조르주 클레망소가 제목을 바꿨다. 드레퓌스 사건에 연루된 군인과 필적감정가 그리고 군사기관의 실명을 거론하면서 고발했는데 명예훼손죄 처벌도 감수하겠다는 내용이었다. 졸라는 많은 성원을 얻었지만 동시에 각종 위협에 시달렸고 실제 징역형과 벌금형을 선고받았다.

Cinq Centimes

L'AURORE

Littéraire, Artistique, Sociale

J'Accuse...!

LETTRE AU PRÉSIDENT DE LA RÉPUBLIQUE

Par ÉMILE ZOLA

LETTRE

A M. FÉLIX FAURE

| 신문 〈로로르〉 1898년 1월 13일자에 실린 에밀 졸라의 공개서한 '나는 고발한다'.

드레퓌스파와 반드레퓌스파 간의 진실 공방은 정권획득 경쟁과 밀접한 관련을 가졌다. 1898년 5

월 의회선거에서 반유대, 반드레퓌스파가 승리했다. 졸라와 피카르가 곤욕을 치르던 시절이었다. 그 후 1902년 의회선거에서는 드레퓌스 지지를 매개로 한 사회당, 급진당, 공화좌파 등 좌파연합이 승리했다. 선거 승리는 드레퓌스파에게 정치적 보상을 제공했고 동시에 드레퓌스 사건의 종결을 가져왔다.

Le Petit Journal
SUPPLÉMENT ILLUSTRÉ
Huit pages : CINQ centimes
DIMANCHE 23 DÉCEMBRE 1894
Le capitaine Dreyfus devant le conseil de guerre

1894년 12월 20일 재판의 피고인석에서 드레퓌스가 자신을 반역자로 지목한 증인을 내려다보고 있는 1894년 12월 23일자 〈르 프티 주르날〉 지면. 이 신문은 반(反)드레퓌스파 언론 가운데 하나였다.

1903년 드레퓌스는 자신에 대한 판결의 재심을 요청했다. 1906년 통합법정은 드레퓌스의 무죄를 선언하고 드레퓌스를 복권시켰다. 드레퓌스는 기병대 소령으로 복귀했고, 군적박탈식을 당했던 육군사관학교 광장에서 훈장 수여 열병식을 받았다. 이때 내무장관은 클레망소로 몇 달 후 총리가 되었다. 피카르도 군에 복귀하면서 중령에서 준장으로 승진했고, 10월에는 클레망소에 의해 국방장관에 임명되었다. 1908년 졸라의 유해는 프랑스 위인들의 안식처 팡테옹으로 이장되었다.

## 마녀사냥과 대응 결집

드레퓌스 사건의 전략적 키워드는 마녀사냥, 사실 왜곡, 폭로, 결집, 양극화 등이다. 먼저 드레퓌스 사건은 유대인에 대한 반감에서 시작되었다. 19세기와 20세기 전반 유럽 곳곳에는 실업자 수와 유대인 수를 동일한 숫자로 표시한 선전구호가 유행했다. 유대인 때문에 직장을 얻지 못한다고 선동하는 문구였다. 남들이 싫어하는 존재(마녀)가 있으면 이를 악용하려는 자가 있게 마련이다.

드레퓌스를 희생양으로 하는 마녀사냥이 성공하려면 잘못된 정보가 일단 사실로 받아들여져야 한다. 사실 왜곡은 그렇게 어렵지 않다. 다수가 거짓을 강경하게 주장하면 진실을 말하던 소수도 다수의 거짓 의견을 따르게 됨을 보여주는 실험결과는 많다. 세 사람이면 없던 호랑이

**군중에게 둘러싸여 위협당하는 에밀 졸라** 앙리 드 그루의 1898년 그림

도 지어낼 수 있다는 삼인성호三人成虎가 현실에 존재하는 것이다. 진실은 다수결로 정할 수 있는 성질의 것이 아닌데, 대중들은 간혹 다수결로 진위 여부를 판단한다. 이 때문에 드레퓌스 사건 초기에는 프랑스 사람 대부분이 드레퓌스의 유죄를 의심치 않았다.

엄밀하게 말하면 애초 드레퓌스의 유죄를 확신했던 사람들은 다수가 아니었다. 비공개 군사재판이었기 때문에 대부분의 사람들은 모를 수밖에 없었다. 모르거나 말없는 다수가 아니라, 목소리 큰 소수가 전체 의사를 대변했을 뿐이다. 따라서 드레퓌스 사건 초기의 여론은 목소리 큰 소수의 의견대로 드레퓌스가 유죄라고 믿었다.

드레퓌스 사건은 독일에 대한 당시 프랑스의 콤플렉스에서도 연유했다. 1870년 프로이센에 먼저 선전포고했지만 전쟁에서 졌고, 또 자신의 안방 베르사유궁전에서 독일제국 선포식을 바라볼 수밖에 없었던 프랑스는 독일에 대한 감정이 좋을 리 없었다. 그렇지만 프랑스는 독일의 첩보활동을 처단하기 위해 독일과 전쟁까지 불사할 수는 없었다. 프랑스 군사력이 독일에 대항할 정도로 강하지 않았기 때문이다. 이에 프랑스는 독일과의 정면승부 대신에 국내에서의 마녀사냥을 선택했다. 15세기 잉글랜드의 지배에서 프랑스를 해방시킨 잔 다르크가 화형되는 것을 프랑스 국왕 샤를 7세가 방치했듯이, 국내정치가 우선이었다.

드레퓌스의 결백을 밝히려는 행동은 집단적으로 방해받았다. 반드레퓌스파는 관련 자료를 조사하고 공개하는 것 자체가 프랑스 안보에 위협된다고 주장했다. 마녀사냥에 박수치지 않으면 마녀 편에 선 것으로 간주하겠다는 압력이었다. 어느 나라에서건 군부를 개혁하자고 하면 적대국을 돕는 이적행위라는 반발이 나오게 마련이다. 정상적인 과정을 통한 진실규명이 어렵다 보니 결국 취한 선택은 폭로였다.

폭로가 폭로에만 그치지 않고 세勢 규합으로 연결되면 그 파급효과는 크다. 당시 프랑스 사회는 졸라의 '나는 고발한다'를 계기로 드레퓌스파와 반드레퓌스파로 양분되기 시작했다. 즉, 드레퓌스를 옹호하는 세력의 결집이 시작된 것이다. 졸라의 '나는 고발한다'에 수천 명의 지지 서명이 뒤따랐고, 1898년 11월 〈로로르〉에 실린 피카르 옹호 탄원서에도 만 명이 넘는 지지 서명이 있었다. 반드레퓌스파 역시 각종 서명과 글들로 결집했음은 물론이다.

조직화나 결집은 영향력을 극대화하는 효과적인 전략이다. 소셜미디어가 발달한 오늘날 한국사회는 마녀사냥도 쉽고, 이에 대항하는 측의 동원도 쉽다. 쿠데타 자체가 조직적 특정인들에 의해 추진되듯이, 이에 저항하는 민주화투쟁도 조직화될 수밖에 없다. 진실을 밝히려는 측뿐 아니라 은폐하려는 측 또한 선악의 대결에서 자신이 선이라고 생각하면서 결집했다. 결집이 지속되면 진영이나 패거리로 불린다.

진영에 집착하면 양극화가 심화된다. 극단적 대립은 집단화될 때 심화되고 집단화되지 않을 때 완화된다. 어떤 실험연구에서, 누가 찬반인지 알려주지 않고 좌석도 무작위로 했을 때 타협의 빈도가 높았고, 반면에 찬반으로 나누어 좌석을 배치하고 이를 미리 알려주었을 때 타협의 빈도는 현격히 떨어졌다. 계층 간 소통은 없고 대신에 계층 내 소통만 활성화되어 있을 때에는 양극화되기가 쉽다. 양극화된 진영 간 소통은 논리보다 기 싸움이다. SNS에서의 다른 의견에 대해 "너 알바지?"라는 대응이 그런 예다. 이런 인신공격이 합리적인 인식 공유를 가져올 수는 없다. 결집에 결집으로 대응하는 것은 진화된 모습이지만 그런 양극화가 영구적인 것은 아니다. 냉전의 역사에서 보듯이 이는 다극화되거나 또 내부적 양극화로 대체되기도 한다.

결집한다고 해서 승리가 보장되지는 않는다. 성공적인 결집이 되려면 공동 이익뿐 아니라 진실이 담보되어야 한다. 다수 혹은 목소리 큰 소수를 통해 진실을 호도할 수 있더라도 영원히 그렇게 하기란 거의 불가능하다. 마녀 편이라고 규정되더라도 진실 쪽이면 결집도 용이하고 또 정치적 이익도 얻게 된다. 오늘날 한국 사회에서 자주 전개되는 진실공방 게임과 마녀사냥의 당사자들이 숙지해야 할 전략적 측면이다.

전략 **4**

# 시장 진입

## 블루오션, 아니면 틈새시장을 공략한다

### 신당 창당의 정석, 신민당 창당

대한민국 정당체제는 늘 가변적이다. 어느 민주국가보다도 창당, 분당, 합당이 매우 잦다. 2016년 3월 현재 원내 의석을 가진 정당 가운데 당명 기준으로 가장 오래된 정당인 새누리당도 2012년 2월에 출범했을 뿐이다.

정당의 등장과 소멸이 빈발한 한국 정당사에서 가장 성공적인 창당은 1985년 1월 18일의 신한민주당신민당 창당이다. 신민당의 주 구성원은 1984년 12월 정치활동 금지에서 해제된 정치인들이었다. 김대중과 김영삼, 양 김씨가 신민당 창당에 큰 역할을 수행했다. 당시 제1야당 민주한국당민한당은 국민의 민주화 요구를 국정에 반영하지 못했다. 이런 요구를 배경으로 신민당은 창당됐다. 신민당은 정강정책으로 반민주적 요소 제거, 대통령직선제, 군의 정치적 중립, 언론 자유 등을 채택했다.

창당 후 20여 일만에 치른 1985년 2월 국회의원 선거에서 신민당은

| **그림** 1985년 2월 선거의 구도

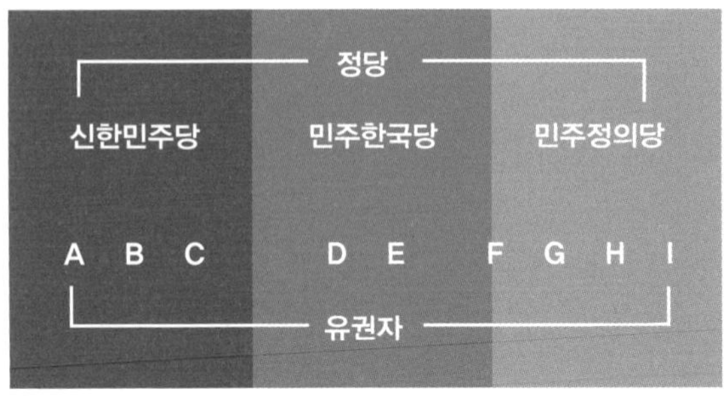


제1야당이 되었다. 한 지역구에서 두 후보를 선출한 중선거구제하에서의 신민당 당선자 수는 여당인 민주정의당민정당보다 적었지만, 서울과 부산에서는 민정당보다 많았으며, 대구와 인천에서는 민정당과 같았다. 선거 이후 민한당 소속 당선자 대다수가 신민당에 입당함으로써 민정-신민의 양당구도가 형성됐다.

그림은 세 정당과 아홉(A~I) 유권자의 입장을 하나의 스펙트럼상에 표시한 것이다. 유권자 G, H, I는 자신들과 유사한 입장의 민정당에 투표했고 유권자 D와 E는 민한당에 투표했다. 민정당과 민한당 사이에 있는 유권자 F는 두 정당에 대해 차별성을 느끼지 못해 기권했을 수도 있다. 유권자 A, B, C는 민정당보다 민한당에 더 가까운 입장이지만 민한당과도 차이가 크기 때문에 신민당이 없었던 선거에서는 무소속 후보에게 투표했거나 기권했을 수 있다. 신민당은 민주화를 갈망하던 유권자 A, B, C의 지지로 제도권에 성공적으로 진입했다.

실제 민정당의 1985년 득표율 35.2%는 1981년보다 불과 0.4% 포인트 감소한 수준이었다. 민한당은 1981년 22%, 1985년 20%를 득표했고, 한국국민당국민당은 1981년 13%, 1985년 9%를 얻었다. 1985년 선거의 신민당 득표율 29%는 여러 야권 지지층에서 온 것인데, 특히 1985년 무소속 득표율 3%가 1981년의 11%에 비해 많이 줄었다는 사실에서 신민당의 지지자 상당수가 무소속 지지층에서 온 것임을 알 수 있다.

한국 유권자들에게 지지하는 정당을 묻는 여론조사의 경우 지지하는 정당이 없다는 보기가 가장 많이 선택된다. 이것이 무소속연대와 같은 당명이 사용되기도 하는 이유다. 지지하는 정당이 없다는 유권자의 표를 다 모을 수만 있다면 제1당이 되는 것은 어렵지 않다. 더구나 기존 정당의 지지자 가운데 신당으로 이탈할 유권자까지 감안하면 창당에 대해 매우 낙관적으로 생각하게 된다.

## 브랜드 전략

그렇지만 이런 낙관이 늘 현실화되는 것은 아니다. 유권자는 자신의 입장과 가장 유사한 정당이라고 해서 그 정당에 무조건 투표하지 않으며, 파급력과 흡입력이 있는 정당에 투표하려고 한다. 신민당의 경우 양 김씨가 표를 끌어모으는 일종의 브랜드였다. 창당된 지 한 달도 되지 않은 정당이었기 때문에 역설적으로 창당 바람이 선거 때까지 지속되었고, 이에 신민당의 공약에 공감한 유권자들은 지지를 주저하지 않았다.

신당 출현 가능성은 기존 정당의 행동에 큰 영향을 준다. 미국의 경우처럼 양당제가 정착된 곳에서는 좌파정당의 우클릭과 우파정당의 좌클릭으로 양당이 중도로 수렴되는 경향이 있다. 이는 신당 출현 가능성이 높지 않기 때문에 가능하다. 기존 정당은 만일 신당이 자신의 지지 기반을 잠식할 가능성이 크다고 생각하면 중도로 옮겨가는 것을 자제한다. 새로운 정당의 진입 가능성은 비슷한 정책이념을 표방해온 기존 정당이 중도로 변화하는 것을 억제시킨다.

기존 정당들은 신당에 어떤 반응을 보일까. 먼저 신당과 유사한 기존 정당은 자신의 입지가 약화될 것을 우려한다. 민한당은 신민당의 창당 가능성에 대해 미리 대처하지 못했다. 신민당의 선거 참여로 제1야당 민한당의 의석은 81석에서 35석이 되었고, 그마저도 당선자 대다수가 신민당으로 이적함으로써 다시 3석의 군소정당으로 추락하였다. 이는 신당신민당이 기존 정당민한당을 대체한 대체재라는 의미다.

## 틈새시장과 블루오션

신당은 대체재뿐 아니라 보완재 속성도 지닌다. 한때 허니버터칩이라는 과자가 출현하여 인기가 높아지자, 경쟁 제과업체들은 처음에는 자사제품 매출액 감소를 걱정했다. 그러나 시간이 지나자 곧 경쟁업체들은 유사제품을 포함한 매출액 증가라는 혜택을 공유했다. 이는 낙수효과로도 불린다.

1985년 당시, 여당 민정당은 신민당 창당이 야권 분열로 연결되어 자신의 국정 운영에 오히려 도움이 될 거라고 전망했다. 그러나 신민당 창당은 결과적으로 민한당 세력까지 통합한 강한 야당을 출범시켰다. 신민당 돌풍을 예측하지 못한 국가안전기획부국가정보원 전신 책임자는 선거 직후 경질됐다. 민한당의 입장에서 신민당은 민한당을 대체한 정당이지만, 민한당 소속 국회의원 당선자의 입장에서는 신민당은 그 낙수 효과로 자신의 입지를 보완해준 정당이었을 것이다. 실제 한 지역구에서 두 의원을 선출하는 1985년 선거에서 민한당 후보와 신민당 후보는 민주화를 위해 동반 당선돼야 한다고 호소하기도 했다.

창당 효과는 신당만 누리는 것이 아니다. 기존 정당들도 당명 변경으로 창당 효과를 볼 수도 있다. 심지어 해산된 정당도 헤쳐모여식의 창당을 모색한다. 정당을 음식점에 비유하면 유권자는 손님에 비유된다. 각 음식점(정당)은 더 많은 손님(유권자)을 유치하려 한다. 좋은 위치에 자리 잡고 있던 음식점에 갑자기 손님이 줄기 시작했거나 아니면 근처에 새로운 음식점이 개업했다면 인테리어를 바꿔보기도 하고, 더러운 주방이 노출되지 않게 또는 반대로 깨끗한 주방이 노출되게 할 수도 있다. 어떤 경우에는 풍수지리를 활용하기도 하고, 새로운 메뉴를 개발하기도 한다. 또 종업원이나 나아가서는 주방장을 교체하기도 한다. 정당도 당사 건물이나 후보 자택을 풍수지리가 좋다는 곳으로 이전하기도 하고 정책, 당직자, 후보 등을 교체하기도 한다.

이런 정도의 노력으로 매출(지지)이 늘지 않을 때에는 다른 음식점(정당)과 연대하여 체인점으로 운영하기도 하고 기존 음식점(정당)을 완전 폐업시킨 후 같은 위치에 새로운 이름의 음식점(정당)을 개업하기도 한다. 이름이 바뀌면 과거와의 단절은 좀 더 쉬워진다. 새로운 당명의 사용 여부는 과거 당명의 브랜드 가치, 즉 기존 당명에 투표할 지지자의 수 그리고 새로운 당명에 투표할 지지자의 수를 비교해서 결정해야 한다. 단순 지지자 수보다 경쟁 정당 지지자 수와의 차이가 더 중요함은 물론이다.

음식점의 기존 위치가 소비자들이 더 이상 몰리지 않는 동네라면 다른 동네로 이전할 수도 있다. 소비자(유권자)들이 여기저기 몰려다니는 문화에서는 매출(지지)을 극대화하기 위해 떴다방 식으로 여러 곳을 돌면서 개점(창당)과 폐업(해산)을 반복하기도 한다. 물론 너무 멀리 옮기면 정치인의 평판에 악영향을 끼친다. 그렇지만 같은 장소, 같은 간판을 고집한다고 해서 다수의 소비자(유권자)가 선호하지는 않는다. 한국 정치사에서 10년 이상 존속한 정당이 민주공화당(1963~1980년), 신민당(1967~1980년), 한나라당(1997~2012년), 민주노동당(2000~2011년), 이 네 정당에 불과한 이유도 바로 유권자의 정치문화 때문이고 동시에 정당의 미미한 브랜드 가치 때문이다.

창당의 성공 여부는 기존 정당들을 지지하지 않던 유권자들이 다수이고 이들을 자신의 지지기반으로 만들 수 있느냐에 달려있다. 다른 정당의 지지자를 뺏어오는 것도 중요하지만 기존 정당들을 지지하지 않는 유권자의 지지를 확보하고, 또 그 잠재적 지지자를 투표하게 만드는 것이 훨씬 중요하다.

신당은 기존 정당들이 제대로 대표하지 못하는 곳을 공략해야 성공할 수 있다. 그 대표되지 못한 시장이 작으면 틈새시장이고, 크면 블루오션이다. 정권 쟁취를 목표로 하는 기성 정치인은 블루오션에서만 창당할 것이고, 더 작은 권력을 추구하는 정치인에게는 틈새시장도 창당의 동기가 된다. 틈새시장인지 블루오션인지는 민심의 분포를 정확히 헤아려야 알 수 있다.

전략 **5**

# 연대의 방정식

## 황금비로 배분한다

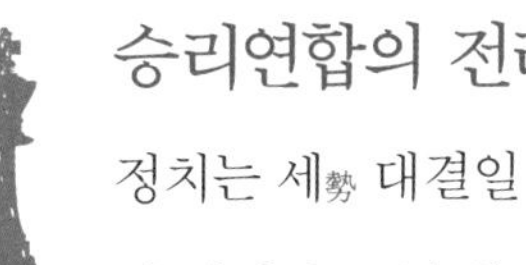

### 승리연합의 전리품 나누기

정치는 세勢 대결일 때가 많고, 이익을 독식하면 그 세를 유지하기 어렵다. 공유할 수 있는 대의명분이나 공공정책으로 연대를 모색하기도 하지만, 공유할 수 없는 이익은 나눌 수밖에 없다. 지분에 만족하면 합류하고 불만이면 이탈하기도 한다.

손발(세력)이 많고 입(이익을 배분해야 할 구성원)은 적은 연대가 바람직하겠지만, 손발과 입은 함께 갈 수밖에 없다. 그러므로 승리연합 가운데 가급적 작은 연합을 모색한다. 예컨대, 3인 가운데 과반수를 만들면 승리연합이 된다고 할 때, 더 큰 자기 몫을 위해 2인으로만 승리연합을 구성한다는 것이다. 멤버 가운데 누구든 빠지면 승리할 수 없는 승리연합을 최소승리연합MWC, minimal winning coalition이라고 한다.

연대는 또한 가급적 비슷한 사람끼리 한다. 너무 다르면 연합의 공동 의사결정에 어려움이 크기 때문이다. 더 유사한 정파부터 차례로 끌어들이는 연합을 연결연합이라고 한다. 구성원 가운데 누구라도 빠지면 승리 혹은 연결이 되지 않는, 이른바 최소연결승리연합MCWC, minimal connected winning coalition이 정당 간 연합에서 관찰된다.

승리연합의 전리품은 어떻게 분배하는 것이 좋을까? 예컨대, A, B, C의 3인이 있고, 둘 이상의 연합이면 승리하게 되며, A+B라는 승리연합이 6개의 전리품을 나눈다고 하자. A가 4개, B가 2개를 갖는 배분방식은 유지하기 어렵다. 불만을 가진 B가 C에게 3개씩 나누자고 제안하여 새로운 승리연합을 구성했다고 하면, A는 자신의 몫 4개를 유지한 채 배반한 B를 빼고 대신 C를 끌어들일 방법이 없기 때문이다.

이에 비해 A와 B가 각각 3개씩 분배하는 방식은 비교적 안정적이다. 만일 B가 좀 더 큰 몫을 얻기 위해 C에게 2개를 분배하고 자신은 4개를 얻고자 시도한다면, A는 자신의 몫 3개를 그대로 유지하면서 C에게 3개를 제의하여 B를 배제한 새로운 승리연합을 추진할 수 있다. 따라서 B는 배반을 주저하게 된다. 이처럼 배반자가 더 큰 지분을 가지려고 새로운 승리연합을 시도할 때 다른 승리연합을 구성하여 해당 배반자를 응징할 수 있는 배분방식을 흥정집합bargaining set이라고 한다. 이를 배분의 황금비로 볼 수 있다.

## 1990년 3당 합당, 최소승리연합과 최소연결승리연합 그리고 배분의 황금비

연대의 결성과 유지 전략은 한국 정당들의 합당과 분당에서 종종 관찰된다. 1990년 1월 22일 오전 청와대에서 노태우 대통령 겸 민주정의당민정당 총재, 김영삼 통일민주당민주당 총재, 김종필 신민주공화당공화당 총재가 회동 9시간 후 합당을 선언했다. 이른바 3당 합당이다.

3당 합당으로 탄생한 민주자유당민자당은 민주주의나 정치 윤리적 측면에서 많은 비판을 받았다. 그런 태생적 비판과 내분에도 불구하고 5~6년을 존속했으니 한국 정당의 평균 수명에 비하면 매우 안정적인 연대였다고 평가할 수 있다. 3인의 지도자는 '민주 발전을 위해 조건 없이 통합'한 구국救國의 결단이라고 표현했지만 그것으로 민자당의 탄생과 존속을 설명할 수는 없다. 오히려 전략적 계산에 충실한 정치적 행위가 있었기 때문에 가능했다.

3당 합당 직전 평화민주당평민당, 민주당, 민정당, 공화당의 의석비는 각각 24%, 20%, 43%, 12%였다. 내각제 개헌을 전제로 하는 2/3 의석 이상 확보 가능한 연합은 평민+민주+민정+공화, 평민+민주+민정, 평민+민정+공화, 평민+민정, 민주+민정+공화의 5가지다. 평민+민주+민정은 민주가 빠져도 2/3 승리연합이 유지된다. 평민+민정+공

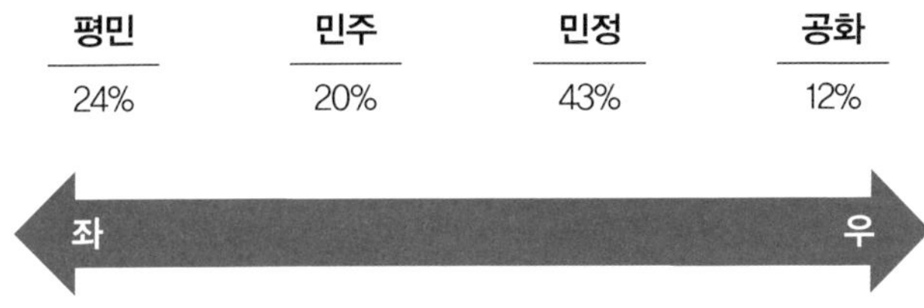

화는 공화가 없어도 2/3 승리연합이다. 즉 한 정당이라도 빠지면 2/3 연합이 되지 않는 최소승리연합MWC은 평민+민정 그리고 민주+민정+공화뿐이다. 당시 민정당은 실제로 이 두 가지를 각각 추진했다.

3당 합당 직전 한국 정당들의 이념적 입장은 좌에서 우로 평민당, 민주당, 민정당, 공화당의 순서였다. 이는 여러 설문조사들로 확인된다. 승리연합이 될 때까지 더 유사한 정당부터 차례로 끌어들이는 2/3 이상 최소연결승리연합MCWC은 평민+민주+민정 그리고 민주+민정+공화, 이 두 가지뿐이다. 평민+민주+민정의 경우에 평민당이나 민정당이 빠지면 2/3 승리연합이 되지 않고, 민주당이 빠지면 연결연합이 되지 않는다. 민주+민정+공화도 누가 빠지면 승리나 연결이 되지 않는 최소연결승리연합MCWC이다.

1990년에 발생한 민주+민정+공화의 합당은 MWC 이론과 MCWC 이론이 공통으로 예측한 구성 그대로다.

이제 민자당 내 세 계파의 지분을 살펴보자. 합당 직후 민주계는 민정, 민주, 공화 간 당무회의 구성비를 9:7:4로 이미 합의했으니 그렇게 분배할 것을 요구했다. 이 분배 방식에 민정계는 반발했다. 실제 이 분배비는 이탈한 구성원을 응징할 수 없는 취약한 방식이었다. 만일 민정계가 평민당과 새로운 연합을 구성하여 각각 10씩 갖는다면, 민주계는 자신이 받기로 한 7을 유지한 채 새로운 대응 연합을 구성할 수가 없었다.

실제 민자당은 자당에 배정된 12개 국회 상임위원장 자리를 민정, 민주, 공화의 세 계파에 6:4:2로 분배했다. 또 사무처, 정책위, 의원실 등의 국장 및 부장급 인선을 5:3:2로, 시 · 도 지부장 인선을 7:4:3으로 분배했다.

3당 합당 후의 승리연합이 민정+민주+공화, 민정+평민, 평민+민주+공화, 이 3가지만 가능했다고 가정하자. 이는 내각제 개헌 및 거대 여당에 대한 부정적인 국민여론에서 만든 전제다. 만일 민정계가 50%+$\alpha$의 지분을 원하여 평민당에 50%−$\alpha$를 주는 새로운 연대를 추구한다면, 민주+공화는 평민당에 50%를 주는 대응 연합을 구성하여 민정계를 응징할 수 있다. 다른 한편으로 민주+공화가 50%+$\alpha$를 갖기 위해 평민당에 50%-$\alpha$를 제공하는 연대 또한 민정계의 역공을 받을 수 있다. 따라서 7:4:3, 6:4:2, 5:3:2 등의 분배비처럼 민정계가 50%의 지분을 갖는 것은 9:7:4보다 훨씬 더 안정적이다. 그래서 민자당은 5~6년을 버텼다.

승리연합의 기여도에서 보면 민주계와 공화계는 같은 영향력을 갖는다. 즉 민주계와 공화계는 동일한 지분을 갖는 것이 더 안정적인 배분방식이다. 민주계보다 배분을 훨씬 적게 받은 공화계는 결국 1995년 2월 민자당을 탈당하여 자유민주연합을 창당했다.

합당으로 75%에 달하는 의석을 갖게 된 민자당은 2년 후 실시된 1992년 국회의원 선거에서 49.8%라는 과반에 미달하는 의석을 얻었다. 신한국당으로 개명하여 참가한 1996년 국회의원 선거에서는 46.5%의 의석을 얻었다. A+B+C는 A, B, C 각각의 의석을 합한 의석수를 유지하지 못했다. 3당 합당은 선거 승리가 아니라 국회 장악을 위한 연대였을 뿐이다. 민자당은 비교적 효과적인 배분으로 유지에 성공했지만 다음 선거에서 의석이 대폭 축소될 수밖에 없었다.

## 정파 간 연대와 선거 결과

선거 직후 의원내각제 국가에서 관찰되는 연립내각과 달리, 국회의원 선거 직전에 이루어지는 분당, 연대, 합당의 주목적은 선거에서 당선자가 많이 나오는 것이다. 물론 함께 할 수 없는 정파도 있다면 그것도 감안해야 한다.

2014년 3월 안철수 의원의 새정치연합과 민주당이 합당하여 새정치민주연합을 창당했다. 126석의 민주당과 2석의 새정치연합이 지분을 5대5 정신으로 한다고 했다. 그러다가 자신의 뜻이 새정치민주연합에서 충분히 반영되지 않는다고 판단한 안 의원은 2015년 12월 탈당하여 2016년 2월 국민의당을 창당하였다. 2015년 12월 새정치민주연합은 당명을 더불어민주당으로 변경했다. A+B가 분리 후 각자 도생하여 얻은 A와 B의 의석수 합이 분리 전 A+B의 의석수보다 더 클지 아니면 더 작을지는 각 정파가 대응하기 나름이다.

선거판의 지지율 → 득표율 → 의석비 등의 전환에서 정치권의 희비가 엇갈린다. 유권자는 자신의 가치관에 가장 가까운 정파를 지지하지만, 자신의 표가 사표死票가 되는 걸 방지하기 위해 어느 정도 영향력 있는 정파에 투표한다. 또 소선거구제에서는 의석비가 득표율 그대로 되지 않는다. 이런 전환 과정이 있기 때문에 전략적 여지는 더욱 크다.

야권 분열은 기존의 여야 경쟁에 어떤 변화를 가져다줄까? 먼저 지지율 → 득표율 단계에서 분열로 인한 야권에 대한 실망에서 오는 반사이익 말고는 여당의 지지율이 높아지지는 않는다. 왜냐하면 기존 양당 체제에서 상대적으로 여당을 가깝게 느끼던 유권자 일부에게 더 가깝게 다가간 제3의 정당이 등장했기 때문이다. 나머지 조건이 동일하다면, 2개 정당과 경쟁하는 선거 상황에서의 득표율과 의석비는 1개 정당과 경쟁하는 선거 상황보다 불리하다. 또 야당들은 사표 방지 심리의 야 성향 표를 얻기 위해 세를 과시할 수밖에 없다. 외부 영입이 그 예이다.

득표율 → 의석비 단계에서는 야 성향 유권자의 표가 여러 야당 후보에 분산되는 선거구에서 여당 후보가 낮은 득표율로 당선될 가능성이 커졌다. 각 정파는 이런 효과들을 고려하여 선거 대진표를 짤 수 있을 것이다.

불안정한 정당체제는 한국정치의 일상이 되었다. 정파 간 연대가 선거결과에 영향을 줄 것이고 또 선거결과에 따라 새로운 연대가 추진될 것이다. 연대의 모습이 바뀌더라도 연대의 원리는 같다.

6 전략

# 연결 루트

## 지름길과 우회로를 적절히 선택한다

### 운하, 전략적 대양 연결

다니던 곳에 길이 생기는 것은 매우 자연스러운 현상이다. 수요에 따라 공급이 생기기 때문이다. 이와 반대되는 선후先後관계도 있다. 즉 공급이 수요를 창출하기도 한다. 길이 생기면, 그 길을 따라 사람이나 물건이 다니게 되는 현상이다. 종종 공공시설의 엄청난 조성비용은 그 시설로 발생할 새로운 수요에 대한 기대로 정당화된다. 물론 현실은 그런 기대와 달리 공급에 의한 실제 수요 창출이 별로 없을 때도 있다. 여하튼 길 만들기 자체가 전략이고 따라서 전략적 고려가 필수다.

세상의 길 가운데 가장 전략적인 연결은 파나마 운하다. 지름길로서의 파나마 운하는 출발 및 도착 지역에 따라 다르지만 대서양과 태평양의 연결 거리를 약 15,000km 단축했다. 수에즈 운하가 단축한 약

10,000km보다 훨씬 긴 거리다. 파나마 운하는 수에즈 운하 건설에 참여한 프랑스인이 당시 파나마를 지배한 콜롬비아 정부와 계약을 맺고 공사를 시작했지만 난공사와 재정난으로 인해 1889년 공사가 중단되었다.

파나마 운하의 완공은 미국이 주도했다. 1898년 쿠바에서 스페인과 일전을 벌인 미국은 미국 서부 해안에 정박 중이던 자국 함대들을 쿠바 전투에서 전혀 활용하지 못했다. 그리하여 태평양과 대서양을 연결하는 운하의 필요성을 절실히 체감하고 콜롬비아 정부에 돈을 주고 건설과 운영을 승인받았지만 콜롬비아 상원은 이를 비준하지 않았다. 이에 미국은 파나마 독립을 부추기고 군사적으로도 지원했다. 미국은 독립한 파나마의 양해하에 1903년 운하굴착권을 프랑스 회사로부터 구입하여 공사를 재개했다. 파나마 운하는 1914년 완공되어 8월 15일에

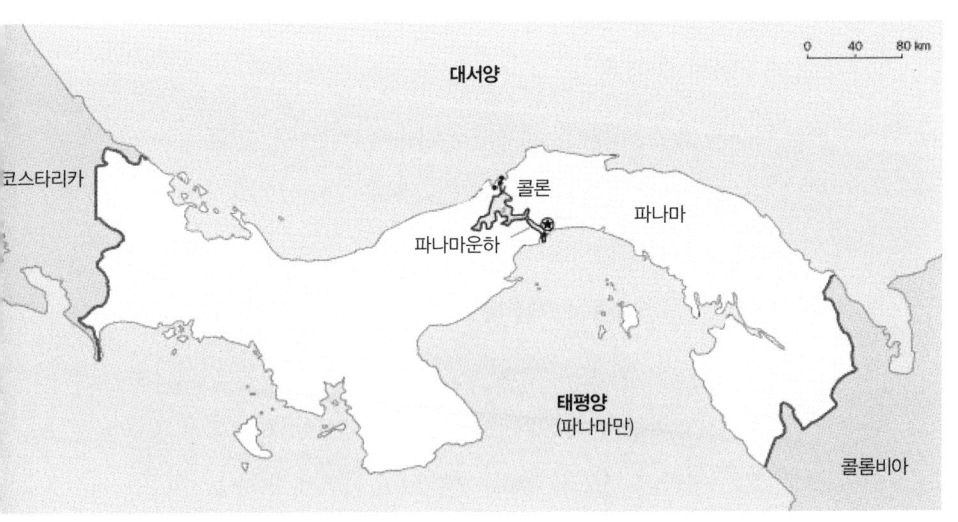


| 파나마운하를 통해 태평양과 대서양의 연결 거리가 대폭 단축되었다.

정식 개통되었다. 운하 개통은 미국 패권 시대의 개막을 의미했다. 파나마 운하는 우여곡절 끝에 미국이 운영하다 1999년 12월 31일 파나마에 이양됐다.

태평양과 대서양의 연결은 그 자체가 거대 전략이다. 그 루트는 파나마뿐이 아니다. 미국은 파나마 운하굴착권 구입 이전에 니카라과 운하를 추진했다가 포기한 바 있다. G2 가운데 하나인 중국도 대양 연결이라는 거대 전략을 추진하고 있다. 중국이 지원하고 있는 니카라과 운하는 2020년 완공을 목표로 2014년 12월에 착공됐다. 중국은 태평양-대서양 루트 확보뿐 아니라 태평양-인도양 루트 확보를 위해 인도양 곳곳에 항구를 건설하고 있다. 그런 맥락에서 육상 해상 실크로드 구상인 일대일로One Belt One Road 정책을 추진하고 있다. 이에 미국과 인도가 경계하고 있음은 물론이다.

## 경부선의 연결 방식

수로뿐 아니라 육로, 국외뿐 아니라 국내에서도 전략적 연결은 시도되어 왔다. 1968년 2월 1일에 경부고속도로 기공식이 있었다.

사실 경부선은 고속도로보다 철로가 먼저였다. 일본 자본이 한일 합방 이전에 일본과 중국대륙을 연결하는 루트로 경부선과 경의선 철로를 건설했다. 당시 러시아와 지역패권 경쟁을 벌이던 일본은 러시아의 한반도 접근을 차단하면서 일본의 만주 접근을 용이하게 만들 필요가 있었는데, 그런 전략적 의도가 철도 건설 노선 선택에 영향을 주었던 것이다. 노선뿐 아니라 철길 궤도 너비와 레일 종류도 누구를 견제하고 누구의 진출을 활성화하느냐에 따라 선택되었다.

경부선은 부관선(부산-시모노세키), 경의선(서울-신의주), 만주선 등과 연결되어 아시안 하이웨이로 기능했다. 제국주의시대의 연결망과 그 속성을 달리 하지만 오늘날에도 이와 유사한 연결망에 대한 갈구가 있다. 경부고속도로에는 아시안 하이웨이 1호선이라는 의미의 AH1 Asian Highway 1 표지판이 설치되어 있다. 일본, 남한, 북한, 중국, 동남아, 인도, 터키를 경유하는 AH1 하이웨이가 터키에서 유럽 하이웨이 E80에 연결된다는 구상이다. AH1은 아직 개통하지 않았지만 그 전략적 연결에 대해 아시아 국가들은 공감하고 있다.

남북한 분단선과 바다로 둘러싸여 일종의 섬으로 볼 수 있는 대한민국 내에서도 지역 간 연결은 전략적으로 추진돼야 한다. 지역 간 연결 루트는 늘 논란거리다. 공항 유치를 둘러싼 지역 갈등이 그런 예다. 경부고속도로 노선도 대표적인 갈등 소재였다. 서울과 부산을 연결하는 루트는 유행가 가사의 "서울, 대전, 대구, 부산 찍고"를 포함해 매우 다양하다. 설명의 편의상 서울, 부산, 대전, 광주의 네 도시만을 생각해 보자. 이 네 도시 가운데 두 도시만을 뽑아내는 방식이 6가지이고, 그 두 도시 간에 연결이 있느냐 없느냐에 따라 구분할 수 있으므로 네 도시 간 연결시스템 종류는 $2^6=64$가지나 된다. 네 도시 간 모두에 직통로 6개가 건설된 연결시스템은 여러 좋은 효과를 가져올 수 있지만, 연결로 개설 및 운용에 비용이 들기 때문에 늘 좋은 선택은 아니다. 또 네 도시 간 아무런 연결이 없는 시스템 또한 건설비용은 들지 않으나 효과 또한 없을 터이니 좋은 선택이 아니다. 전략적으로 고려되는 네 가지 유형만 소개하면 다음과 같다.

먼저 방사형 연결시스템이다. 대전이나 광주를 중심 도시로 하여 나머지 3개 도시로 연결하는 방식이다. 육로가 아닌 항공로는 현재 서울을 중심으로 한 방사형 연결시스템이다.

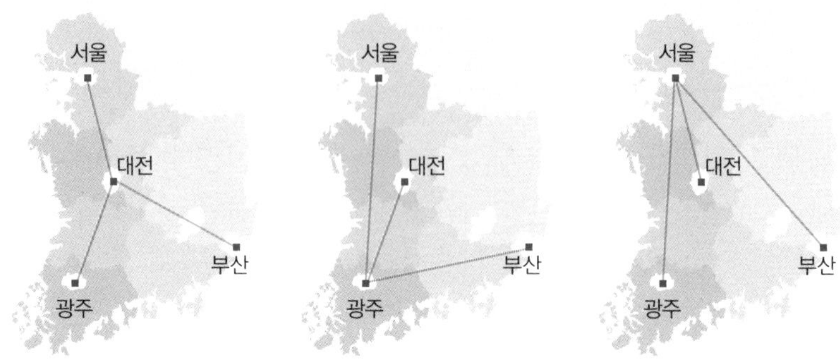


다음 유형은 일자형 연결시스템이다. 서울, 대전, 광주, 부산의 순서로 연결하는 것은 그 예이다. 물론 다른 일자형 연결시스템도 있으나 연결거리가 더 길다.

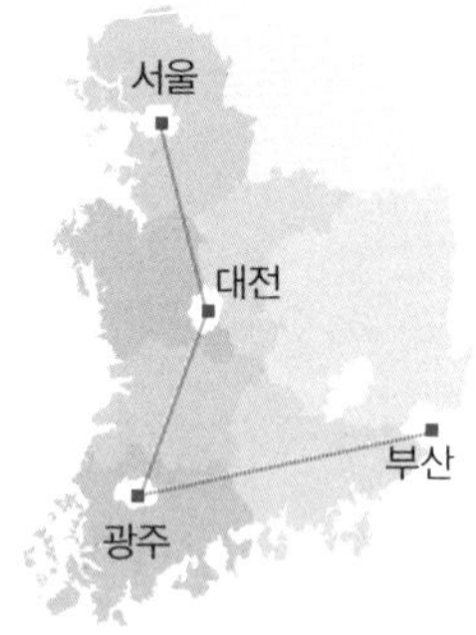


순환형 연결시스템도 있다. 서울, 대전, 부산, 광주, 서울로 연결하는 루트가 그 예이다.

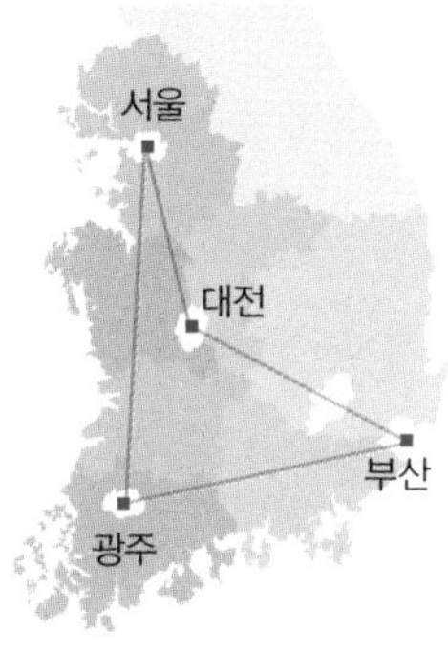


끝으로 교차형 연결시스템이다. 방사형에서 관찰되는 전략적 거점 없이 4개 지역 간 모두 총 6개의 루트를 설치하는 방식이다. 로컬과 로컬 간L2L 연결은 전략적 거점이 없기 때문에 균형발전을 도모한다. 특히 루트 건설비용이 크지 않은 부문에서 효과적이다.

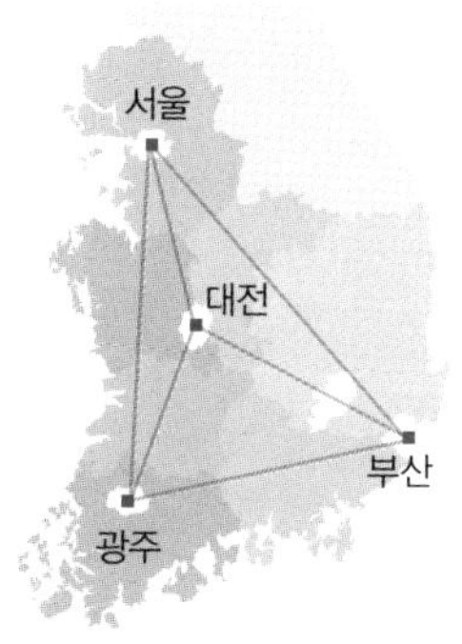

## 연결 거점, 우회, 봉쇄

이런 다양한 연결 방식 가운데 가장 나은 것을 선택하기 위해서는 비용과 효과를 계산해야 한다. 연결 비용은 주로 도로 길이와 지형 그리고 도로 부지의 기회가치에 따라 좌우되는 반면에, 연결 효과는 주로 운용의 부가가치에 따라 좌우된다. 대체로 동선動線이 짧을수록 그 비용이 적게 든다. 가장 짧은 동선은 운영분석OR 기법으로 계산될 수 있는데, 그 가장 짧은 동선을 위주로 해서 연결하는 것이 기본 접근이다.

물론 동선 길이 외에도 감안해야 할 다른 조건들도 있을 것이다. 분배도 그런 조건 가운데 하나다. 경부고속도로 건설에 반대했던 사람들도 고속도로 건설 자체에 반대했다기보다 루트에 대한 이견이었고 자기 지역이 소외되는 것에 대한 반발이었다. 그러한 반발에도 불구하고 가장 효율적 루트를 선택하고, 분배의 문제는 다른 메커니즘을 통해 해결하는 것이 옳다. 연결 자체를 효율성 외의 다른 기준에 지나치게 의존하면 연결의 전략적 가치는 훼손된다. 활용도가 지극히 낮더라도 공항을 유치하는 것이 유치하지 않은 것보다 지역사회에 훨씬 도움이 된다고 인식하는 한, 핌피PIMFY, Please In My Front Yard 갈등은 발생할 수밖에 없다. 적절한 장소에 공항을 건설하는 것이 다른 지역들에도 도움이 되도록 분배의 메커니즘이 작동해야 한다.

하드웨어 연결뿐 아니라 소프트웨어 연결도 전략이다. 1989년 2월 1일, 한국과 헝가리는 대사급 공식외교를 맺었는데, 헝가리는 한국과 국교를 수립한 최초의 공산권 국가였다. 공식수교 이전 1988년 양국은 극비리에 접촉하여 이미 상주대표부를 설치하고 있던 중이었다. 한국은 헝가리를 연결 거점으로 다른 공산권 국가와 연이어 수교를 맺었다.

이런 맥락에서 헝가리와의 수교는 전략적 연결이었다.

헝가리는 동독과 서독 간의 연결에서도 전략적 연결고리였다. 1989년 5월 소련 고르바초프의 지원으로 헝가리는 오스트리아와의 국경, 즉 철의 장막을 해체했다. 그해 9월 동독인들은 헝가리를 통해 우회하여 서독으로 갔다.

독일인의 우회 전략은 제2차 세계대전 때에도 관찰된 바 있다. 프랑스는 1차 세계대전 직후 독일과의 국경지역에 주로 지붕 있는 포대로 구성된 방어선을 구축했다. 육군장관 마지노의 건의로 추진됐기 때문에 마지노라인으로 불린다. 2차 대전에서 나치 군대는 프랑스로의 짧은 진격로에 위치한 마지노 요새를 그냥 우회했다. 우회함으로써 난공불락의 요새는 무용지물이 되었다. 즉 전략적 연결이라고 해서 늘 물리적으로 짧은 루트를 의미하지는 않는다. 때로는 우회가 좋은 전략이다.

끝으로 연결 유지도 중요하다. 연결 단절은 전략적 손실이기 때문이다. 제1차 세계대전 당시 독일은 영국의 해상봉쇄로 어려움을 겪었다. 이에 독일도 영국에 대한 해상봉쇄로 맞섰다. 이는 전쟁물자 수출로 이득을 보던 미국의 이해와 충돌했다. 미국의 참전을 원치 않았던 독일은 제대로 된 해상 작전을 실시하지 못하다가, 1917년 2월 1일 적국에 전쟁 물자를 수송하는 것으로 의심되는 모든 선박을 잠수함으로 격침하겠다고 선언했다. 독일은 해상봉쇄로 미국의 참전 이전에 영국이 항복할 것으로 기대했다. 이런 독일의 기대와 달리 미국은 2개월 후 참전했다. 적국과 제3국 간의 해로를 차단하여 자신의 해로를 확보하려는 시도는 거꾸로 제3국인 미국의 참전을 가져와 자국의 패전을 가져왔다. 남의 길을 끊는 행위도 전략적으로 선택해야 한다.

전략적 연결은 지름길이어야 하고, 확산 효과가 큰 거점 연결이어야 한다. 가끔은 우회가 더 나을 때도 있다. 봉쇄 역시 연결만큼 그 파급효과가 크기 때문에 전략적 사고가 필수적이다.

전략 7

# 중원 진출

## 사통팔달의 거점을 장악한다

### 중앙과 주변부 연결

국토교통부에 따르면 명절 연휴마다 삼천만 명 이상의 인구가 이동한다고 한다. 이동 대부분은 수도권과 지방 사이, 아니면 지방 거점도시와 근처 농촌 간의 이동이다. 지방과 다른 지방 사이를 오가는 사람들은 적다. 영호남 간에도 마찬가지다.

경상도와 전라도를 연결하는 철로인 경전선은 1968년 2월 7일에 개통됐다. 경사 및 곡선 구간 때문에 느리게 운행되는 경전선은 전라도와 경상도 간의 교류를 기대만큼 활성화하지 못했다. 좀 더 빠른 영호남 간 연결도로는 1973년과 1984년에 각각 개통한 남해고속도로와 88올림픽고속도로다. 남해고속도로가 1990년대 4차선으로 확장되었고, 88올림픽고속도로는 2015년 12월 4차선으로 확장되면서 광주대구고속도로로 명칭을 바꾸었다.

지역 간 교류, 화합, 동질화, 균형발전 등을 위해서는 지방 사이의 연결이 필요하다. 이를 주변 간 연결, 즉 L2Llocal to local이라 부를 수 있다. L2L 확대에는 비용이 들게 마련이다. 예컨대 5개 지역 간 모두에 직접 연결하려면 ${}_5C_2$=10개의 연결로가 필요하다. 이에 비해 한 지역을 중앙으로 정하면 그곳에서 나머지 4곳으로 연결되는 4개의 연결로로 5개 지역이 모두 연결된다. 지역의 수가 100개일 때 직접 연결하려면 ${}_{100}C_2$=4,950개의 연결로가 있어야 하지만, 중앙 지역을 정하면 99개의 연결로만 필요하다. 이처럼 연결로의 전체 건설비용은 중앙을 설정하는 방식이 훨씬 저렴하다. 그래서 주변과 주변을 연결할 때 직접하지 못하고 중앙을 경유해야 하는 경우가 많다. 사람과 물건의 교류뿐 아니라 문화 전파에서도 마찬가지다.

## 비틀스, 미국 진출

20세기 최고 인기 록그룹인 비틀스 흥행의 기폭 계기는 세계시장의 중앙인 미국으로의 진출이었다. 1964년 2월 7일 비틀스가 탑승한 팬암 항공기가 뉴욕 케네디공항에 착륙했다. 이른바 '영국의 침입'이 개시됐다. 영국이 군사적으로 공격했다는 의미가 아니라, 비틀스를 위시한 영국 록이 미국, 나아가 세계의 대중음악 시장을 장악하기 시작했다는 의미다. 이틀 후 2월 9일 비틀스는 〈에드 설리번 쇼〉에 출연했다. 시청률 조사업체 닐슨에서 추산한 시청률은 40%를 넘었고 시청자 수는 7,370만 명이었다. 미국 인구 10명 중 4명이 봤다는 이야기다.

1963년 이미 비틀스는 영국에서 최고 인기를 누리고 있었다. 다만

| 1964년 2월 7일, 존 F. 케네디 공항에 도착한 비틀스

해외에서의 인기는 불확실했다. 비틀스는 미국에 가기 직전에 영국의 이웃나라 프랑스에서 공연을 가졌다. 1월 14일 비틀스가 프랑스 르브르제 공항에 도착했을 때 환영 인파는 수십 명에 불과했다. 1월 16일 파리 올림피아극장 공연에서 미국의 트리니 로페즈와 프랑스의 실비 바르탕이 주연처럼 공연했고 비틀스는 거의 조연에 가까웠다. 비틀스는 뜨겁지 않은 반응에 실망했다.

1월 17일 저녁 비틀스의 신곡 'I want to hold your hand'가 미국 캐시박스 차트에 1위로 올랐다는 소식이 파리에 전해졌다. 2월 1일에는 빌보드 차트 1위를 기록했다. 이런 소식이 알려지자 파리 관객의 반응이 갑자기 뜨거워졌다. 2월 4일까지 진행된 올림피아극장 공연뿐 아니라 숙소와 길거리에서 파리 시민들은 열렬한 환호를 보냈다. 이듬해 파리 공연은 훨씬 넓은 장소인 실내경기장에서 열렸고 수많은 관중이 열광했다.

영국에서의 비틀스 인기가 이웃나라 프랑스로 바로 전파되지 못하다가 미국에서의 인기가 확인된 후에 비로소 프랑스에서 인기가 치솟았던 것이다. 성공적인 미국 데뷔는 프랑스뿐 아니라 전 세계에서 비틀스 위상을 높였다. 덴마크, 네덜란드, 홍콩, 호주, 뉴질랜드, 이탈리아, 스페인, 독일, 일본 등지에서의 흥행도 미국에서의 성공에 따른 자연스러운 현상이었다. 세계시장의 중심 미국에서의 실적이 하나의 지표로 기능했던 것이다.

문학이나 예술처럼 논리보다 감성을 중시하는 분야에서는 남의 반향이 중요하다. 온라인에서 조회 횟수나 '좋아요'가 많은 기사는 그렇지 않은 기사보다 더 읽힌다. 영화도 남들이 많이 본 것을 보고, 음식점을 고를 때에도 손님이 많은 곳을 선택하는 경향이 있다. 모두 리스크를 줄이려는 선택이라고 볼 수 있다.

이런 소비자 성향을 이용한 마케팅도 있다. '좋아요'가 많은 페이스북 페이지를 구입하여 마케팅에 활용하기도 한다. 또 도서 판매 순위를 매기는 서점에서 순위를 올리려고 자사 책을 거꾸로 대량 구입하는 출판사도 있었다. 광고비보다 더 적은 비용으로 하는 마케팅이다. 대중들이 좋은 책을 아직 모르고 있으니 관심을 끌기 위한 마중물이라고 합리화하겠지만, 떳떳한 마케팅이 아님은 물론이다.

문학, 예술, 흥미, 감동에 대한 평가는 주관적일 수밖에 없는데, 각종 문화 평론은 주관적 판단을 객관화하는 것으로 받아들여진다. 그런 착각 때문에 각종 평가나 현재까지의 실적 자체가 이후의 실적에도 영향을 주는 것이다.

## 타이밍과 사전준비

비틀스가 미국 시장에 진출했기 때문에 무조건 성공한 것은 아니다. 비틀스보다 먼저 미국에 진출한 클리프 리처드는 영국에서만큼의 인기를 미국에서 누리지 못했다. 비틀스의 미국 진출은 타이밍이 좋았다. 같은 음악이라도 때와 장소에 따라 반응은 다르다. 너무 앞서가는 것은 대중성이 떨어지고, 조금 앞서는 것이 히트치기도 한다. 하여튼 사람이든 물건이든 때가 맞아야 출세할 수 있고 또 히트할 수 있다.

1950년대 중반부터 1960년대 초반까지 영국은 제2차 세계대전의 참화에서 벗어나면서 국가경제가 나아졌다. 세탁기와 가스레인지의 보급으로 여성들이 힘든 가사노동에서 어느 정도 벗어날 수 있어 여가시간이 늘었다. 또 1957년 병역의무 폐지로 젊은 남성들도 여가시간이 많아졌다. 이 시기에 비틀스를 포함한 영국 뮤지션들에게 극성팬들이 생겼다. 비틀스의 극성팬인 비틀매니아를 기존 억압에 저항한 세대라고 말하기도 한다.

이 시기 미국의 대중음악계 또한 큰 변화를 겪었다. 1950년대 중반 미국 시장을 주름잡던 엘비스 프레슬리는 1958년 군 복무를 위해 연예계를 떠났다. 1960년 제대하여 연예계에 복귀했으나 반항아 이미지가 사라진 모습에 젊은 층에서의 인기는 시들해졌다. 엘비스 외에도 미국 젊은이들이 열광한 로큰롤 뮤지션은 몇몇 있었다. 버디 홀리, 리

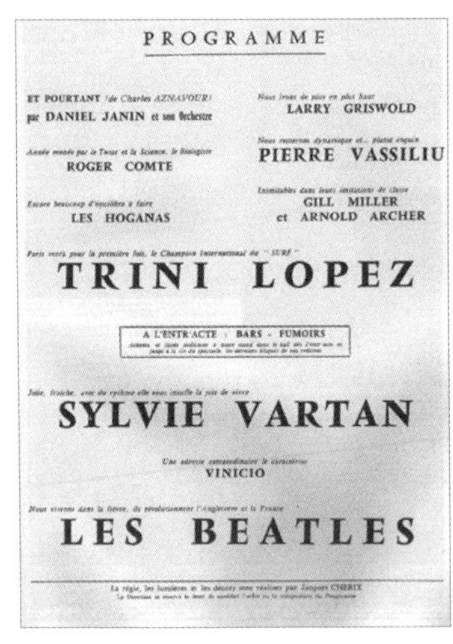

비틀스가 미국 흥행에 성공하기 직전인 1964년 1월 파리 공연 안내장. 출연진 명단에서 첫 번째가 아닌 세 번째다.

치 밸런스, 빅 바퍼가 대표적이었는데, 1959년 비행기 추락사고로 같은 날 함께 사망했다. 돈 맥클린이 '아메리칸 파이' 가사에서 이 사고를 "음악이 죽은 날"로 표현했듯이, 당시 로큰롤 가수는 기근이었다.

무엇보다도 1963년 11월 존 F 케네디 대통령의 암살로 미국 사회가 충격에 빠졌다. 비틀스는 이런 우울한 분위기에 해맑은 혜성처럼 등장했다. 물론 비틀스 멤버들도 성공 후 염세주의를 피할 수는 없었다.

타이밍만으로 비틀스 성공을 설명할 수는 없다. 같은 장소, 같은 시간에 수많은 다른 뮤지션이 있었기 때문이다. 비틀스의 음악이 월등해서 그랬다고 설명하는 것 또한 불충분하다. 여기에는 전략적 기획이 큰 차이를 가져왔다. 기획은 매니저인 브라이언 엡스타인이 주도했다. 흔히 4인조 그룹 비틀스의 제5멤버로 불리는 엡스타인은 그 이전의 미국 진출 실패 사례를 반복하지 않았다.

엡스타인은 비틀스 음반 일부를 비제이 레코드와 스완 레코드를 통해 미국에 발매하면서도 메이저 음반사인 캐피틀 레코드와 계약을 체결하려 노력했다. 브라이언은 캐피틀에 당시 관행적인 홍보비 규모 5천 달러의 10배에 이르는 돈을 쓰라고 요구하여 이를 관철시켰다. 캐피틀은 비틀스의 미국 방문을 앞두고 포스터와 자동차스티커를 미국 곳

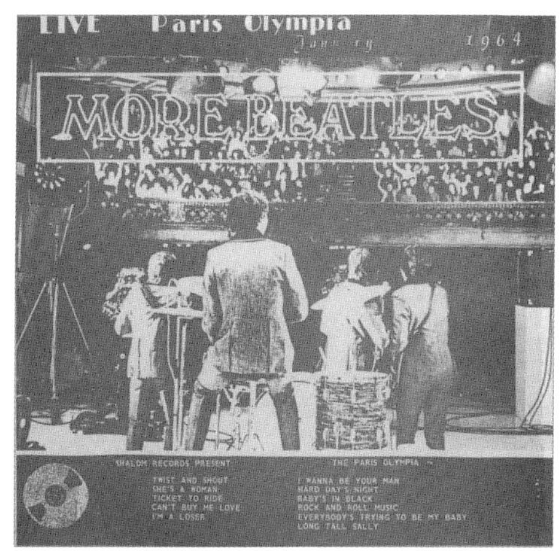


1964년 1월 파리 올림피아극장에서 열린 비틀스 공연 실황 앨범 사진. 미국 공연 성공 이전으로 작은 규모의 관중을 상대로 한 공연이었다.

곳에 뿌렸다. 캐피틀 회사 전화 착신멘트가 "캐피틀 레코드입니다. 비틀스가 오고 있습니다"였다. 엡스타인이 계약한 미국의 비틀스 상품 판촉회사는 케네디공항에 나온 모든 팬에게 1달러와 티셔츠를 제공한다고 약속했다. 비틀스는 케네디공항에서 열렬한 환호를 받았고 대규모 공연도 성황리에 마쳤다.

넓은 세계에 이르려면 사통팔달의 중원中原에 진출해야 한다. '모든 길이 로마로 통할' 때에는 로마를 경유하는 것이 효과적이다. 예컨대 한국과 일본 간의 연결보다 한국과 미국 간, 그리고 미국과 일본 간의 연결이 더 잘 되어 있다면 미국을 통한 일본 접근이 좋은 전략이다. 그렇다고 중원 진출을 무조건 고집할 필요는 없다. 사안에 따라 연결로를 살펴보고 진출 방향을 정하면 된다. 어디로 향하든 타이밍과 사전 준비는 필요하다.

8 전략

# 협력과 담합

## 담합, 내부로부터 와해된다

### 교토의정서, 온실가스 감축의 협력 게임

인간은 협력에 목말라하면서도 그렇지 못하고 반목하고 갈등한다. 지구온난화도 세계 각국이 온실가스 배출 감축을 실천하면 해결될 문제다. 2005년 2월 16일에 지구온난화라는 딜레마를 해결하기 위한 교토의정서가 발효됐다. 세계 대부분 국가들이 지구온난화 방지에 공감하고 합의했다는 점에서 교토의정서는 세상을 바꿨다는 평가도 있다. 과연 지구온난화 문제가 해결됐을까?

설명의 편의상, 이 세상에 두 나라만 있고 온실가스 배출을 계속할지 아니면 감축할지를 각자 결정한다고 하자.

두 나라 모두 자국 경제의 침체보다는 성장을 원하고 지구환경 또한 훼손되지 않기를 원한다. 두 국가의 선택에 따라 4가지 결과가 나오는데, 그 결과에 대해 각국이 좋아하는 순서는 다음과 같다고 하자.

A국: 중간 A > 양호 > 훼손 > 중간 B

B국: 중간 B > 양호 > 훼손 > 중간 A

B국이 기존 배출량을 유지할 때 A국도 유지하면 지구환경이 훼손되고, 이와 반대로 A국만 감축하면 지구환경은 별로 좋아지지 않으면서 A국 경제는 침체된다. 즉 B국이 온실가스 배출을 감축하지 않을 때에는 A국도 감축하지 않는 것이 자국에 나은 선택이다.

다음 B국이 배출량을 감축할 때를 살펴보자. A국도 감축하면 지구환경이 양호해지지만, A국이 감축하지 않는다면 자국의 성장이라는 최선의 결과를 얻게 된다. 즉 B국이 온실가스 배출을 감축하더라도 A국은 감축하지 않는 것이 자국에 나은 선택이다.

B국이 어떤 선택을 하든 A국은 배출량을 감축하지 않는 것이 자국에 유리한 전략이다. B국도 동일한 전략적 계산을 할 수 있다. 결국 실제 결과는 두 나라 쌍방이 배출량을 줄이지 않아 지구환경은 훼손된다. 양국 모두 훼손된 지구환경보다 양호한 지구환경을 더 선호함에도 말이다.

이는 각자 자기 이익에 맞게 행동했지만 모두에 손해인 결과다. 그

| A, B국의 행동에 따른 지구환경

| | | B국 행동 | |
|---|---|---|---|
| | | 배출량 유지 | 배출량 감축 |
| A국 행동 | 배출량 유지 | 훼손 | 중간A(A 성장, B 침체) |
| | 배출량 감축 | 중간B(A 침체, B 성장) | 양호 |

래서 이를 딜레마로 부른다. 죄수딜레마 게임이 그런 딜레마의 전형적 스토리다. 존 내쉬 등 노벨상 수상자를 포함해 수많은 연구자들이 수십 년 동안 이 딜레마를 해결하기 위한 방안을 연구해왔다.

지속적인 관계 속에서 먼저 협력한 후 '눈에는 눈, 이에는 이tit-for-tat' 혹은 보상보복을 하는 전략이 상호협력을 유도하는 것으로 밝혀졌다. 예컨대 A국은 일단 먼저 감축하되 그 이후에 B국의 선택 그대로 따르는 전략을 구사할 수 있다. 그렇다면 B국은 자신이 온실가스 배출을 감축하면 A와 B 모두가 감축하여 지구환경이 '양호'해지고, 만일 자신이 감축하지 않으면 A와 B 모두의 비협력으로 지구환경이 '훼손'되는 것을 알게 된다. 쌍방의 비협력에 의한 '훼손'보다는 상호협력에 의한 '양호'를 더 선호하는 B국은 온실가스 배출 감축을 선택하게 되는 것이다. 이런 전략적 사고가 지구온난화 방지에 기여한다.

교토의정서 발효 후 10년을 돌이켜봤을 때 지구온난화 방지의 실제 성과는 미미하다. 교토의정서는 강제적 의무가 별로 없고 미사여구로 가득한 문서였기 때문에 많은 국가가 동의한 것뿐이다. 말로는 어느 나라나 지구온난화 방지를 강조한다. 문제는 말뿐이고 실천이 별로 없다는 데 있다. 교토의정서는 상호관계가 지속적으로 진행되도록 만들지도 못했고, 또 상대방 행동에 따라 보상이나 보복이 이루어질 수 있는 내용도 없기 때문에 상호협력이라는 성과를 내지 못하고 있다.

## 의리와 담합 그리고 내부고발

어떻게 협력을 구현할 수 있을까 하는 것이 개인주의를 전제로 하는 미국과 유럽 사회의 오래된 문제의식이었다면, 동아시아에서는 거꾸로 왜 특정 집단의 담합이 지속되고 또 어떻게 담합을 깰 수 있을까 하는 것이 중요한 화두다. 사회에 나쁜 범죄를 저질렀지만 서로 공모하여 처벌되지 않았다면, 이 결과는 사회적으로 바람직하지 않다. 범죄자가 서로 배반해서 적절한 처벌을 받고 그래서 범죄가 덜 발생하도록 만드는 것이 공익이다.

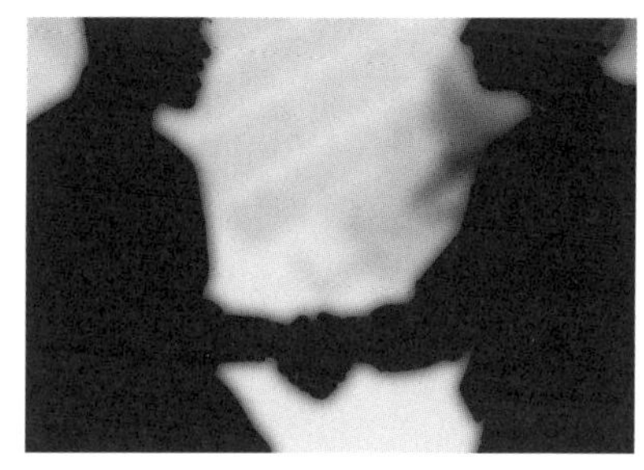

협력이나 담합은 일회성 접촉에서 잘 이루어지지 않고 지속적 접촉에서나 가능한 일이다. 의리는 그런 지속적인 관계에서 발생하는 협력이고 말로 행하는 것이 아니라 행동으로 실천하는 것이다. 사회정의가 이 사람 저 사람 차별하지 않는 탈脫공간적 협력 가치라면, 집단의리는 이 사람 저 사람을 차별하여 배타적이고 대신에 특정 시기에 국한되지 않는 탈脫시간적 협력 가치다. 지속적인 관계에서는 배반보다 의리가 더 보편적인 현상이다.

요즘 유행하는 '의리'라는 수식어가 붙는 복합어는 대개 부정적으로 인식된다. 의리 축구, 의리 야구, 의리 쇼트트랙, 의리 산악회, 의리 인사 등 모두 부정적 어감을 포함한다. 소셜네트워크서비스SNS의 발달로 한국 사회가 더 투명해졌고, 한국 문화가 집단의리를 사회정의보다 우선시하는 경향도 비교적 약해졌다고 볼 수 있다.

2014년 2월 15일, 소치 동계올림픽 쇼트트랙 1,000m 결선에서 러시아대표 빅토르 안안현수이 금메달을 땄다. 안현수는 500m와 5,000m

계주에서도 금메달을 러시아에 안겨줬다. 이에 비해 한국 남자대표팀 성적은 노메달이었다. 안현수가 러시아 대표로 한국 선수와 레이스를 펼칠 때 적지 않은 한국인들이 안현수를 응원했다. 귀화한 동아시아 선수들을 출신국 사람들이 비난하던 모습과는 사뭇 다른 반응이었다.

당시 여론은 안현수가 한국대표선발전의 시기 및 방식 등을 포함해 불공정 과정의 피해자라고 보도했다. 이런 여론에 정부도 가세해 '비정상의 정상화'라는 슬로건하에 스포츠계 개혁을 추진했다. 그래서인지 이후 쇼트트랙 대회들에서 남자 대표팀은 노메달에서 벗어났다.

안현수는 파벌에 의존한 선수가 아니었다. 안현수는 내부고발성 글을 사이버공간에 올리기도 했으며, 안현수 부친도 내부고발을 여러 차례 시도했다. 소속팀 성남시청 빙상팀이 해체되고 국가대표로 선발되지 못한 안현수는 러시아 귀화를 선택했다. 안현수는 한국에 계속 있더라도 앞으로 국가대표로 선발될 가능성이 거의 없다고 판단했기 때문이었다. 한국 빙상계를 고발하려는 의도가 없었다 하더라도 러시아 귀화는 일종의 내부고발로 작동했다.

내부고발이 배반으로 낙인찍히지 않고 정의로운 행동으로 인정받으려면, 내부고발자가 수혜자가 아닌 피해자였고 집단의 내부절차가 부당함을 증빙해야 한다. 소치올림픽은 결과적으로 3관왕 선수 대신에 노메달 선수들을 한국 대표로 선발한 절차가 부당했음을 증명했다.

의리의 체육계 내부에서는 병역특혜와 같은 여러 혜택을 고루 나누기 위해 대표선수를 선발했다고 정당화하겠지만 국가적 기준에서는 부당한 행위다. 현행 법령은 체육 병역혜택의 근거로 국위선양을 들고 있는데, 군필자나 미필자를 구분하지 않고 최우수 선수들로 국가대표를 구성한 후 국위선양의 성적을 내면 미필자에게 그 특기를 활용하여 병역의무를 수행하게 한다는 취지다. 실력 있는 군필자보다 실력 없는 미필자를 우선 선발하는 행위는 군필자를 차별하는 동시에 국위선양에도 맞지 않다.

군필자에 대한 차별보다 더 추악한 담합도 있다. 실제로 집단의 비윤리적 가치관과 행동에 동참하지 않아 따돌림을 당할 때도 있다. 왕따를 당하면 심리적 충격을 받는다. 그런데 콤플렉스는 남을 따돌리는 사람들이 더 크다. 혼자서 남을 지배할 수 없으니 나쁜 짓을 해서라도 무리에 기대어 그 콤플렉스를 해결한다.

양심선언과 내부고발처럼 조직에 대한 배반이 사회적으로는 오히려 긍정적인 경우가 많다. 그렇지만 지속적인 담합구도에서 이득을 얻는 자가 이탈할 동기는 크지 않다. 대신에 담합으로 피해를 입은 자의 고발이 훨씬 더 현실적이다. 고발이 외부에 알려질 때 담합에서 오는 혜택 또한 줄기 때문에 그 담합은 대부분 와해된다.

소집단의 이익 때문에 전체 이익이 훼손되지 않게 하려면, 내부고발자를 제도적으로 보호해서 내부고발의 불이익을 줄여야 한다. 담합 사실을 스스로 신고하면 과징금을 면제해주는 리니언시, 그리고 사건 규명과 범인 체포에 기여한 공범에게 형량을 감면하거나 기소하지 않는 플리바게닝도 그런 제도다.

지구온난화 방지처럼 모두가 참가하는 것이 좋은 협력도 있고, 또 패거리문화처럼 다수에게 피해를 주어 와해되어야 할 담합도 있다. '눈에는 눈, 이에는 이'는 죄수딜레마 상황에서의 상호협력을 유도하는 전략이고, 내부고발은 담합을 와해시키는 전략 가운데 하나다.

9 전략

# 공동의 적

## 적의 적이면 친구도 될 수 있다

### 닉슨, 만리장성을 넘다

1972년 2월 21일 리처드 닉슨 미국 대통령이 중국에 도착했다. 미국 현직 대통령이 처음으로 중화인민공화국중국을 방문한 것이다. 닉슨은 자신의 중국 방문을 '세상을 바꾼 한 주'로 표현했다. 실제 만리장성에 선 닉슨의 모습은 양극체제의 와해를 상징하였다.

1950~60년대 미국과 중국은 서로에게 적대적이었다. 직접 전투를 수행하지 않고 냉전에만 그친 미국 · 소련 관계와 달리, 미국과 중국은 서로 열전hot war을 주고받았다. 한반도를 비롯한 여러 곳에서 치열한 전투를 겪었으며, 당시 중국은 미국을 '세계인민의 적'으로 불렀다.

이런 미 · 중 관계는 중국이 소련과 갈등을 겪음으로써 변모했다. 먼저 1950년대 후반과 1960년대 전반에 걸쳐 중국과 소련은 이념 논쟁을 벌였다. 중국은 자본주의 진영과의 평화공존을 추구하는 소련 정책을

1972년 2월 24일 만리장성을 방문한 닉슨 미국 대통령 일행

수정주의라고 비판하면서 자본주의에 대한 적대적 태도를 견지했고, 소련은 이런 중국을 교조주의라고 비판했다. 물론 추후 중국은 자본주의 진영과 여러 분야에서 협력했기 때문에 중·소 이념대립은 그냥 경쟁이었을 뿐 신념체계 차이는 아니었다.

본질적으로 중·소 갈등은 공산 진영 내 주도권 경쟁에 기인했다. 여러 공산국 내정에 간섭하는 소련에 대해 중국은 불만을 가졌고, 핵무장화와 관련해서도 갈등을 빚었다. 중국은 소련이 중국의 독자적 핵무장화를 지원하지 않는다고 생각한 반면에, 소련은 호전적인 중국의 핵무장화를 적극 지원했다가 중·소 국경분쟁으로 후속 지원을 중단했을 뿐이라고 생각했다. 소련이 더 이상 우호적 지원국이 아니라는 중국의

| 1972년 2월 21일 베이징 공항에서 저우언라이 중국 총리의 영접을 받는 닉슨 미국 대통령 내외

인식 그리고 협의 없이 독자적으로 행동하는 중국을 견제해야 한다는 소련의 인식이 병존하고 있었다.

중국과 소련은 국경이 길게 맞닿아 있어 갈등 또한 발생할 수밖에 없었다. 1969년 국경에서의 무력충돌은 중·소 관계를 악화시켰다. 지리적으로 가까운 나라와는 이해관계가 충돌할 수밖에 없고 대신 먼 나라와 협력하여 가까운 나라를 협공하는 방책이 원교근공遠交近攻이다. 이 무렵 중국은 소련을 제1의 가상적으로 규정했다. 미국 또한 냉전 시대 내내 소련을 제1의 가상적으로 간주했다. 즉 미국과 중국 공동의 적이 소련이었던 것이다. 공동의 적을 갖게 되면 서로 가까워지게 마련이다.

미·중 교류의 출발은 이른바 핑퐁외교다. 1971년 3~4월 나고야 세계탁구선수권대회에 참가한 미국의 탁구 선수단은 중국의 초청을 받고 대회 직후 중국을 방문했다. 미국 탁구 선수 한 명이 나고야에서 실수로 중국 선수단 버스를 탑승하는 바람에 세계질서를 바꾸는 미·중 화해가 이루어졌다고 보는 견해도 있지만, 스포츠 교류만 한다고 해서 무조건 정치군사 관계가 좋아지는 것은 아니다. 1990년대 이래 미국 농구 선수들이 중국이나 북한에서 몇 차례 친선 농구경기를 가졌지만 관계개선에 기여했다는 평가는 받지 못한다. 핑퐁외교 때문에 미·중 관계가 좋아졌다기보다는 관계 개선의 필요성이 미국과 중국 간에 이미 공감되던 차에 스포츠 교류가 관계 개선의 계기를 제공했다고 보는 것이 더 정확한 해석이다.

미국 탁구 선수단의 4월 중국 방문에 이어 7월과 10월에 헨리 키신저 미국 안보보좌관이 중국을 방문하여 여러 협상을 진행했다. 닉슨이 중국을 방문 중이던 이듬해 2월 28일 미국과 중국은 공동선언문을 발표했다. 공동선언문은 미국과 중국을 포함한 어느 누구도 아시아태평양 지역의 패권을 추구해서는 안 된다고 천명했다.

## 관계의 유동성

그렇다고 중국과 미국이 소련을 공개적으로 적대시하지는 않았다. 미·중 공동선언문은 소련을 포함한 어떤 제3의 국가를 겨냥하는 문구가 없었다. 오히려 미·중 관계 정상화가 양국뿐 아니라 타국의 긴장 완화에도 기여한다고 언급하고 있다. 중국 방문 3개월 후인 1972년 5월에 닉슨은 모스크바에서 미·소 정상회담을 가졌고 미·소 간 군축에도 합의했다.

미·중 공동선언문에서 미국은 '하나의 중국원 차이나' 정책을 인정하고 대만에서의 철군을 최종 목표로 한다고 언급했다. 민감한 이슈를 구체적으로 언급하지 않음으로써 합의를 가능하게 만들었다. 키신저는 이를 '건설적 모호성'으로 불렀다. 미국으로서는 중국을 개방하여 다극체제와 유동성을 확보하고, 군축협상을 포함한 미 · 소 데탕트를 실현시키며, 중국과 소련이 북베트남에 대한 지원을 줄이면서 압력을 행사했으면 하는 바람을 갖고 있었다. 당시 중국과 소련은 북베트남의 독자적 행동에 불만이 있던 차였다.

닉슨의 중국 방문 1년 후인 1973년 2월 22일 중국과 미국은 연락사무소를 설치하기로 합의했다. 1978년 12월 미국은 중화민국대만과 단교하고 1979년 1월 중국과 수교했다. 1979년 4월 중국은 중 · 소 상호원조조약의 폐기를 소련에 통고하였다. 중국은 1980년 소련 모스크바 하계올림픽에 불참했지만 1984년 미국 LA 하계올림픽에는 참가했다.

미국, 중국, 소련의 3자 관계의 변화는 소련 쇠퇴와 함께 찾아왔다. 1989년 고르바초프의 베이징 방문을 계기로 중 · 소 화해 모드가 조성되었다. 소련의 붕괴 이후에는 미국과 중국 간의 경쟁이 다시 치열해졌다.

1937~45년의 제2차 국공합작도 일본제국주의라는 공동의 적을 두고 결성된 것이다. 1945년 일제가 패망함에 따라 국민당과 공산당의 합작은 자동으로 와해되었다. 중국 공산당이 국민당, 소련, 미국 등과 협력하는 것은 주적이 누구냐에 따라 성사되고 와해되어 왔음을 알 수 있다.

미국, 중국, 소련뿐 아니라 베트남과의 관계도 마찬가지다. 1975년 베트남 통일 이후 캄보디아 문제 등으로 베트남 · 중국 관계가 악화되었다. 베트남은 이미 중 · 소 국경분쟁에서 소련을 편들었다. 중국과 베트남은 1979년 국경 전쟁을 치렀고 오늘날에도 남중국해에서 영해 분쟁을 겪고 있다. 베트남전쟁으로 오랜 기간 서로에게 적대적이었던 미국과 베트남은 1995년 국교를 정상화한 이후 양국 관계를 돈독히 하고 있다. 이 또한 원교근공 그리고 '적의 적은 친구'라는 관점에서 이뤄지고 있는 것이다.

이런 현상은 국내정치에서도 관찰된다. 1990년 3당 합당 이후 YS김영삼는 반反DJ김대중의 연합전선으로 대권에 성공했다고 볼 수 있고, 1997년 DJ 또한 신한국당이라는 공동의 상대를 설정하고 JP김종필와 연대하여 성공했다. 반反○○ 연대를 추진하는 데 있어 성공의 조건을 따져봐야 함은 물론이다.

## 적의 친구, 친구의 적

'적의 적은 친구'라는 경구는 고대로부터 전해오는 말이다. 현대 심리학에서는 인지認知가 부조화不調和될 때 바꾸기 쉬운 것을 바꿔 인지가 조화되게 하는 경향으로 설명된다. 서로 친한 A와 B가 있을 때 I는 A와 B 모두를 친구로 여기거나 아니면 반대로 모두를 적으로 여겨야 I의 인지는 조화된다. 만일 한쪽을 친구로, 나머지 다른 쪽을 적으로 여긴다면 이는 '친구의 친구'를 적으로, 또 '적의 친구'를 친구로 여기는 꼴이다. 이런 인지 부조화 상태에서 벗어나기 위해 둘 다를 친구로 받아들이거나 아니면 둘 다를 적대시한다는 것이다.

서로 적대적인 C와 D에 대해서는 어떨까? C와 D 모두를 친구로 받아들이면 '친구의 적'이 친구가 되고, 그리고 모두를 적대시하면 '적의 적' 또한 적이 된다. 이런 부조화를 극복하기 위해 C와 D 가운데 한쪽

1972년 2월 21일 닉슨 미국 대통령과 중국의 마오쩌둥이 베이징에서 만났다.

만 친구로, 다른 한쪽을 적으로 받아들인다는 것이다. 그렇게 해야 '친구의 적'은 적, '적의 적'은 친구가 되기 때문이다. 친구가 될 가능성은 '적의 적'이 '친구의 적' 혹은 '적의 친구'보다 더 높다. 즉 위협적인 공동의 적을 둔 상대끼리는 자연스럽게 우호 관계가 형성될 수 있다. 다만 '적의 적'이 친구가 될 가능성은 '친구의 친구'보다 더 낮다.

국제사회에서 영원한 우방도 또 영원한 적국도 없다고들 한다. 그만큼 우적 관계가 유동적이라는 의미다. 그렇다고 우적 관계가 아무렇게나 전개되는 것은 아니다. 우적 관계 전개에 중요하게 작용하는 요인 가운데 하나는 제3국과의 관계다.

1972년 닉슨의 중국 방문은 한반도에도 영향을 미쳤다. 1972년 남북한 간의 7.4공동성명은 그해 2월의 미 · 중 공동선언과 5월의 미 · 소 공동선언의 파생적 성격이 강하다.

남북한 관계는 여러 국가와의 외교 속에서 해결해야 한다. 특히 위기는 기회를 동반하기 때문에 한반도 위기는 기회로 바뀔 가능성이 늘 존재한다.

전략 **10**

# 차도살인, 차시환혼

## 남의 칼을 빌려 사람을 죽이고, 남의 시신을 빌려 혼을 부른다

### 만주국, 괴뢰국가를 통한 일본의 중국 통치

분단 이래 북한의 여러 매체들은 대한민국 정부 및 당국자를 '괴뢰'로 호칭하면서 비난하여 왔다. 괴뢰는 남이 조종하는 대로 움직이는 꼭두각시를 의미한다. 괴뢰는 어떤 전략적 의미를 갖고 있을까. 괴뢰정부의 효능은 근대 이후에 더 커졌다. 근대 이전에는 조공관계처럼 다른 나라의 내정에 직접 개입할 수 있었기 때문에 굳이 괴뢰정부를 세울 필요가 없었다. 이에 비해 내정불간섭의 근대국가체제에서는 역설적으로 실제 타국 내정에 간섭하기 위해 괴뢰정부의 필요성을 더 느끼게 된다.

근 · 현대의 국가는 독립국임을 전제로 한다. 그렇지만 외세의 관여는 있을 수밖에 없다. 따라서 특정 정권이 괴뢰정권인지 아닌지는 늘 논란의 대상이다. 예컨대 제2차 세계대전 당시 독일의 프랑스 침공 후

수립된 프랑스 비시정권은 괴뢰정부라는 견해가 많지만 다른 한편으로 온건한 민주정부였다는 평가도 있다.

이에 비해 논란의 여지없이 괴뢰국으로 인정하는 나라도 있다. 1932년 3월 1일에 건국된 만주국이 그렇다. 만주국이 괴뢰국으로 공인되는 이유는 국제연맹의 유권해석 때문이다. 중국의 제소에 의해 발족된 국제연맹 리튼위원회는 만주국이 일본의 괴뢰국이며 만주국 지역은 중국의 주권관할 지역이라고 1932년에 보고한 바 있고, 이에 일본은 이듬해 국제연맹에서 탈퇴했다.

만주국은 오족협화五族協和와 왕도낙토王道樂土를 내세웠다. 5족만주족, 한족, 몽골족, 조선족, 일본족 공생 국가를 표방하여 아시아판 미국을 지향했다. 또 공화정 대신에 왕정제, 그 가운데에서도 패도가 아닌 왕도를 표방했다. 만주국 경제는 일본의 지원으로 급속히 성장했고 인구도 가파르게 증가했다. 관동군의 개입을 비판하고 만주국의 독립을 주장하던 일본 내 목소리도 있었다. 만주국은 1945년 패망할 때까지 독일과 이탈리아를 포함한 여러 나라로부터 국가 승인을 받았다.

그렇지만 만주국이 기치로 내세운 다민족 왕도정치는 전혀 실천되지 못했다. 헌법에 상응하는 조직법은 입법원을 설치한다고 했지만 실제로는 국무원 산하의 총무청이 거의 모든 정책을 결정했다. 만주국은 총무장관, 총무청 차장, 관동군 헌병대사령관, 남만주철도 총재, 만주중공업개발 사장 등 이른바 2키도조 히데키, 호시노 나오키 3스케기시 노부스케, 아이카와 요시스케, 마쓰오카 요스케로 대표되는 일본인이 지배한 병참기지에 불과했다.

만주국으로 이득을 본 일제는 내몽골, 난징, 베트남 등에도 왕족이나 고위관리를 통해 각각 괴뢰정부를 세웠다. 이에 따라 중국의 분열은 심화되었고 이는 일제가 의도했던 바이다. 당시 국제정세는 특정 국가가 중국을 독점할 수 없도록 중국 침공을 서로 견제하던 분위기였다. 다른 한편으로는 민족자결과 민주주의라는 국제여론이 힘을 받고 있었다. 이런 상황에서 직접 타국을 병합하거나 압박을 가하는 것보다 괴뢰국가나 괴뢰정부를 내세우는 것이 더 유리한 접근이었다.

만주국 건설의 배경에는 식민지 한반도를 효과적으로 통치하기 위한 목적도 있었다. 당시 만주는 조선 독립운동의 배후기지로 활용되고 있었기 때문에 만주국 건설은 일제가 효과적으로 한반도를 장악하는데 도움이 되었다. 한반도에서 조선총독부는 수탈할 때 조선인을 내세웠다. 완장을 차면 완장을 채워준 자의 기대 이상으로 악랄하게 행동하는 자는 어디에나 있게 마련이다. 앞잡이를 세우든 괴뢰국을 세우든 이는 간접 통치에 해당한다. 간접 통치는 직접 통치보다 전략적이다.

실제 종전 후 만주국을 상대로 제기한 여러 소송에서 일본은 만주국이 일본과 관계없는 독립국이라며 자신은 책임 없다고 대응했다. 극동국제군사재판에서도 일본은 만주국 황제 푸이가 중국 동북지역 침략을 주도했다고 주장했다. 물론 푸이는 자신이 일제의 피해자라고 항변했다.

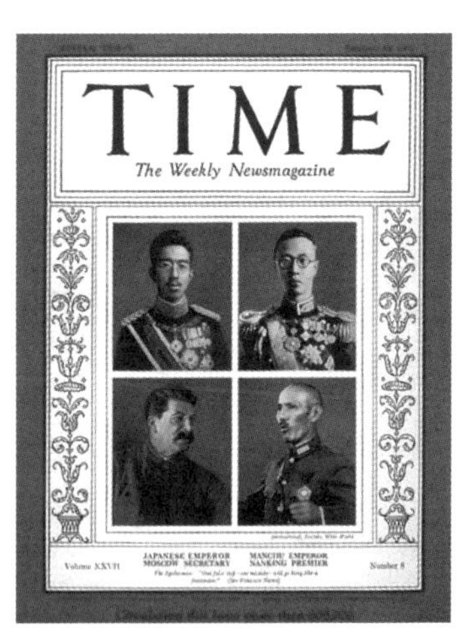

1936년 2월 24일자 〈TIME〉 표지. 상단 왼쪽부터 시계방향으로 히로히토, 푸이, 장제스, 스탈린

푸이가 만주국 황제로 즉위한

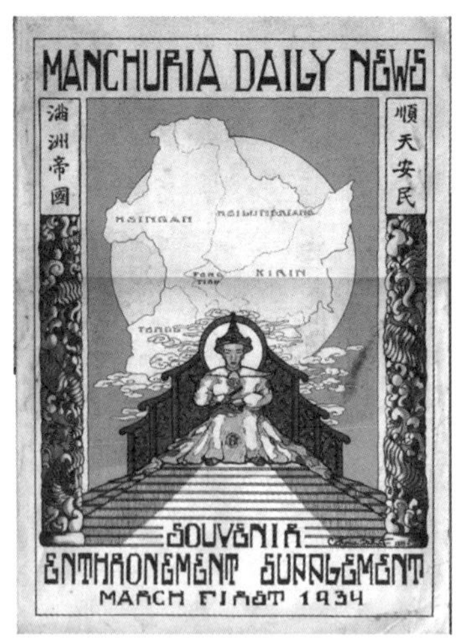

〈Manchuria Daily News〉 1934년 3월 1일자 만주제국 황제즉위 기념호

날은 1934년 3월 1일이다. 만주국 황제 즉위는 일제뿐 아니라 1906년생 푸이의 선택이기도 했다. 유아시기 2세부터 6세(1908~1912년)까지 청나라 마지막 황제로 재위했던 푸이는 재위 기간 내내 그리고 복벽 사건으로 잠시 황제에 재추대됐던 11세(1917년) 때조차 섭정이 이루어졌다. 아무런 실권도 없던 자신이 왕조 패망의 책임자로 여겨지는 상황에 불만을 가졌을 것이다.

이런 상황에서 푸이가 만주국 황제 자리를 굳이 받아들이지 않을 이유는 없었다. 만주국 황제 자리는 만주족과 청 왕조를 부흥시킬 수 있거나 자신의 정치적 위상을 제고시킬 수 있다는 측면에서 더 나은 대안이었다. 만주국 황제로 취임하더라도 더 나빠질 것이 없다고 판단했을 것이다.

차도살인借刀殺人은 남의 칼을 빌려 다른 남을 죽인다는 뜻이고, 차시환혼借尸還魂은 남의 시신을 빌려 다른 혼을 불러온다는 뜻이다. 칼刀을 빌린 자나 칼을 빌려준 자 모두가 혜택을 보는 경우도 있고, 또 칼을 빌려준 자는 다치고 자기 칼 대신 남의 칼을 빌린 자만이 혜택을 보는 경우도 있다. 일제가 푸이에게서 빌리고자 한 것은 칼보다 정통성이었다. 푸이는 1924년까지 청나라 황제의 칭호를 유지했는데, 일제는 푸이라는 청왕조의 시신尸을 빌려 동북부 중국을 지배하려 했다.

## 괴뢰, 낙인효과

시신이나 칼을 빌려준 자가 적의 괴뢰로 간주되면 시신이나 칼의 효능은 급격히 떨어진다. 중국에서는 만주국을 가짜 만주라는 뜻의 위僞만주국 혹은 줄여서 위만으로 부른다. 만주국이 일제의 괴뢰국으로 지칭되면서 일제가 얻는 효과는 반감됐다. 특히 괴뢰로 받아들여진 당사자는 비록 시신이더라도 채찍질을 받는, 이른바 굴묘편시掘墓鞭屍를 당하게 된다. 일본이 전쟁에서 패배하자마자 만주국은 패망했고, 정치적 영향력이 더 이상 없던 푸이도 소련과 중국의 수용소에서 십년 넘게 고초를 겪었다.

하늘 아래 함께 살 수 없는 불구대천의 원수가 조종하는 대로 움직이

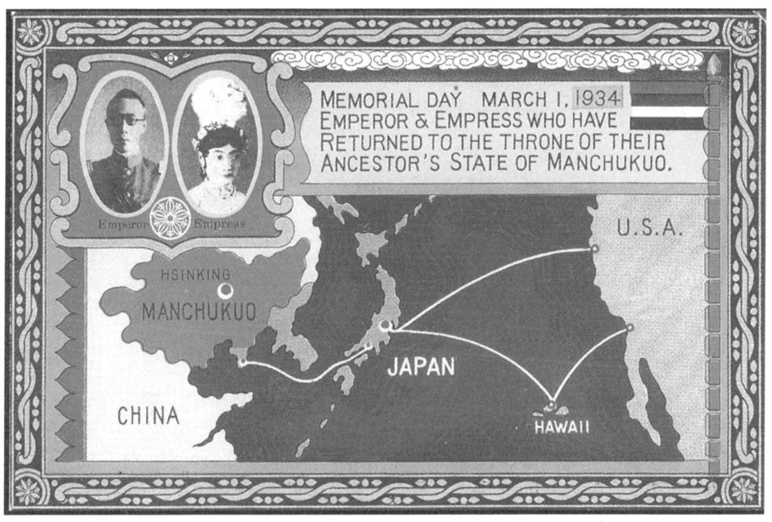


남만주철도주식회사(滿鐵)가 1934년 3월 1일 푸이의 만주국 황제즉위를 기념하여 발행한 그림엽서. 즉위 연도를 1933년으로 잘못 인쇄하여 1934년으로 정정하는 스티커가 붙어 있는데 그만큼 즉위 시점이 불명확했다. 다롄-고베, 요코하마-포틀랜드, 요코하마-하와이-로스앤젤레스의 항로와 함께 만주국이 오래전부터 있었던 왕조임을 강조하는 문구가 포함되어 있다.

는 괴뢰라는 낙인은 치명적이다. 실제 적과 내통하지 않았더라도 곤욕을 치를 수밖에 없다. 남북한이 체제우위를 경쟁하던 시절 정통성을 확보하기 위해 상대를 괴뢰로 불렀다. 물론 남한이 북한을 더 이상 체제경쟁의 대상으로 여기지 않으면서 또 북한이 주변국의 압력에 불구하고 핵개발을 추진하면서 북한은 더 이상 북괴북한괴뢰로 불리지 않고 있다.

괴뢰국을 내세우는 전략은 제국주의자나 군국주의자만이 구사하는 것은 아니다. 민주국가도 괴뢰국 파트너를 선호한다. 괴뢰국이나 독재국가일수록 대가를 받고 외국의 정책적 요구를 수용할 가능성이 더 높기 때문이다. 만일 파트너가 국민 이익에 충실한 민주국가라면 그 파트너를 통제하기 어렵다.

민주화 지수를 이용한 통계분석은 민주국가나 유엔의 개입이 현지국의 민주화에 도움되지 않고 오히려 악화시켰음을 보여준다. 미국의 개입만 평균적으로 현지국의 민주화 지수를 높였지만, 실상은 미국의 개입조차 민주화에 도움되지 않았다. 미국이 개입한 국가들의 다수는 민주주의 수준이 더 나빠질 수 없을 정도로 가장 낮은 단계의 국가들이었다. 즉 표본 편중에서 오는 착시효과다. 그런 사례들을 빼고 분석하면 미국의 개입도 평균적으로 민주화를 후퇴시킨 것으로 나온다.

대외원조 효과도 마찬가지다. 대외원조를 많이 받은 나라일수록 민주화가 이뤄지지 않았음을 여러 정치통계는 보여준다. 원조 공여국은 원조 수혜국의 정책적 양보를 원하기 때문에 정책적 양보가 더 용이한 독재국가들이 더 많은 원조를 받게 되며, 따라서 정권연장도 독재국가가 더 쉽다. 즉 대외원조를 받음으로써 더 오래 유지되는 나쁜 정부로 인해 빈국의 빈곤층은 삶이 오히려 더 피폐해지는 것이다.

만일 공여국 국민이 수혜국의 민주화 혹은 빈민구제를 진정으로 원한다면, 공여국 자신의 이익에 부합되는 정책을 수혜국 정부에 강요하기보다 수혜국의 민주화 혹은 빈민구제 진전 등 인류보편적 가치의 실현을 요구해야 한다. 민주국가의 국민이라고 해서 독재국가의 국민보다 더 착한 것은 아니다. 인성과 정치체제는 별개의 문제다. 정부정책에 다수 국민의 입장이 반영되면 민주주의이고, 그렇지 못하면 독재일 뿐이다.

어떤 면에서는 동맹조차 남의 힘이나 명분을 빌리는 일종의 차도살인 혹은 차시환혼이다. 민주정권이든 독재정권이든 누구나 남의 힘이나 명분을 빌리는 것이 필요할 때에는 빌리려 한다. 괴뢰라는 확실한 친구를 만드는 것, 남의 괴뢰가 되어서라도 이득을 좇는 것, 경쟁자를 괴뢰로 낙인찍어 무력화시키는 것, 이 모두가 바람직하지는 않지만 실존하는 전략적 행위이다.

# 11 전략

# 교각살우

## 쇠뿔을 바로 잡으려다 소를 죽인다

### 노무현 대통령 탄핵소추

대한민국 국회에서 대통령의 탄핵소추안이 가결된 사례는 현재까지 노무현 대통령이 유일하다. 2004년 3월 12일 야 3당한나라당, 새천년민주당, 자유민주연합이 국회 경호권을 발동하여 탄핵소추안을 가결시켰던 것이다. 탄핵소추안 통과를 막기에는 의석수가 부족하여 의사당 단상을 점거하고 있던 여당 열린우리당 의원들은 탄핵소추안 가결에 망연자실했다. 이와 달리 야당 국회의원들은 자신들이 민주주의를 수호했다고 생각했고 "대한민국 만세", "자유민주주의 만세", "16대 국회 만세" 등을 외치면서 환호했다.

그러나 한 달 후 실시된 국회의원 선거에서 야 3당은 많은 의석을 잃었다. 특히 탄핵소추를 주도한 62석의 새천년민주당은 9석만을 얻어 몰락했다. 이에 비해 열린우리당은 과반의 의석을 획득했다. 한 달 후 헌법재판소가 탄핵심판 기각 결정을 내림으로써 노무현 대통령은 업무에 복귀했다.

2004년 1월부터 새천년민주당과 한나라당은 대통령 탄핵 가능성을 언급했다. 노 대통령은 여당인 열린우리당의 지지율 증대를 위해 노력하고 싶다고 말했고, 중앙선거관리위원회는 노 대통령이 선거중립 의무를 위반했다는 유권해석을 내렸다. 이에 노 대통령은 선관위 결정을 존중하지만 동의하지는 못한다고 밝혔다. 야당은 노 대통령이 사과하지 않으면 탄핵소추안을 발의하겠다고 했으며, 이에 노 대통령은 부당한 압력에 굴복하지 않는다고 대응했다.

이런 상황 전개는 대통령과 야당에 의한 일련의 선택으로 다음과 같이 정리할 수 있다.

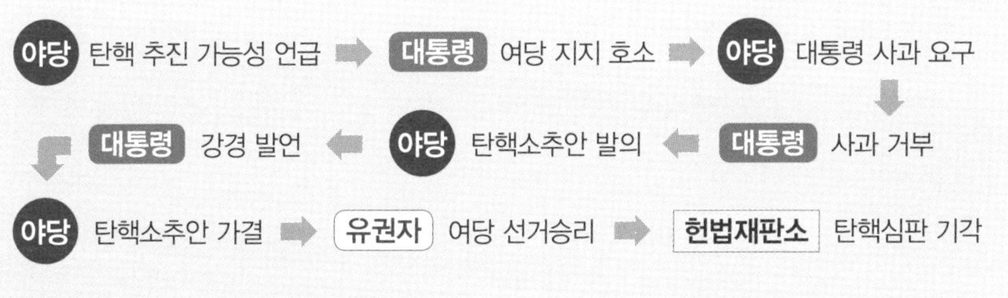


이런 다단계 선택 상황에서는 최종 선택에서부터 시작하여 거꾸로 따져보면 최선의 전략을 계산할 수 있다. 즉 국민 다수가 탄핵에 찬성할 때의 헌법재판소 선택, 그리고 국민 다수가 반대했을 때의 헌법재판소 선택을 먼저 추정해야 한다. 헌법재판소는 대통령 파면 결정을 선고할 수밖에 없을 정도로 법리적 근거가 충분하지는 않았다. 따라서 국민 다수가 탄핵에 반대한다면 헌법재판소는 탄핵심판을 기각할 것으로 보였다.

당시 국민 여론은 대략 1대 2로 대통령 탄핵에 찬성하는 비율이 반대 비율보다 낮았다. 반면에 대통령 사과가 필요하다고 생각하는 비율은 불필요하다는 비율보다 대충 2대 1의 비율로 높았다. 대통령 사과가 필요하지만 탄핵에는 반대한다는 것이 다수의 생각이었다. 야 3당은 국민 다수가 탄핵소추에 반발하고 또 헌법재판소가 탄핵심판을 기각하는 상황은 발생하지 않을 것으로 예상한 듯하다. 탄핵에 찬성하는 국민이 점차 늘어나고 또 헌법재판소도 대통령 파면을 선고할 가능성이 높다고 기대했을 것이다.

집단 내에서만 소통하고 집단 밖과의 소통을 소홀히 할 때 오판을 범하기 쉽다. 이는 같은 집단 내에서 생각을 하나로 통일하려는 집단사고groupthink에 의한 오판으로 불린다. 그러다 보니 탄핵소추안 가결 직후 야당 의원들은 불안한 기색 없이 만세를 불렀고, 의장석 확보 작전이 기발했느니 또 점괘로 표결 날짜를 잘 잡았느니 하는 논공행상까지 나왔다.

완력을 동원한 야당의 탄핵소추안 가결은 무모했다. 결과론적으로 말하자면 야당은 당시 소수 의석을 가진 열린우리당의 반대로 정상적인 국회운영이 되지 않음을 보여줌으로써 다가올 총선에서의 의석 확보를 추구했어야 했다.

탄핵소추안 가결에 대한 국민적 비판이 거세지자 노 대통령이 의도적으로 탄핵소추를 유도했다는 주장이 나왔다. 노 대통령이 자신의 지지 세력을 결집하기 위해 사과를 거부하면서 탄핵소추안이 가결되기를 기다렸다는 주장이다. 설사 함정을 파고 기다렸다고 하더라도 그 함정은 상대에게 숨겨지지 않았다. 당시 상황은 자기 패만을 알고 남이 가진 패를 모르면서 진행된 게임이 아니었다. 상대방 패를 서로가 다 잘 아는 상황이었다. 노 대통령의 정략에 당했다는 주장은 스스로 상황판단에 문제가 있었다고 자인하는 것에 불과했다.

노 대통령은 국회의 탄핵소추안 통과 직후 "지금 이 과정은 새로운 발전과 도약을 위한 진통이라고 생각하며 그저 괴롭기만 한 소모적 진통은 아닐 것"이라고 발언했다. 노 대통령은 야당의 탄핵소추가 상식적으로 부당하다고 생각했을 것이고 또 헌법재판소가 탄핵심판을 기각할 것으로 판단했을 수도 있다. 국회 다수 의석을 확보하여 국정을 운영하고 싶지만, 탄핵 후폭풍으로 열린우리당이 압도적인 지지를 얻을 것이라고는 확신하지 않았던 것 같다.

## 대중의 마음 읽기

탄핵소추는 노 대통령의 계산된 전략이라기보다 탄핵 추진 세력의 어설픈 전략이었다고 평가할 수 있다. 야당의 탄핵소추안 가결은 결국 소를 죽게 만들 쇠뿔 바로잡기, 즉 교각살우矯角殺牛였고, 노 대통령에게는 나중에 좋은 결과를 가져다줄 당장의 어려움, 즉 전화위복轉禍爲福이었다. 스포츠든 게임이든 사업이든 정치든, 자신이 잘해서 이기는 경우보다 상대가 실수해서 이기는 경우가 더 많다.

교각살우와 전화위복의 사례는 종종 관찰된다. 1992년 대통령선거를 일주일 앞두고 부산의 한 음식점에 몇 명의 공공기관장들이 모였다. 이 자리에서 관권선거를 조장하고 추진하고 있음을 내비치는 대화가 오고갔다. 국민당의 정주영 후보 측에서 이 대화를 도청하여 공개하였

**카이사르 암살 2년 후 빌립보 전투에서 패배가 확실시되자 자결하는 공화파 리더 마르쿠스 브루투스** 헤르만 보겔의 그림

다. 공개 직후 김영삼 후보의 당선이 어렵다는 전망이 나올 정도로 김 후보에게는 치명적인 사건이었다. 그렇지만 실제 선거가 끝나고 나서는 그 사건이 오히려 김 후보 지지자들을 투표소로 나오게 했다는 평가가 있었다. 만일 그렇다면 관권선거 대화 공개는 정 후보에게는 교각살우가 되고, 김 후보에게는 전화위복이 되었다고 볼 수 있다.

기원전 44년에 발생한 카이사르 암살도 마찬가지였다. 암살 직후 원로원 공화파들은 거사 성공에 흥분했고 공화정을 수호했다고 환호했다. 그러나 얼마 지나지 않아 평민의 반발과 카이사르파의 결집으로 수세에 몰려 모두 죽임을 당했거나 자살했다. 카이사르 암살은 로마 공화정을 바로잡으려다가 결과적으로 공화정을 종식시킨 전형적인 교각살우의 예이다. 반면에 카이사르의 상속자인 옥타비아누스에게는 전화위복이 되어 옥타비아누스는 로마제국 최초의 황제가 되었다.

민주 사회에서 성공의 관건은 대중의 마음을 읽는 데에 있다. 대중 마음 읽기는 쉬운 일이 아니다. 인기작을 만든 제작팀이 연이어 히트작을 만드는 것은 아니다. 대중예술 전문가들이 기획했다는 영화, 드라마, 음악 가운데 대중의 반응을 제대로 예상하지 못해 흥행에 실패한 예는 허다하다. 쪽박이나 리스크를 피하는 공식은 있어도 대박 혹은 흥행을 보장하는 공식은 존재하지 않는다. 전문적 시장조사를 거친 후에 출시한 신제품이 실제 시장에서 실패한 사례도 많다. 전문적 조사와 예측은 성공 가능성을 높일 뿐이지 성공을 보장하지는 않는다.

교각살우가 될지 전화위복이 될지 모를 때에는 차라리 진정성을 갖고 일관되게 추진하는 것이 교각살우의 가능성을 낮추고 전화위복의 가능성을 높이는 길이다.

**카이사르 유령에 놀라 두려워하는 공화파 리더 마르쿠스 브루투스** 셰익스피어 희곡집에 삽입된 리처드 웨스털의 삽화를 동판화로 만든 에드워드 스크리번의 작품

# 12 전략

# 의인물용과 토사구팽

## 의심스러우면 쓰지 않는다

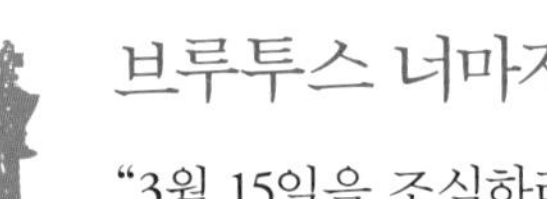

### 브루투스 너마저!

"3월 15일을 조심하라Beware the ides of March!" 기원전 44년에 한 점술가가 카이사르가이우스 율리우스 카이사르에게 했다는 경고다. 율리우스력曆으로 이날 카이사르는 혼자도 아니고 수십 명에 의해, 그것도 몰래, 지독히 비겁한 난도질로 암살됐다.

"3월 15일을 조심하라"보다 더 유명한 카이사르 암살 관련 문구는 "브루투스 너마저Et tu, Brute"다. 카이사르가 죽으면서 했다는 말로 실제로 그렇게 말했는지는 확실하지 않고 셰익스피어 희곡에 등장하면서 유명해졌다. 카이사르가 그런 말을 했다면 자신이 믿었던 브루투스의 배신에 놀라 나온 말이라는 해석뿐 아니라 배신한 브루투스에 대한 저주로 뱉은 말이라는 해석도 있다.

카이사르 시해의 두 주역 카시우스가이우스 카시우스 롱기누스와 브루투스마르쿠스 브루투스는 본래 카이사르의 경쟁자인 폼페이우스의 사람이었다. 내전 후 카이사르는 그들을 사면하고 포용했다. 로마 귀족들은 카이사르에게 종신독재관직을 부여했고, 또 공화정 수호자들의 반발을 유도하려 했는지 몰라도 카이사르를 왕으로 호칭하기도 했다. 카이사르는 원로원 내의 적에게 관용을 베풀었다. 특히 자신의 통제 없이는 로마가 내전 상태로 들어갈 것이니 원로원 의원들이 자신을 암살하지는 않을 것이라고 믿었다.

남을 믿는다는 것은 늘 위험이 따른다. 2014년 세월호 침몰 당시 객실 안에 그대로 있으면 구조된다는 안내방송을 믿었던 승객들 다수는 희생되고 말았다. 내가 믿지 않은 상대의 습격보다 내가 믿는 상대의 습격이 나에게는 훨씬 더 치명적이다. 카이사르가 원로원을 믿지 않고 경계했다면 죽음을 피했을 수도 있다. 이처럼 사람을 쓰면 의심하지 말라는 용인물의用人勿疑는 간혹 치명적인 결과를 초래한다.

원로원의 암살 주모자들은 자신들이 카이사르를 배신했다기보다 오히려 카이사르가 로마 공화정을 배신했다고 생각한 것 같다. 자신들은 독재자를 없앤 숭고한 거사를 단행했으니 다수로부터 박수를 받을 것으로 생각했다. 브루투스 등 일부 주모자들은 아무런 후속 계획 없이 카이사르만 제거하는 것이 순수성을 인정받는다고 주장했다. 원로원 귀족들끼리만 소통하다 보니 원로원 밖의 여론을 잘 읽지 못했고, 또 카이사르를 비판하는 것과 카이사르를 처참하게 죽여도 된다는 것을 구분하지 못했다.

카이사르 암살 이후 전개된 로마 상황은 암살 주모자가 전혀 예상치 못한 방향으로 흘러갔다. 카이사르파 핵심 인물 안토니우스마르쿠스

**카이사르의 죽음** 빈첸조 카무니치의 그림. 줄리어스 시저가 브루투스와 귀족들에게 암살당하는 장면을 그린 것이다.

안토니우스는 사건 직후 처음에는 원로원에 협조적이다가 카이사르에 대한 평민들의 지지를 확인한 후에는 원로원 책임론을 공개적으로 밝혔다. 카이사르를 제거해야 한다고 생각했지만 거사에 초대되지 못한 키케로는 안토니우스를 카이사르와 함께 죽이지 못한 것이 큰 실수라고 지적했다. 암살 주모자들은 정권을 잡기는커녕 살해 위협에 시달렸고 결국 자살이나 타살로 생을 마감했다. 카이사르 암살 후 관심은 원로원의 권력 강화나 공화제의 공고화가 아니라 누가 카이사르를 계승하느냐로 바뀌었다.

## 옥타비아누스의 용인술

카이사르 사후 새로운 지배자 등장의 첫 번째 무대는 카이사르 유언의 공개였다. 유언에 따라 카이사르 누이의 손자인 18세의 옥타비아누스가이우스 옥타비우스가 카이사르의 상속자가 됐다. 그는 가이우스 율리우스 카이사르 옥타비아누스로 개명했다. 노련한 안토니우스를 경계하던 키케로는 덜 위협적인 젊은 옥타비아누스를 지원할 수밖에 없었다.

기원전 43년 원로원은 옥타비아누스를 부관으로 합류시킨 군대로 안토니우스를 처단하려 했다. 원로원의 기대와 달리 옥타비아누스는 안토니우스 및 레피두스와 제휴하여 이른바 2차 삼두정치를 결성했고, 삼두연합은 카이사르 암살과 관련한 살생부를 작성하여 숙청을 실시했다. 특히 안토니우스 측에서 키케로를 죽일 때 옥타비아누스는 묵인할 수밖에 없었다. 기원전 42년 삼두연합은 원로원파 군대를 격파했고 카

BC 44년 3월 15일 원로원 의원들에게 살해된 카이사르가 한때 경쟁자였던 폼페이우스의 조각상 아래 쓰러져 있다. 카이사르 암살에 관한 여러 그림과 희곡 가운데 가장 사실적인 묘사로 평가되고 있는 장 레온 제롬의 1867년 그림.

이사르 암살 주모자 브루투스와 카시우스는 자살했다.

기원전 40년 옥타비아누스는 여러 원로원 의원들과 기사들을 처형했다. 그들 중에는 안토니우스의 동생도 포함됐다. 기원전 36년 레피두스의 군대를 매수한 옥타비아누스는 레피두스를 연금하고 삼두정치를 종식시켰다. 기원전 31년 옥타비아누스는 악티움에서 안토니우스를 격파했고, 기원전 30년 이집트를 침공하였다. 안토니우스와 클레오파트라는 자살로 생을 마감했다. 이로써 삼두정치의 파트너인 안토니우스와 레피두스는 모두 제거됐다. 기원전 27년 원로원은 옥타비아누스에게 아우구스투스 칭호를 수여했고, 옥타비아누스는 최초의 로마황제 카이사르 아우구스투스가 됐다. 카이사르 암살을 겪은 옥타비아누스는 용인물의用人勿疑 대신에 의심스러운 자는 쓰지 않는 의인물용疑人勿用을 따랐다.

최고권력자로 등극하기 전에 삼두정치를 거쳤다는 점은 옥타비아누스뿐 아니라 그의 양부 카이사르에게서도 관찰된다. 카이사르는 공동통치로 로마 지배를 시작했다. 기원전 60년 카이사르, 폼페이우스, 크라수스의 제휴가 이른바 1차 삼두정치다. 1차 삼두정치 3인의 지지기반은 각각 평민, 퇴역군인, 돈이었다. 기원전 53년 크라수스의 죽음과 함께 삼두정치가 붕괴되고 카이사르의 독주가 시작됐다. 이에 폼페이우스는 귀족파와 제휴했는데, 기원전 49년 1월 카이사르는 군대를 이끌고 루비콘 강을 건너 로마로 진격했다. 기원전 48년 카이사르를 피해 이집트로 도주한 폼페이우스는 그곳에서 살해됐다. 기원전 44년 2월 카이사르는 종신독재관에 추대됐고 한 달 후 암살됐다.

카이사르와 옥타비아누스 모두 삼두정치의 파트너를 제거하여 최고권력자의 자리에 올랐다. 혼자서도 로마를 지배할 수 있을 때에는 굳이

남과 제휴하여 권력을 나눌 필요가 없기 때문이었다.

## 토사구팽

연합은 손·발이 많을수록 또 거느린 입이 적을수록 좋다. 승리에 불필요한 연합 구성원의 존재는 나머지 구성원들에게 갈 몫을 줄인다. 전리품 분배에서 자기 몫을 극대화하려면 승리에 불필요한 구성원을 배제할 필요가 있다. 즉 거대연합 대신 최소승리연합MWC, minimal winning coalition을 지향한다.

토끼 사냥이 끝나면 사냥개를 잡아먹는다는 토사구팽兎死狗烹도 불필요한 멤버 솎아내기의 하나다. 기원전 473년 범려는 문종과 함께 월왕 구천을 도와 오나라를 멸망시켰다. 범려는 구천이 고난을 함께 해도 영화는 함께 할 수 없는 위인이라며 월나라를 떠났다. 범려는 나는 새가 없으면 훌륭한 활을 어디 넣어두고, 재빠른 토끼가 죽으면 사냥개를 삶아 먹는다蜚鳥盡 良弓藏, 狡兎死 走狗烹며 문종에게 월나라를 떠날 것을 충고했지만, 문종은 월나라를 떠나지 못하고 구천의 탄압을 받아 자결했다고 사마천『사기』는 기록하고 있다.

『사기』에 등장하는 또 다른 토사구팽 당사자는 한신이다. 한나라를 세운 유방은 일등공신 한신을 초왕으로 봉했으나 자신에게 위협이 된다고 생각하여 기원전 201년 회음후로 격하시켰다. 한신은 재빠른 토끼가 죽으면 사냥개를 삶아먹고, 나는 새가 사라지면 좋은 활을 어디 넣어두며, 적국이 망하면 훌륭한 신하도 필요없고, 천하가 평정되었으니 나도 당연히 팽당한다狡兎死 良狗烹, 高鳥盡 良弓藏, 敵國破 謀臣亡 天下已定 我固當烹고 말했다고 사마천 『사기』는 기록하고 있다.

카이사르 암살 사건은 독재자를 제거해서 공화제를 지키려는 노력으로 설명되기도 하지만, 실제로는 공화제를 종식시켜 최초의 로마황제를 등장시킨 사건이었다. 귀족들 다수는 사건 후 황제체제에 반대하지 않고 오히려 적극적으로 협조했다. 정치적 소신보다 철저하게 자신의 이해관계에 따라 움직였다.

카이사르는 토지개혁 등 귀족의 이익에 반하는 정책을 추진했다. 카이사르 암살 사건은 귀족의 이익을 빼앗아 평민에게 주는 움직임에 대

| 셰익스피어 희곡 '율리우스 카이사르'에서 안토니우스(왼쪽)와 옥타비아누스(가운데)가 레피두스에게 살생부를 강요하고 있는 모습. 헨리 셀루스의 삽화.

한 저항이었다. 카이사르가 귀족의 이익을 잘 챙겨주지 않아 귀족들에게 암살당한 반면, 옥타비아누스는 귀족의 이익을 잘 챙겨서 귀족의 충성을 받았다. 즉 황제체제든 공화체제든 충성은 자신이 받는 혜택에 대한 반응일 뿐이다.

대통령제와 의원내각제 간의 권력구조 논쟁도 대의명분보다 당사자들의 이해관계로 더 잘 설명된다. 권력구조에 관한 정치적 소신도 결국 권력구조에 따른 이해관계일 때가 많다. 혜택이 있는 쪽에 가담하고, 이를 감안해서 세 규합이 이루어지는 것이다.

지배(승리)할 수 있는 크기의 연합 만들기는 권력 장악의 필수조건이며, 이미 권력 장악에 성공한 연합에서는 불필요한 멤버 솎아내기 또한 필연적인 현상이다. 쪼개져 있다 보면 승리를 위해 합하게 되고, 또 합해져 있다 보면 자기 몫을 늘리기 위해 쪼개지게 마련이다.

13 전략

# 불확실 상황에서의 선택

## 다윗이 골리앗을 물리칠 수도 있다

### 베트남전쟁, 수렁에 빠진 미국

1973년 3월 29일은 미국이 베트남 주둔 전투부대를 철수하고 종전終戰을 선언한 날이다. 이는 미국이 베트남에서 손을 뗀다는 의미뿐 아니라 미국 정부 스스로 패전을 인정한다는 의미였다. 미국은 질 전쟁에 왜 개입했을까? 근본적인 대답은 질 줄 몰랐기 때문이다. 돌이켜보면 미국은 1960년대 베트남에서 다른 길을 선택했어야 했다.

전쟁은 적어도 패전국에게, 어떤 경우에는 승전국에게도 손해인 선택이다. 쌍방에게 손해인 전쟁조차 쌍방 모두 최선을 선택한 결과일 때도 있다. 각 선택이 실제 어떤 결과를 가져다줄지 불확실하기 때문에 사전事前적으로 최선의 선택이더라도 실제 최선의 결과를 보장하지는 않는다.

불확실성을 감안하여 각 선택별로 향후 결과를 사전에 전망하는 기

1973년 3월 29일 사이공 베트남군사지원사령부(MACV) 해산식에서 미군 장병이 성조기를 접고 있다.

법 중의 하나는 기댓값 계산이다. 미국의 저명한 정치학자 브루스 부에노 데 메스키타는 전쟁 수행에서 오는 기대이익이 현상유지보다 더 크면 전쟁을 수행하고, 그렇지 않으면 수행하지 않는다는 전제하에 전쟁의 기대효용을 다음 식으로 계산했다(『세계정치론』, 카오스북, 2015).

전쟁 수행 기대효용(EUw) = 성공 가능성(P) × 성공의 효용(Us)
+ 실패 가능성(1－P) × 실패의 효용(Uf)

1960년대 미국의 베트남 군사개입 결정으로 거슬러 올라가보자. 당시 상황에 대한 미국의 만족도는 지극히 낮았다. 미국은 베트남이 공산화되면 도미노처럼 다른 아시아지역도 공산화될까봐 우려했고, 이에 베트남에서 공산세력을 봉쇄할 필요성을 느꼈다. 다만 미국에게 인도

차이나지역의 가치가 중남미나 유럽보다 작았기 때문에 베트남전 승리의 효용(Us)이 매우 큰 것은 아니었다.

대신에 미국은 베트남전쟁 성공 가능성(P)을 매우 높게 인식했다. 중국과 소련이 북베트남을 지원한다고 해도 미국은 막강한 군사력으로 적어도 지지는 않을 것으로 확신했다. 도덕이나 당위의 측면에서 미국의 베트남 개입은 처음부터 줄곧 비판받았지만, 초강대국 미국이 북베트남에 패전할 것으로 내다본 분석은 미국의 전쟁 개입 초기에는 거의 없었다. 실제 베트남전쟁 동안 미군 측 사망자는 약 5만 명으로, 100만 명을 상회하는 공산 측의 사망자보다 훨씬 적었다. 미국은 스스로 높게 인식한 성공 가능성(P)으로 인해 전쟁 수행에서 올 기대효용(EUw) 또한 높았고 따라서 전쟁을 수행하게 되었다.

북베트남의 기대효용도 동일한 방식으로 계산할 수 있다. 북베트남은 자국이 승리할 가능성(P)을 미국만큼 높게 평가하지는 않았을 것이다. 대신에 성공의 효용(Us)은 미국과 비교가 되지 않을 정도로 높게 인식했다. 다수의 희생을 무릅쓰고 독립을 쟁취해야 한다는 지고의 가치가 공유되었다. 전쟁 승리에서 올 효용(Us)의 값이 워낙 컸기 때문에 비록 성공 가능성(P)이 높지 않았더라도 전쟁 수행에서 기대되는 효용(EUw)이 전쟁을 수행하지 않을 때보다 컸을 것이다. 따라서 북베트남은 미국이 참전하더라도 전쟁을 주저할 이유가 없었다. 이처럼 군사력에서 압도적으로 열세였던 북베트남이 미국과 치열하게 싸운 것은 기댓값 계산에 기초한 전략적 선택이었고, 이는 인도차이나를 뛰어넘어 국제질서를 바꾼 전략이기도 했다. 데탕트도 그렇게 해석될 수 있다.

## 미군의 철수, 더 잃기 전에 떠나다

이제 1973년 평화협정 체결과 미군철수라는 선택을 살펴보자. 미국은 무언가를 더 얻기 위해서라기보다 덜 잃기 위해 철군했다고 볼 수 있다. 레둑토(1911~1990)가 공동 수상을 거부한 키신저의 노벨평화상이 미국의 유일한 전리품이라는 평가가 있을 정도다. 1973년 1~3월 미국의 여러 정책은 패전을 인정하지 않고 대신에 인도차이나 안정에 기여했다고 포장하면서 베트남에서 발을 빼는 수순에 불과했다.

지는 것도 전략이 필요하다. 결과적으로는 철군할 거면 더 일찍 했어야 했다. 철군을 주저하게 한 것은 본전 생각 때문이었다. 미국은 이미 수많은 인명과 재원을 투입했기 때문에 그냥 철군하기에는 아쉬움이 매우 컸다. 확대와 철수 가운데 성공 가능성(P)을 더 높여주는 확대를 선택했다. 그러나 베트남 주둔 군사력을 증강했어도 실제 성공 가능성(P)은 증대되지 않았다. 오히려 한 발짝씩 더 개입하면서 더 깊은 수렁에 빠지게 된 것이었다.

비즈니스에서 이미 투자한 돈을 회수하기 위해 추가로 투자할 때가 많다. 기존 투자금의 회생 가능성이 높지 않을 때에는 기존 투자금을 잊어버리고 선택하는 것이 더 큰 돈을 잃지 않는 방법이다. 일단 선택한 후에는 선택 이전의 원래 상태로 되돌릴 수 없기 때문에 여러 기간에 걸쳐 매번 최선의 결과를 가져오도록 선택했다고 가정하고 전략을 구상하는 것은 비현실적이다. 미국의 베트남에서의 1973년 철군은 더 이른 철군보다 못한 전략이었지만 조기 철군 옵션이 이미 지나가버린 상황에서 선택 가능한 여러 대안 가운데 가장 나은 전략이었다.

1968년 초 공산 측의 대공세 이후 미국은 자국이 베트남에서 이길

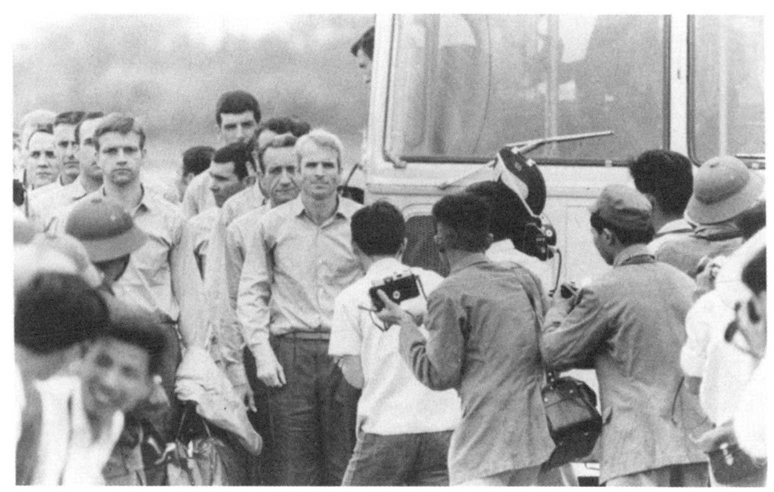

| 북베트남과의 평화협정에 따라 1973년 3월 존 매케인(후에 미국 상원의원 및 대통령후보, 앞을 보고 줄 서 있는 오른쪽 맨 앞 사람)을 포함한 미군포로들이 미군 측에 인계되고 있다.

가능성(P)이 낮다고 인지하게 되었다. 동시에 중소분쟁 등으로 봉쇄의 필요성이 대폭 감소되었고 부당한 전쟁이라는 미국 내 반전 여론이 득세했기 때문에 성공에서 오는 미국의 효용(Us)도 낮게 인식됐다. 따라서 전쟁수행에서 기대되는 효용(EUw) 또한 감소했고, 결국 철군에 이르게 되었다.

미국 철군의 전략적 효과는 추후 베트남과의 관계 개선이다. 다른 개발도상국처럼 남베트남 정부도 부패와 쿠데타로 정권이 불안정했다. 미국으로서는 분단된 남베트남 대신 통일된 베트남을 관리하는 것이 더 효과적이었다. 1976년 통일한 베트남은 1977~1978년 캄보디아와, 1979년 중국과 각각 전쟁을 치렀다. 1985년 부분적인 시장경제를 도입한 베트남은 1988년 서울올림픽에 참가했고, 1992년 한국과 1995년에는 미국과 각각 국교를 수립했다. 미국이 베트남에서 철수한 후 베트남과 우호관계를 수립하는 데에 걸린 시간은 미국이 베트남에 적대적으로 개입했던 기간보다 더 짧았다.

## 골리앗에 맞선 다윗의 전략 계산

현실주의 국제정치이론인 세력균형론에서는 이길 가능성과 질 가능성을 매우 중시한다. 『손자병법』 '지형' 편에서도 "싸워서 반드시 이기면 주군이 싸우지 말라고 해도 반드시 싸울 수 있고, 싸워 이기지 못하면 주군이 반드시 싸우라고 해도 싸우지 않을 수 있다戰道必勝 主曰無戰 必戰可也 戰道不勝 主曰必戰 無戰可也"고 언급하고 있다.

성공 가능성에 따라 행동을 선택하라는 이런 고전적 경구가 늘 옳은 것은 아니다. 어떤 경우에는 달걀로 바위를 깨려고 시도하는 것이나 물에 빠져 지푸라기라도 잡는 것이 최선의 전략일 때도 있다. 왜소한 다윗은 무모해 보이지만 거구의 골리앗과 싸웠다. 실패해도 더 이상 나빠질 게 없거나 성공할 때 너무 좋아질 수 있다면 실패 가능성이 매우 높아도 도전할 수 있다. 잃을 것이 별로 없는 자가 힘 센 자와의 싸움으로 자기 위상을 높일 수 있을 때 특히 그렇다.

반대로 골리앗은 다윗을 피하는 것이 더 나은 선택일 수 있다. 이겨봤자 더 나아질 게 별로 없거나 실패하면 엄청난 피해를 입게 되는 상황에서는 성공 가능성이 아무리 높아도 피하는 것이 상책이다. 성공 가능성(P)과 실패 가능성(1–P)이 얼마나 크고 작으며 성공(Us)과 실패(Uf)가 얼마나 좋고 나쁜지를 함께 계산해야 한다. 이러한 기댓값 계산은 더 나은 선택을 위한 기초자료다.

| **다윗과 골리앗** 오라치오 젠틸레스키의 그림

사람들은 전략이 이기기 위한 것이지 지기 위한 것은 아니라고 생각한다. 그런데 쉽게 이기는 것뿐 아니라 잘 지는 것, 즉 덜 지는 것에도 전략이 필요하다. '일 보 후퇴 이 보 전진'처럼 길게 보고 현재에는 지는 것, 그리고 지는 게 확실할 때 적게 지는 것이 그런 예다. 적자생존은 적게 진 자가 살아남는다는 의미이기도 하다.

다윗은 기습적인 돌팔매질로 골리앗을 쓰러트렸다. 이로써 다윗의 선택은 옳았다고 여겨지지만, 사실 선택은 결과만으로 평가되는 것이 아니다. 이겼기 때문에 무조건 옳은 선택이고 졌기 때문에 무조건 잘못된 선택이라고 말할 수는 없다. 다윗의 돌팔매질이 성공할 거라는 보장

| **골리앗의 머리를 든 다윗** 미켈란젤로 카라바조의 17세기 초 그림. 카라바조가 자신의 젊은 모습을 다윗의 얼굴에, 자신의 나이든 모습을 골리앗에 대입하여 그렸다고 해석된다.

은 애초 없었다. 불확실성이 수반되는 선택에는 운이 작용할 수밖에 없다. 어떤 경우에는 결과가 좋았지만 전략은 나빴을 수 있고, 또 결과가 나빴더라도 좋은 전략이었을 수도 있다.

14 전략

# 예측조사

## 물길을 뚫기 전에 물 흐름을 살핀다

### 여론조사의 의미

브라질 아마존의 나비 날갯짓이 미국 텍사스에 토네이도를 발생시킨다는 나비효과카오스이론는 작은 차이가 증폭되어 완전히 다른 결과를 가져다줌을 의미한다. 과연 작은 변화 하나가 세상을 뒤집을 수 있을까.

나비 날갯짓 하나로 토네이도를 만들기는 쉽지 않다. 오히려 토네이도가 불기 직전에 나비 날갯짓이라는 퍼포먼스를 보여주면서 토네이도를 나비 날갯짓으로 만들었다고 눈속임하는 것이 더 쉽다. 즉 세상을 의도대로 변화시키는 것보다 세상의 변화를 읽어 이용하는 것이 더 용이하다.

경제가 장기 침체에 막 들어섰을 때 침체의 부작용을 최소화한 경제 책임자보다는, 어떤 정책을 실시하더라도 경제는 호전될 수밖에 없는 시기의 경제 책임자가 대중에게서 더 나은 평가를 받는다. 또 가능성이 전혀 없던 정치지도자를 대통령 선거에서 박빙의 선거로 아깝게 패배하게 만든 참모의 능력은 높게 평가받지 않는다. 대신에 실제 승리에는 아무런 기여를 하지 않았더라도 결국 당선에 성공할 저평가된 정치지도자에 미리 줄선 참모가 더 나은 능력자로 평가받는다. 이를 보면 바람이나 물길의 흐름을 인지하는 것 또한 전략임을 알 수 있다.

흐름을 추정하는 방법은 시뮬레이션, 시나리오, 게이밍, 역술 등 다양하다. 선거에서 가장 많이 쓰이는 추정방법은 부분을 갖고 전체를 추정하는 표본조사이다. 전체 모집단의 실제 비율은 무작위로 추출된 n 크기의 표본에서 조사된 비율 P로 추정하되 다음과 같은 95% 신뢰도의 오차범위를 갖는다.

$$P \pm \frac{1}{\sqrt{n}}$$

예컨대 무작위로 추출된 100명의 표본에서 대통령 지지도가 50%라고 하면, 95% 신뢰도에서 국민 전체의 대통령 지지도는 50%±10%포인트, 즉 국민 전체의 대통령 지지도가 40~60%일 가능성은 95%라는 것이다. 만일 3,000명이 표본이라면 95% 신뢰도의 오차범위는 ±2%포인트에 불과하다. 물론 통계학이나 조사방법 문헌에서 소개하는 공식은 좀 더 복잡하지만 그 또한 몇 가지 가정들이 전제된 조건하에서의 오차범위일 뿐이다. 편의상 $\pm 1/\sqrt{n}$을 95% 신뢰도의 오차범위로 계산해도 무방하다.

작은 표본도 정확하게 추출하여 조사하였다면 수천만 명 혹은 수억 명 전체의 평균값을 추정할 수 있다. 표본조사방법을 신뢰하지 않는 사람들은 의외로 많다. 1992년 미국 대통령 선거를 앞두고 여론조사에서 빌 클린턴 후보에게 뒤진 조지 부시 대통령은 유세에서 "여러분 가운데 여론조사를 받은 사람이 있느냐"며 여론조사 결과를 믿지 못하겠다고 발언한 바 있다. 국내에서도 종종 젊은 연령층이 있는지를 묻고, 없으면 아예 조사를 진행하지 않은 전화를 받은 노년층은 "무슨 여론조사가 젊은 층만 찾느냐"며 여론조사 결과를 믿지 못하기도 한다.

## 출구조사

선거 관련 여론조사에서 가장 정확하다고 평가되는 것은 출구조사다. 투표 기권자까지 포함할 수밖에 없는 사전조사와 달리, 출구조사는 투표소에서 투표를 마치고 나오는 사람을 대상으로 실시하기 때문에 실제 선거결과에 근접한 조사결과를 보여줄 수 있다. 부재자 투표자 및 사전 투표자의 투표 선택이 투표소 투표자의 투표 선택과 다르지 않고 또 출구조사 마감 이전과 이후의 투표자 선택이 서로 다르지 않다면, 출구조사 표본은 전체 투표자를 잘 대표할 것이다. 출구조사에서는 자신의 투표결과를 알려주기 싫은 사람도 응답 내용을 보여주지 않고 바로 수거함에 넣기 때문에 솔직한 응답에 대한 부담감은 덜하다. 출구조사를 제대로 수행하면 위의 공식대로 실제 선거결과와 아주 미미한 오차만을 보여줄 것이다.

2000년 4월 13일 대한민국에서 첫 방송 3사 출구조사가 실시됐다. 물론 1996년 국회의원 선거에서도 500m 밖에서는 출구조사를 실시할 수 있도록 선거법이 개정되었으나 500m 기준 때문에 출구조사가 제대로 이루어지지 못했다. 그러다가 2000년 선거법 개정으로 투표소 300m 밖에서 조사가 허용됨에 따라 방송 3사가 첫 출구조사를 실시했다. 그러나 최다 의석 정당을 잘못 예측하는 등 방송사의 출구조사는 30여 개 선거구에서 당선자를 잘못 예측했다.

2004년에 개정된 선거법은 투표소 100m 밖이면 조사를 허용했다. 2004년 및 2008년 국회의원 선거의 출구조사는 제1당의 의석수를 약 20석 틀리게 예측했다. 투표소 50m 밖이면 조사가 허용된 2012년 국회의원 선거에서도 출구조사는 20개 가까운 선거구의 당선자를 잘못 예측했다.

200명이 넘는 당선자를 예측해야 하는 국회의원 선거와 달리, 당선자 1명을 예측하는 대통령 선거나 16~17인의 당선자를 예측하는 광역단체장 선거에서 출구조사는 틀린 예측이 적을 수밖에 없다. 설사 출구조사가 당선자를 맞췄다 하더라도 실제 득표율이 예측 득표율과 큰 차이를 보인 경우는 허다하다. 투표소 공간의 특수성 때문에 법적으로 허용된 거리보다 더 가까이에서 조사한 곳도 있고 또 틀렸을 경우 비난받는 것을 피하기 위해 조사예산에 책정된 표본보다 작은 표본으로 오차범위를 계산하여 일부러 오차범위를 늘린 조사도 있었다는 점을 감안하면 출구조사의 성적표는 초라하다.

출구조사의 가장 큰 문제점은 너무 늦게 예측한다는 점이다. 마라톤

경기에서 종착점을 몇 미터 앞에 두고 우승자와 우승기록을 예측하는 것에 비유될 수 있다. 출구조사 결과를 실제 정치에 활용할 길은 별로 없다. 출구조사의 용도는 주로 방송용이다. 남보다 이른 보도는 일종의 특종이기 때문에 출구조사는 2000년 4월 이래 매 선거마다 시행되고 있다. 국내 개표방송에서도 방송국들은 실제 개표보다 더 앞선 개표 상황을 보도한다. 왜냐하면 시청자들이 개표율이 높은 방송으로 채널을 돌리기 때문이다. 그래서 방송국 간 경쟁으로 각 후보의 득표수를 지나치게 올려 방송하다가 이미 방송된 중간 득표보다 최종 득표가 적을까봐 개표방송 관계자들이 노심초사한 적도 있다.

## 여론조사의 신뢰도와 위력

출구조사든 사전조사든 표본이 모집단을 잘 대표하도록 추출하는 것은 매우 중요하다. 무작위 추출이 어렵다면 조사 내용과 관계있는 응답자 배경(예: 연령, 지역)의 각 비율을 모집단대로 할당하여 표본을 추출할 수 있다. 추출된 표본이 모두 솔직하게 대답하면 조사결과는 정확해질 것이다. 그러나 실제로는 무응답자가 많기 때문에 이를 처리하는 방법이 정확한 예측조사의 노하우 가운데 하나다. 응답자 다수가 편향된 답변을 하는 경우에는 과거 사례의 분석을 통해 보정할 수 있다.

예측 자체가 실제 결과에 영향을 줄 때도 있다. 정확한 예측은 예측의 효과까지 감안한 예측이다. 예측에 대한 신뢰가 높거나 부동표가 많을 때, 그리고 정당보다 인물 위주의 선거, 다자구도, 예비선거, 작은 선거 등에서 선거예측의 영향력이 크다.

여론조사가 한국 선거에 깊숙이 개입하게 된 계기는 2002년 노무현-정몽준 대통령후보 단일화였다. 이회창 후보 지지자를 제외한 응답자에게 “한나라당 이회창 후보와 경쟁할 후보로 노무현 후보와 정몽준 후보 중 누구를 지지하십니까?”를 물은 후 그 조사결과에 따라 지지 응답자가 많은 노 후보로 단일화했다. 다른 질문이었다면 정 후보로 단일화가 됐을 수도 있었음은 물론이다.

2012년 야권후보 단일화 협상에서 문재인 후보 측은 새누리당 지지자를 제외한 응답자에게 “박근혜 후보와 경쟁할 후보로 문재인 후보와 안철수 후보 중 누가 적합하다고 보십니까?”를 물어야 한다고 주장했고, 안철수 후보 측은 전체 유권자에게 “박근혜 후보와 문재인 후보가 맞붙을 경우 누구를 지지하십니까? 박근혜 후보와 안철수 후보가 맞붙을 경우 누구를 지지하십니까?”를 묻자고 주장했다. 결국 양측의 이견으로 단일화 여론조사는 실시되지 못했다.

야권 후보 단일화 여론조사에서 여당 지지자가 여당 후보에게 약한 야당 후보를 전략적으로 선택하는 이른바 역선택 문제는 어떤 방식에서도 발생하며 정도의 차이만 있을 뿐이다. 여당 지지자는 전체 국민을 포함한 조사뿐 아니라 여당 지지자를 제외한 조사에서도 여당 지지자가 아니라고 답변하면서 참여할 수 있다. 마찬가지로 야당 지지자도 여당 후보의 선출에 전략적으로 관여할 수 있다.

여론조사는 이제 정당의 공천과정에 활용되고 있다. 그러다보니 공천후보 결정을 위한

여론조사에 부정적으로 개입하려는 시도도 있다. 예컨대 어떤 선거구에 1만 개의 유선 전화선이 있고 그 가운데 1,000개를 확보한다면 상대 후보보다 10% 포인트 앞서서 경쟁하는 것이다. 물론 이는 업무방해죄가 적용될 수 있는 위법 행위다. 휴대전화 여론조사의 조작도 가능하다. 신규번호를 개통하여 조사 대상으로 추출될 가능성을 높일 수 있다. 또 휴대전화의 위장전입도 이뤄진다. 실제 주민등록 전입 없이 이동통신사 콜센터에 가입자 주소를 변경함으로써 해당 지역의 유권자 조사대상이 될 수 있는 것이다.

왜곡되지 않은 정확한 여론조사는 국민의 마음을 드러낸다. 유권자 마음 읽기는 정치인의 득표 증대뿐 아니라 국민을 만족시키는 정책의 실현에도 필수적이다. 정확한 여론조사로 정치인들은 유권자의 큰 흐름을 제대로 읽고 행동하여 정치적 이득을 얻고 동시에 유권자의 만족도도 증대되기를 기대해본다.

전략 **15**

# 선전과 선동

## 대중은 진실보다 신뢰를 따른다

### 괴벨스의 대중 선전방법론

"우리 행동을 국민에게 강요해서는 안 되고, 국민이 위임한 후 우리는 행동해야 한다." "정치란 불가능한 기적을 일궈내는 것이다." "위기를 성공으로 이끄는 선전이야말로 진정한 정치 예술이다." "우리는 모든 시대에 걸쳐 가장 위대한 정치인으로 역사에 남을 것이다. 아니면 역사상 가장 악랄한 범죄자로."

| 1934년 베를린에서 연설하는 괴벨스

누구의 어록일까. 존경받는 저명한 민주 지도자의 발언일까. 그 반대다. 1930년 4월 26일 아돌프 히틀러가 나치당 선전책임자로 임명한 요제프 괴

1932년 4월 대통령 결선투표를 앞두고 히틀러가 유세하고 있다. 괴벨스(히틀러 뒤편 키 작은 사람)에 의하면, 나치는 독일국민에게 어떤 것도 강요하지 않았고 독일국민이 나치를 선택했으며 그리고 독일국민은 그 대가를 치렀다.

벨스의 말이다. 이 어록을 보면 민주주의와 전체주의는 그 뿌리가 비슷함을 알 수 있다.

괴벨스는 나치당이 제2당 또 제1당으로 부상하는 데에 크게 기여했다. 1928년 5월 선거에서 3%에 불과했던 나치 득표율은 1930년 9월 선거에서 18%로 급등했다. 1932년 대통령 선거에서는 히틀러를 당선시키지 못했지만 결선투표에는 진출시켰다. 1932년 제국의회가 해산된 직후 실시된 7월 총선에서 나치당은 37% 득표율로 제1당이 됐고, 11월 총선에서도 제1당의 자리를 유지했다. 1933년 1월 수상에 취임한 히틀러는 3월에 '제국정부의 정책과 조국 독일의 민족적 재건에 대해 국민들을 계몽하고 선전'할 제국선전부를 설립하고 그 장관에 괴벨스를 임명했다.

괴벨스의 선전방법론은 그의 어록으로 쉽게 이해된다. "선전은 쉽게 학습될 수 있어야 하고, 간단한 용어나 슬로건으로 명명내리는 것이 좋다"는 괴벨스의 소신대로 그의 어록 또한 간단명료하다. 물론 오늘날 전해오는 그의 어록이 전부 그의 것인지 불확실하지만, 그의 선전론이 오늘날 우리에게 갖는 의미는 무엇일까.

## 감성과 증오

먼저, 대중의 인식과 행동은 고정된 것이 아니다. "대중은 이해력이 부족하고 잘 잊어버린다"는 괴벨스 말대로, 국민 뜻은 가변적이다. 어쩌면 대한민국 정치인들도 자신들은 변한 게 하나도 없는데 국민의 지지가 극단적으로 왔다 갔다 한다고 생각할지도 모른다.

민주주의는 유권자가 가장 나은 정치인과 정책을 선택한다는 전제하에서 신성시된다. 정치인 가운데 옥석을 가리는 판단이 쉽지 않지만, 유권자 다수는 스스로 그런 판단을 할 수 있다고 생각하고 자신의 판단에 대해 확신한다. 선전에 흠뻑 빠져 있음에도 그 사실을 전혀 알지 못하게 사람을 사로잡는 것이 진짜 선전이라고 괴벨스는 강조했다. 선동받는 대중 대부분은 자신이 주인이고 자신의 의지대로 결정한다고 생각하지만 정작 남에 의해 조정될 뿐이다.

대중이 선동 대상이었던 괴벨스 시대와 달리, 디지털 시대의 대중은 선동 주체가 될 수 있다. 선동을 주도할 정치적 의도가 없다면 심리적 동기라도 있게 마련이다. 자신이 소셜네트워크서비스SNS에 직접 올린 정보가 사회적 파장을 가져오면 느끼게 되는 자기존재감이 그런 예다.

| 1933년 4월 베를린 이스라엘백화점 앞의 유대인업체 불매 운동. 표지판에는 "독일인이여! 자신을 보호하라! 유대인에게 구매하지 말라!"고 적혀 있다.

정보 전달 행위의 심리적 동기 역시 아날로그 시대든 디지털 시대든 감정 공유를 매개로 하는 큰 네트워크에 포함됨으로써 영향력 집단에 있다는 소속감에서 비롯된다.

둘째, 선전에서는 이성보다 대중의 감성과 본능을 자극하는 것이 더 효과적이다. 여러 선거와 전쟁 때 괴벨스가 활용한 도구는 확성기 연설, 신문, 포스터, 유니폼, 음반, 라디오, 영화, 취주악단, 합창, 횃불 퍼레이드, 대규모 집회 등이었고 주로 감성을 자극하는 방식이었다.

특히 영화는 나치정권이 공을 들인 선전수단이었다. 나치정권 시절 제작된 영화들은 오늘날에도 대중 선전의 효과 면에서 영화사의 한 획을 긋는 작품으로 인정받고 있다. 영화나 TV프로그램은 있는 그대로 방영하는 것보다 편집을 통해 더 큰 감동을 준다. 실제 다큐멘터리나 사건 보도에서도 그런 설정은 시청률을 높이기 위해 이용되기도 한다. 오늘날 한국 사회에서 이미 종료된 이슈가 영화나 TV프로그램으로 다시 이슈화되면서 재수사되고 새로운 국면에 접어들기도 한다.

셋째, 대중을 조정하는 것은 감성 가운데에서도 불안, 공포, 증오라는 것이 괴벨스의 해석이다. "좌절감을 이용하되 줄여주어야 한다"는 괴벨스 말처럼, 바이마르공화국의 실패로 인해 좌절감이 이미 팽배했기 때문에 선동이 통했다.

좌절감은 증오로 연결된다. "분노와 증오는 대중을 열광시키는 가장 강력한 힘이다"고 말한 괴벨스는 1927년에 주간지 〈공격Der Angroff〉을 창간하여 반反유대주의를 활용했다. 나치당 선전책임자로 부임한 1930년에는 〈공격〉을 주간지에서 일간지로 바꿔 발간했다. 독일인들이 불행해진 이유를 만들어야 했는데 그 탓을 유대인으로 돌렸다. 감성적인 대중은 악인의 모든 것이 나쁘다고 생각하기 쉽기 때문에 증오는 쉽게 증폭된다. 특정 집단을 증오하면서 독일 '민족공동체' 의식과 '투쟁공동체' 의식을 강화했다.

오늘날 일본의 일부 극우집단은 자신들의 불행이 재일한국인을 비롯한 외국인 탓이라고 선동하고 있다. 대내적으로도 탓 만들기는 존재한다. 역대 대통령들 임기 후반 때 나쁜 일만 생기면 모두가 인기 없는 대통령 때문이라고 말하는 것 또한 탓 만들기 일종이다.

증오 대상을 너무 확대하여 스스로 사면초가를 만드는 것은 전략적이지 못하다. 나치 독일은 서로에게 적대적일 수밖에 없었던 볼셰비키와 앵글로색슨 모두를 적대시함으로써 '적의 적은 친구'라는 맥락에서 맺어진 미 · 영 · 소 연합군에게 결국 패배하고 말았다.

## 신화와 신뢰

넷째, 악마가 등장하면 영웅 출현도 필연적이다. 나치의 증오감 고취에는 히틀러의 카리스마와 신화의 구축이 뒤따랐다. "대중은 지배자를 기다릴 뿐, 자유를 줘도 어찌할 바를 모른다"며 괴벨스는 대중이 아래로부터의 결정보다 위로부터의 지배를 더 편하게 느낀다고 봤다.

오늘날은 대중이 정보를 접하기 어려웠던 괴벨스 시대와는 조금 다르다. 한국사회에서 정치인이든 연예인이든 스스로를 낮춰야 지도자로 남을 수 있다. 사실 괴벨스도 비슷한 말을 했다. "대중이란 여성과 같다. 금발의 푸른 눈을 가진 거구보다 신체적 약점을 지닌 사람에게 모성애를 보인다." 대중은 정치인에게 존중받기를 원한다. 경쟁자가 대중을 모멸했다고 인식시킬 수 있다면 대중을 쉽게 선동할 수 있는 것이다.

대중을 존중하는 태도는 언론보도에서도 관찰된다. 종종 언론매체

1935년 히틀러와 괴벨스가 당시 세계적인 독일 영화사인 유니버설영화사(UFA)에서 영화를 보고 있다.

들은 매 선거결과를 황금분할로 표현한다. 어떤 선거결과가 황금분할인지 선거 전에 밝힌 적도 없으면서 선거만 끝나면 숭고한 국민의 뜻이자 명령으로 표현한다. 바람직한 황금분할로 유권자 전체가 동의할 선거결과는 존재하지 않는다. 만일 실제 선거결과가 황금분할이라고 하더라도 수천만 명의 유권자가 미리 조율해서 특정 선거결과가 나오도록 만들기란 불가능하다.

다섯째, 선전에서는 내용이 진실인지 거짓인지보다는 신뢰를 받는지 아닌지가 더 중요하다. 괴벨스는 다음과 같은 말로 거짓 선동이 매우 효과적일 수 있음을 강조했다.

"승리한 자는 진실을 말했느냐 따위를 추궁당하지 않는다." "이왕 거짓말을 하려면 될 수 있는 한 크게 하라. 대중은 작은 거짓말보다는 큰 거짓말을 잘 믿는다." "사람들이 거짓말을 듣게 되면 처음에는 절대 아니라고 생각하다가 그 다음에는 의심하게 되고 계속 듣다 보면 진실이라고 믿게 된다." "거짓과 진실의 적절한 배합이 100%의 거짓보다 더 큰 효과를 낸다." "선동은 문장 하나로도 가능하지만 그것을 해명하려면 수십 장의 문서와 증거가 필요하다. 해명할 때면 이미 대중은 선동당해 있어 어떤 해명보다 선동 내용을 더 잘 기억한다."

SNS에 떠도는 거짓 정보를 언론이 SNS에서 돌고 있는 내용이라고 보도만 해도 사람들은 진실로 받아들인다. 이후의 진실 규명 행위는 기억조차 하지 못할 때가 많다. 또 다수가 거짓을 진실로 말하면 나머지 사람들도 그 거짓을 진실로 받아들이기 쉽다. 세 사람이 없던 호랑이를 봤다고 말하면 호랑이 존재가 진실로 받아들여진다는 삼인성호三人成虎가 그런 예다. 거짓을 자꾸 듣다보면 진실로 받아들여질 수 있다.

이는 시간적 의미의 삼인성호, 즉 삼시성호三時成虎로 표현될 수 있다.

상식common sense은 거의 모든 사람이 공유한 생각으로 봐야 하는데, 목소리 큰 일부의 생각이 상식이라는 이름으로 강요되기도 한다. 급진세력과 반동세력 모두 자신의 의견이 상식이라고 주장한다. 다수의 생각이 진실로 받아들여질 때 포퓰리즘이 횡행하고 인민재판과 같은 심판으로 기능한다. 다수의 생각이 늘 옳다는 생각은 옳지 않고 또 위험하다. 다수의 지속적인 생각은 대부분 옳았지만 특정 시점의 다수 생각은 잘못되었을 때가 많다. 오늘날 독일 국민은 나치에 대한 당시 독일 국민의 생각이 잘못되었음을 인정하고 있다. 획일보다 다름이 진실에 더 가깝다.

괴벨스식의 선동과 선전은 정권 장악에 도움이 됐다. 그렇지만 선동과 선전만으로 정권을 오래 지속할 수 없었다. 독일은 전쟁을 일으켰고 괴벨스는 비참한 최후를 맞이했다. 괴벨스 부부는 자신의 여섯 아이를 독살하고 본인들도 자살했다. 거짓에 의존한 선동과 선전은 결국 본인에게 더 큰 좌절감을 줄 수 있다.

독일국민의 지지로 출범한 나치정권은 민주주의의 치명적 약점을 활용했다. 이처럼 민주주의는 자기 파멸의 방법을 잉태하고 있다. 선악이나 증오의 감정이 지배하는 민주주의는 위험하다. 오늘날에도 선동과 부화뇌동이 난무할 때면 길게 드리워진 괴벨스의 그림자가 보인다.

전략 16

# 우회와 기습

## 막으면 돌아가고, 속이면 되속인다

### 돌아가기 전략과 마지노선

1940년 5월 10일, 독일군은 이른바 전격전blitzkrieg으로 서유럽 침공을 시작했고 프랑스는 한 달 반도 버티지 못하고 항복했다. 영국과 프랑스는 독일에 선전포고한 1939년 9월 이후 8개월 동안 독일 봉쇄에 주력했는데 마지노Maginot선이 주요 봉쇄선이었다. 독일의 서유럽 침공에는 돌아가기, 허 찌르기, 섞기, 길 빌리기 등의 전략적 키워드가 깔려있었다.

먼저, 돌아가기다. 참호전으로 수많은 장병들이 살상된 제1차 세계대전의 경험에서 프랑스군 지도부는 방어가 최선의 전략이라고 인식했다. 1927년 프랑스 육군 앙드레 마지노 장군은 독일과의 국경에 철옹성을 세울 것을 건의하여 1936년부터 지붕 있는 포대의 요새들이 모습을 드러내기 시작했다.

프랑스 베크링의 마지노 요새. 땅속 깊은 곳에 박혀 있는 대형 잠수함 모양으로, 콘크리트구조물 지붕 위 강철 포탑에 대포나 기관포를 탑재할 수 있는 난공불락의 모습이다.

전격전으로 불리는 독일의 프랑스 침공은 신속했기 때문에 성공한 것으로 생각하기 쉽지만, 사실은 우회했기 때문에 성공했다. 독일군은 난공불락의 마지노 요새를 우회했다. 독일군이 마지노 요새를 점령하고 있을 때에는 연합군이 마지노 요새를 우회하여 독일로 진군했다. 철옹성은 피하는 것이 상책이다. 손자병법식으로는 우회도 싸우지 않고 이기는 전략이다.

## 허 찌르기 전략과 성동격서

둘째, 허 찌르기다. 독일군의 프랑스 침공은 우회했을 뿐만 아니라 상대의 허를 찔렀기 때문에 성공했다. 프랑스는 독일과의 국경에 마지노 요새를 구축하고 베네룩스 3국벨기에, 네덜란드, 룩셈부르크과의 국경, 특히 저지대에 주력부대를 배치했다. 프랑스는 벨기에 아르덴 삼림지역은 탱크와 같은 중무장군이 통과하기 어렵다고 판단해 독일군 침투로로 예상하지 않았다. 그러나 실제 독일군의 주 침공로는 바로 아르덴 삼림지역이었다. 독일군은 프랑스가 예상치 못한 루트를 선택하여 프랑스 깊숙이 침투함으로써 프랑스군을 전방과 후방으로 분리시켜 승리를 거뒀다.

1944년 노르망디상륙작전에서 연합군은 작전 성공을 위해 다른 지역에 상륙한다는 기만작전을 전개했다. 마찬가지로 1950년 유엔군과 국군도 인천상륙작전을 북한군이 눈치채지 못하도록 거짓 정보를 흘리기도 했다. 동쪽에서 소리치며 서쪽을 공격하는 이른바 성동격서聲東擊西다.

여러 전선에서 전투를 동시에 수행하는 것은 부담이 크다. 초강대국 미국조차 동시에 수행할 수 있는 국지전을 몇 개로 한정하느냐에 따라 행정부마다 군사전략을 다르게 수립했다. 각자가 한정된 자원으로 공격과 방어를 수행하는 상황에서는 일부 지역에 집중할 수밖에 없다. 축구 승부차기에서 골키퍼는 슛의 예상 방향을 좁혀서 방어하고, 야구에서도 타자는 투수의 예상 구질을 좁혀서 볼을 노린다.

스포츠를 포함한 대부분의 경쟁에서 유리한 선택은 상대 선택에 따라 달라진다. 가위바위보 게임에서 상대가 가위, 바위, 보를 낼 때 내가 이길 수 있는 전략은 각각 바위, 보, 가위다. 만일 상대 선택을 미리 알 수 있다면 이기기 쉽다. 가위바위보 게임에서 상대 선택을 본 후 자신의 선택을 낼 수 있을 정도로 눈과 손이 빠른 사람은 이길 가능성이 높다.

축구 승부차기나 야구 투타 대결에서도 상대 선택을 관찰한 후에 자신의 선택을 정할 수 있을 정도로 빠른 선수는 승률이 높다.

내 선택을 상대가 잘못 알아도 이기기 쉽다. 도박과 스포츠 등 각종 게임은 주로 상대를 속여야 이긴다. 도박에서 상대가 내 패를 잘못 읽으면 내가 이득을 보고, 축구에서 드리블은 주로 페인트feint로 돌파하는 것이며, 야구에서도 투수의 투구나 주자의 도루 모두 상대 예상의 허점을 찔러야 성공 가능성이 높다.

손자병법 용간用間 편은 간첩의 필요성과 방법에 대해 강조하고 있는데, 상대에 관한 정확한 정보는 승리 가능성을 높인다. 물론 상대가 나의 수를 정확하게 읽어주는 것이 오히려 나에게 유리할 때도 있다. 치킨게임의 배수진이 그런 예다. 그런 득실구조를 제외한 대부분 상황에서는 내게 여러 선택지가 있고 또 상대가 내 선택을 알 수 없는 것이 내게 유리하다.

## 섞기 전략과 내쉬균형

셋째, 섞기다. 최선책이 상대 선택에 따라 달라진다면 최선책은 돌고 돌게 된다. 예컨대 가위바위보 게임에서 상대 가위에 대한 나의 최적전략은 바위이고, 나의 바위에 대해 보가 상대의 최적전략이며, 상대 보에 대한 나의 최적전략은 가위다. 이런 상황에서는 가위, 바위, 보를 적절하게 섞는 것이 최적전략이다. 가위바위보 게임에서 특정 선택을 유독 많이 내는 사람들은 그런 습관을 상대에게 읽히면 질 가능성이 높다.

1940년 독일의 프랑스 공격 루트가 고지대와 저지대라는 두 가지가 있었다고 단순화해보자. 프랑스가 방어력을 고지대에 집중하는 동안 독일군이 광활한 저지대를 통과하는 것은 독일에게 최상(+2)의 결과를, 프랑스에게는 최악(−2)의 결과를 가져다줬을 것으로 유추할 수 있다. 만일 프랑스가 저지대 방어에 집중해 있는 동안 독일군이 좁은 고지대를 통해 돌격하면 독일은 차선(+1)의 결과를, 프랑스는 차악(−1)의 결과를 얻을 수 있었다고 말할 수 있다. 또 독일군이 저지대 루트를 선택하고 프랑스가 이를 정확히 대비한 경우는 프랑스가 어느 정도 방어에 성공한 차선(+1)의 결과를 얻고 독일은 기습공격이 없어 어느 정도 피해가 불가피한 차악(−1)의 결과로 가정할 수 있다. 만일 독일군이 고지대 험로를 통과하고 프랑스가 그 길목을 기다리고 있었다면 이는 독일군에게 최악(−2)이고 프랑스군에게 최상(+2)이었을 것이다.

프랑스는 독일의 공격 루트에 자국 군대를 배치하려 하고 독일은 프랑스군이 없는 곳으로 공격하려 하기 때문에 최적 전략은 돌고 돈다. 상대에게 전혀 들키지 않고 군을 이동하는 것 그리고 상대 선택을 관찰하자마자 자국의 군대 이동을 신속히 완료하는 것 모두 쉽지 않다. 결

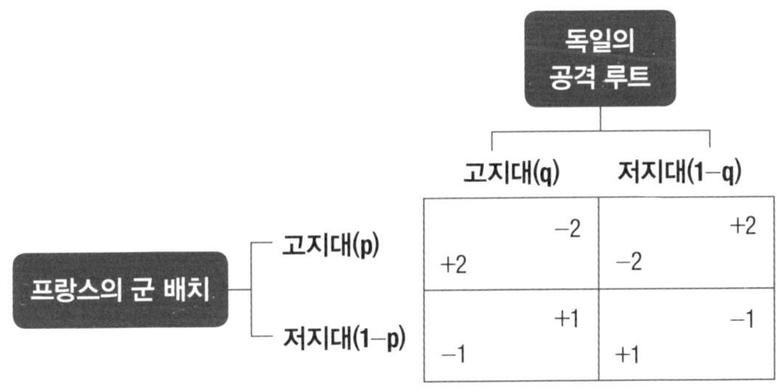

국 상대 선택과 관계없이 스스로 판단하여 자국 군대를 분산 배치할 수 밖에 없다.

독일은 고지대와 저지대를 어떤 비율로 공략해야 하는지 고민했을 것이다. 즉 고지대에 배치할 독일 공격력의 비율(q)과 저지대에 배치할 비율(1−q)의 계산이다. 마찬가지로 프랑스도 고지대에 군사력을 얼마나 배치할지, 즉 프랑스 전력의 고지대 배치 비율(p)과 저지대 배치 비율(1−p)을 잘 계산했어야 했다.

독일의 최적 전략은 고지대와 저지대를 1대 1의 비율(q = 1/2)로 나누어 공격하는 방안이다. 이에 비해 프랑스의 최적 전략은 고지대와 저지대에 각각 1대 2의 비율(p = 1/3)로 군사력을 배치하는 방안이다. 최적의 혼합비율은 다음 방정식으로 계산할 수 있는데, 굳이 직접 확인할 이유가 없는 독자들은 수식 부분을 우회하는 것이 전략적인 독서 방법임은 물론이다.

$$\begin{aligned}\text{프랑스의 득실} &= p\,[(+2)(q) + (-2)(1-q)] + (1-p)\,[(-1)(q) + (+1)(1-q)] \\ &= p\,(6q-3) + (1-2q)\end{aligned}$$

$$\begin{aligned}\text{독일의 득실} &= q\,[(-2)(p) + (+1)(1-p)] + (1-q)\,[(+2)(p) + (-1)(1-p)] \\ &= q\,(2-6p) + (3p-1)\end{aligned}$$

위 계산을 다르게 표현하자면, 독일이 어떤 루트로 공략해도 그 효과를 동일하게 만드는 방어선 구축이 프랑스의 최적 전략이다. 즉 아르덴 삼림지역과 같은 고지대에도 저지대 배치 군사력 규모의 절반 정도를 배치하는 것이 프랑스의 최적 전략이었을 것이다. 그렇지만 프랑스는 아르덴 지역을 소홀히 했고 결국 방어에 실패했다.

독일과 프랑스가 고지대 대 저지대 비율을 각각 1대 2와 1대 1로 결정한 선택은 독일과 프랑스 가운데 누구도 혼자 선택을 바꿔 자국이 더 나아질 수 없는 상황이다. 만일 프랑스가 1대 2 비율보다 훨씬 더 저지대에 치중한 선택을 한다면 독일은 고지대로 공략할 것이기 때문에 지나치게 저지대에 치중하는 것은 프랑스가 취해서는 안 되는 작전이었다. 반면에 1대 2라는 프랑스의 선택은 독일에게 그대로 읽혀져도 더 나빠질 게 없다. 이 상황에서는 독일이 고지대와 저지대를 1대 1 비율로 공략하고, 이에 프랑스는 고지대와 저지대를 1대 2의 비율로 방어하는 것이 내쉬균형이다. 여기서 내쉬균형이란 혼자만 선택을 바꿔서는 더 나아질 수 없는 상태를 말한다.

## 길 빌리기 전략과 가도멸괵

끝으로, 길 빌리기다. 벨기에는 국가 형성기인 19세기부터 제2차 세계대전까지 중립국으로 인정받았다. 1914년 제1차 세계대전 발발 때 독일은 프랑스를 침공하기 위해 벨기에에게 길을 빌려달라고 요구하면서 빌려주지 않으면 벨기에를 점령하겠다고 통고했다. 이에 벨기에는 거부했고 곧 독일에게 점령됐다. 독일의 패배로 제1차 세계대전이 끝나면서 벨기에는 중립국 위치와 왕정을 복원했다.

이와 유사한 사건이 1940년에 다시 발생했다. 차이가 있는 것은 독일이 벨기에에게 길을 빌려달라는 요구 없이 바로 침공했다는 점이다. 벨기에 레오폴드 3세는 영국에서 벨기에 망명정부를 이끌지 않고 독일에게 항복했다. 결국 독일 패전 후 권좌에 복귀하지 못했고 대신 아들

프랑스의 마지노선과 독일의 지크프리트선. 특히 마지노선은 철옹성이었지만 우회에 속수무책이었다.

이 즉위했다. 제1차 세계대전과 제2차 세계대전 당시 벨기에는 프랑스 원정의 길을 빌리겠다는 독일에게 어떻게 대응해야 했을까.

기원전 658년, 진晉나라는 우虞나라에게 괵虢나라를 정벌하기 위해 길을 빌려달라고 했다. 우나라가 길을 빌려주자 진나라는 괵나라를 정벌한 후 돌아오는 길에 우나라도 정벌해버렸다. 가도멸괵假道滅虢이라는 말은 여기서 나왔다.

가도멸괵의 역사 때문인지 역사상의 가도 요구는 대부분 거절됐다. 여진을 정벌하기 위한 거란의 가도 요구는 고려가 거부했고, 명을 정복하기 위한 왜의 가도 요구는 조선이 거부했다. 거부한 대가로 고려와 조선은 각각 거란 그리고 왜와 참혹한 전쟁을 겪었다.

길을 빌려줘도 되는지는 특히 약소국에게 생존과 관련된 고민이다. 마키아벨리는 군주론 제21장에서 두 세력이 싸울 때 약자가 중립을 지키면 승자의 먹이가 될 수 있다고 보았다. 자신을 도와주지 않은 자에게 승자는 관용을 베풀지 않을 것이고 또 패배자도 관심을 갖지 않을 것이기 때문이라고 했다. 이와 반대로 누구를 도왔는데 도움을 받은 측이 승리하게 되면 그 승리자는 도움을 갚으려 할 것이며, 만일 도움을 받은 측이 패배하게 되더라도 그 패배자는 자신을 도운 자를 배려할 것으로 보았다. 마키아벨리는 중립보다 개입을 권고했다.

도와줘서 성공한 경우도 있고 도와주고 망한 경우도 있다. 신라의 삼국통일은 성공한 사례이고, 가도멸괵과 토사구팽은 실패한 사례다. 길을 빌려주지 않은 경우도 마찬가지다. 빌려주든 빌려주지 아니하든, 고래 싸움에 새우 등은 터지기 쉽다. 고래 싸움이 시작되기 전에만 새우의 역할이 있을 뿐이다. 그 역할은 승패를 뒤바꿀 정도로 강한 힘이 아니라, 쌍방이 받아들일 수 있는 중간적 입장에 의해서다.

오늘날 공격과 방어의 경쟁은 종종 볼 수 있다. 군사안보뿐 아니라 경제와 문화 등 다양한 분야에서 창과 방패 간의 게임이 진행되고 있다. 창은 상대의 허를 찌르려 하고, 방패는 창이 향하는 곳에 있으려 한다. 공격에는 우회와 기습이, 방어에는 혼합적 대응과 예방적 중재가 효과적일 때가 많다. 모든 걸 뚫는 창 그리고 모든 걸 막는 방패란 존재하지 않는다.

17 전략

# 상호주의

## '눈에는 눈, 이에는 이'로 협력을 이끌어낸다

### 5.24 대북 조치

2010년 5월 24일, 대한민국 정부는 천안함 폭침을 북한 소행으로 결론내리고 북한에 대한 제재 조치를 발표했다. 이른바 5.24조치이다. 한편으로 대북민간비료지원이 5.24조치에 위배된 일관성 없는 정책이라고 비난하는 사람들이 있는가 하면, 다른 한편으로는 5.24조치를 해제하지 않는 정부를 성토하는 사람들도 있다. 5.24조치를 그대로 유지 또는 강화하라고 주장하면 반反통일세력으로, 당장 해제하라고 말하면 종북從北세력으로 간주되는 것이 지금의 남남갈등이다.

추구하는 목표가 다르면 전략도 달라야 함은 당연하다. 하지만 목표가 비슷해도 추진전략에 있어 극심한 이견을 보이는 경우가 적지 않다. 5.24조치를 유지해야 한다는 측이나 해제해야 한다는 측이나 모두

| 2010년 5월 24일 전쟁기념관에서 이명박 대통령이 천안함 폭침을 북한의 소행으로 단정하고 대북 제재 방안을 발표하고 있다. ⓒ청와대

남북한의 상호대립보다 상호협조가 더 낫다고 생각하고 있다. 즉 북한의 협조를 유도한다는 같은 목표를 공유하고 있지만 추진전략은 상반되어 있다.

5.24조치를 옹호하는 측은 대북 제재로 북한 협력을 유도할 수 있으며 따라서 북한이 협조할 때까지 조치를 유지해야 한다는 입장인 것 같고, 5.24조치를 비판하는 측은 제재로 북한 협력을 유도할 수 없으니 조치를 당장 해제해야 한다는 입장인 것 같다. 한반도 평화의 추진전략도 마찬가지다. 대북 유화책을 주장하는 사람들은 전쟁을 막기 위해 상대와 친해져야 한다고 보고 있고, 반대로 대북 강경책을 요구하는 사람들은 "평화를 원하면 전쟁을 준비하라"는 베게티우스의 고전적 경구에 충실한 것이다.

## 티포태 혹은 보상보복

상호협력을 유도하는 대표적인 전략은 상대가 협조할 때 나도 협조하고, 상대가 배반할 때 나도 배반한다는 상호주의전략이다. 내가 상호주의전략을 채택할 때, 상대는 자신이 협조하면 상호협조가, 자신이 배반하면 상호배반이 되기 때문에 결국 상호협조 아니면 상호배반 가운데 선택하는 것이 된다. 상호배반보다 상호협조를 더 선호하는 행위자는 배반보다 협조를 선택하게 된다는 것이다.

상호주의는 흔히 티포태tit-for-tat 혹은 보상보복으로 표현된다. 상호주의는 20세기 후반 게임이론을 비롯한 여러 문헌에서 심도 있게 논의되기 시작했지만, 이미 태초의 인간사회에서부터 사용되어 왔다. 구약성서 출애굽기 21장은 "생명에는 생명을, 눈에는 눈을, 이에는 이를, 손에는 손을, 화상에는 화상을, 외상에는 외상을, 타박상에는 타박상으로 대가를 치러야 한다"고 서술하고 있다. 함무라비법전이나 탈무드에서도 탈리오보복에 관한 비슷한 문구를 담고 있다. 고대 한반도에서도 유사한 제도가 시행되었다. 남을 죽인 자는 죽여서 되갚는 것이 고조선 8금법의 첫 조항이었다. 이 모두가 남에게 행한 나쁜 짓 그대로 가해자에게 앙갚음함으로써 나쁜 짓을 억제하려는 방식이다.

이런 앙갚음은 감정을 억제시키고 대신 이성으로 해결하려는 역설적인 노력이었다. 이런 법제도가 도입되기 전의 앙갚음은 과도했다. 과도한 보복을 자제시키기 위한 취지에서 '눈에는 눈, 이에는 이', 더 정확히 표현하자면 '눈알 하나에 눈알 하나, 이빨 하나에 이빨 하나' 방식이 적절하다고 본 것이었다.

현대사회는 그런 앙갚음에 대해 대체로 비판적이다. '눈에는 눈, 이에는 이' 하게 되면 모두가 이빨 빠진 장님이 된다는 이유에서다. 한쪽 뺨을 맞으면 다른 뺨을 내밀라는 태도가 더 바람직하다는 주장이다.

앙갚음이 나은지 관용이 나은지는 따져봐야 한다. 그런데 우리 사회에서 견해차를 논리로 해소하는 모습은 관찰하기 어렵다. 너무 따지면 '너 잘 났어, 정말'이라는 것이 일반적인 반응이다. 정치사회 갈등 다수는 집권여당 대 반反집권여당이라는 구도 속의 양극화 결집에 다름 아니다. 민주국가일수록 여러 정책 대안의 비용과 효과를 객관적으로 따져서 실제 정책을 선택한다. 대북정책도 공유된 정책 목표와 정책 환경에서 출발하여 엄격한 논리로 추론해야 남한 내 합의 가능성이 높다.

## 남북한 게임 모델

사회적 합의를 위한 엄격한 논리라는 맥락에서, 남한과 북한이 각각 협조와 제재라는 두 가지 대안 가운데 하나를 선택하는, 간단한 남북한 게임 모델을 만들어보자.

| 표 1

| | | 북한 | |
|---|---|---|---|
| | | 협조 | 제재 |
| 남한 | 협조 | ① | ② |
| | 제재 | ③ | ④ |

협조와 제재 가운데 어떤 것을 선택하는 것이 나은지는 ①, ②, ③, ④ 결과가 어떠하냐에 달려있다. ①은 남북한 모두가 협조하는 결과이고, ④는 쌍방 모두가 상대를 제재하는 결과다. 남한은 남북한이 함께 협력하는 것(①)을 최선의 결과로 인식하고, 북한만 협력하는 것(③)을 차선의 결과로 인식한다고 하자. 그렇다면 남한의 선호도는 ① > ③ >

④ > ②(일방적 양보를 최악으로 인식하는 상황) 아니면 ① > ③ > ② > ④(파국을 최악으로 인식하는 상황)이다. 이 가운데 ① > ③ > ② > ④라는 남한의 선호도에서는 북한이 협조하든 아니든 남한은 협조하는 것이 자신에게 유리하다. 이처럼 상대의 선택에 관계없이 늘 유리한 전략을 우위전략이라고 부른다.

반면에 북한은 남한만의 양보 · 협력(②)을 최신의 결과로 인식하고, 또 남북한 대립 · 파국(④)이나 북한만의 양보 · 협력(③)보다 쌍방의 양보 · 협력(①)을 더 선호한다고 하자. 그렇다면 북한의 선호도는 ② > ① > ③ > ④(파국을 최악으로 인식하는 상황) 아니면 ② > ① > ④ > ③(일방적 양보를 최악으로 인식하는 상황)이다. 이 가운데 ② > ① > ④ > ③이라는 북한의 선호도에서는 남한이 협조하든 아니든 북한은 협조하지 않는 것이 자신에게 나은 우위전략이다.

| 표 2

| 상황 | 북한의 선호도 | 남한의 선호도 |
|---|---|---|
| A | ② > ① > ④ > ③ | ① > ③ > ② > ④ |
| B | | ① > ③ > ④ > ② |
| C | ② > ① > ③ > ④ | ① > ③ > ② > ④ |
| D | | ① > ③ > ④ > ② |

남북 각각의 2개 선호도에서는 네 가지 선호도 조합이 가능하다. 먼저, 표 2의 상황 A에서 북한은 협조하지 않는 것이 유리하고, 남한은 협조하는 것이 유리하다. 이런 선호도를 서로가 인지하고 있는 상황에서 남한이 최악(④)의 가능성을 열어둔 채 상호주의로 최선(①)을 추구하기

는 어렵다. 이미 최선(②)의 결과를 얻은 북한이 남한의 상호주의에 호응하여 상호협력(①)으로 갈 동기는 작다.

상황 B에서도 북한은 일단 협조하지 않는 것이 유리하다. 이를 인지하는 남한은 자신에게 최악(②)의 결과보다 차악(④)을 추구할 수밖에 없다. 만일 이 상황에서 남한이 확고한 상호주의전략을 취할 수 있다면 상호배반(④)보다 상호협력(①)을 선호하는 북한은 이에 호응할 가능성이 높다.

상황 C의 남한은 북한이 협조하든 아니든 상관없이 자신은 협조하는 것이 유리하다. 이를 인지하는 북한은 협조하지 않음으로써 차선(①) 대신 최선(②)의 결과를 얻을 수 있다. 북한은 이미 최선의 결과를 얻을 가능성이 높은 상황에서 굳이 상호주의에 호응할 동기는 작다.

상황 D는 상대 선택과 관계없이 유리한 우위전략이 존재하지 않는 상황이다. 만일 남한이 확고한 상호주의전략을 고수할 수 있다면 북한은 남한의 상호주의에 호응하여 최악(④)을 피하고 상호협력이라는 차선(①)을 받아들이려 할 것이다.

대북정책을 강경하게 할지 아니면 온건하게 할지 국민적 합의에 잘 이르지 못한다. 상황인식이 다르기 때문에 바람직한 대북 전략에 대해 합의가 되지 않을 때도 있지만, 종종 상황인식이 다르지 않아도 대북 전략은 서로 다르게 주장되기도 한다. 상황이 A, B, C, D 혹은 기타 가운데 어떤 것인지는 사안에 따라 달라지겠지만 사람들 간에는 별 이견 없이 명확하게 정리된다고 볼 수 있다. 이렇게 공유된 상황인식 그리고 논리적 추론이 대북 전략 방향의 합의를 가능하게 한다.

## 일관된 행동

상호주의 효과를 보려면 상호주의적 대응의 정도가 반드시 상대 행동과 동일하게, 즉 등가等價적으로 할 필요는 없다. '이빨 하나에 이빨 하나' 대신에 '이빨 열 개에 이빨 하나'처럼 비례적으로 대응해도 상호협조가 가능하다. 또 반드시 바로 대응해야 하는 것도 아니다. 반응에 시차가 있더라도 상대 행동에 따라 행동한다는 일관성만 갖추면 상호협력의 결과가 가능하다.

상호주의전략은 철저한 이행이 중요하다. 유연하게 운용되는 상호주의는 상호협력이라는 상호주의 본연의 효과를 얻지 못하게 만들기도 한다. 나의 상호주의전략이 확고하다고 상대가 인식할 때 상대는 자신의 협력이 곧 상호협력이고 또 자신의 배반은 곧 상호배반이며 따라서 협력을 선택하려 한다.

상호주의전략은 자칫 갈등을 심화시킬 수도 있다. 적절한 타협선에 대한 생각이 다를 때, 즉 양보로 행한 행위를 상대는 양보로 간주하지 않고 오히려 배신으로 보는 경우, 서로가 상대를 제재하여 갈등이 증폭될 수 있는 것이다. 그래서 이론의 여지가 없는 일방적 양보로 상호주의를 시작하는 것이 필요하다.

상호주의는 상대 마음을 바꾸는 전략이 아니다. 상대 행동에 영향을 주려는 시도다. 감흥을 통한 상대 마음 바꾸기는 상호주의보다 일방적인 양보로 더 가능하다. 북한이 좋아서 혹은 남한 정부가 싫어서 북한에 무조건 우호적인 태도를 취하는 것 그리고 북한 정권이 싫어서 북한에 무조건 적대적 태도를 취하는 것 모두 전략적 행동이 아니다. 상대가 좋든 싫든 자신에게 유리한 상대 행동과 결과를 유도하는 것이 전략적 태도다.

친구와도 깨질 수 있고 적이라도 이해관계가 맞으면 성사될 수 있는 것이 협상이다. 적대적 관계에서는 좋다고 또 미안하다고도 말하지 않는다. 적대적 관계에서 사과는 일종의 굴복으로 받아들여진다. 적대적 상대에게 요구할 것은 사과보다 협조적 행동이다.

아무런 잘못이 없다고 주장하는 북한으로서는 잘못을 인정하기 쉽지 않을 것이다. 나쁜 행동을 저질렀다고 인정하지 않는 자에 요구할 것은 과거 행위에 대한 사과보다 미래 행위에 대한 안전장치다. 과거 나쁜 행동을 저지르지 않았다고 강변하는 상대에게는 앞으로 그런 오해를 받지 않도록 행동하게 만드는 것이 더 중요하다. 북한의 모든 군사적 활동을 금지하거나 감시받겠다는 것이야말로 사과보다 훨씬 중요한 북측의 협조적 행동이다.

상호협력은 쌍방이 상호배반보다 상호협력을 더 선호해야 그 의미를 갖는다. 상호협력에는 상호주의가 효과적임은 부인할 수 없는 사실이다. 물론 상호주의가 상호협력을 가져다주지 못하는 상황도 있다. 상호주의로 상호협력을 실현하려면 무엇보다도 당사자들이 지금 당장의 이득뿐 아니라 미래에 얻을 이득도 중시해야 한다. 각 상황에 맞는 전략의 정확한 계산은 남북 간 그리고 남남 간 갈등해소에 필요하다. 전략의 엄격한 계산은 최선의 결과뿐 아니라 사회적 합의도 가능하게 만든다.

# 18 전략

# 트로이목마

## 상대를 기만하고, 기습에 대비한다

### 6.25 직전의 대남 평화통일 호소문

"… ▶ 8월 5일~8일에 우리조국 남북반부의 전역을 통하여 총선거를 실시하고 통일적 최고립법기관을 창설할 것, ▶ 8월 15일 일제통치로부터 해방된 5주년 기념일에 이 총선거에 의하여 선거된 최고립법기관 회의를 서울에서 소집할 것, ▶ 6월 15일~17일에 긍하여 조국의 평화적 통일을 원하는 사회단체대표자 협의회를 38연선 해주시 혹은 개성시 어느 한 도시에서 소집할 것, ▶ 남북대표자 협의회 사업기간과 총선거 실시기간에 우리조국 남북반부의 량정권 당국은 사회질서 보장에 대한 책임을 질 것 …"

평화통일 방안을 천명한 이 문구는 1950년 6월 7일에 북한정권이 조국통일민주주의전선 중앙위원회 이름으로 '우리조국 남북반부의 전체 민주주의정당 사회단체들'과 '전체조선인민들에게' 제의한 원문이다.

평화통일 호소문 발표 후 18일 만인 6월 25일, 북한 인민군은 38선을 넘어 기습적으로 침공했다. 도발 직전의 평화 호소를 어떻게 해석할 수 있을까. 북측은 평화통일을 위한 최후의 노력이었다고 강변하겠지만, 남측으로서는 북측의 철저한 속임수로밖에 볼 수 없다.

남북 총선 및 평화통일의 제의가 있었던 6월 초순은 김일성정권이 남한을 무력 침공하기로 이미 결정한 상황이었다. 1949년 3월 스탈린을 면담한 김일성은 무력 침공에 관해 소련 의견을 물었다. 스탈린은 이에 소극적이다가 중국 내전 종식 및 미국 애치슨 선언 이후인 1950년 4월에서야 무력 침공에 동의했다. 5월 김일성은 마오쩌둥과의 회담에서 중국 동의도 얻었고, 남한 내 좌파의 전폭적 지원 또한 기대했다.

스탈린, 마오쩌뚱, 김일성 모두 미국 개입을 차단하기 위해 단기간

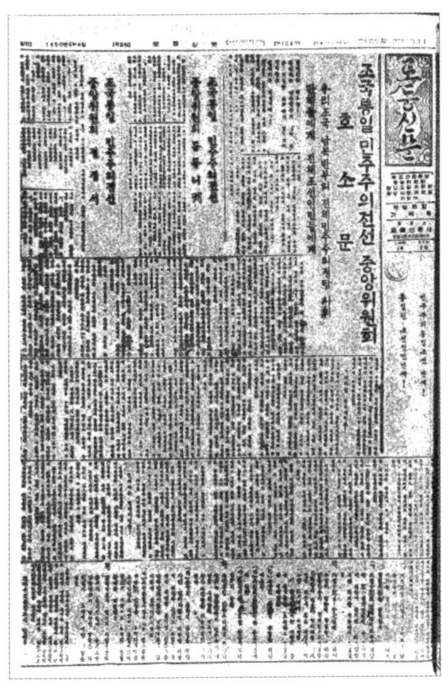
로동신문

조국통일민주주의전선 중앙위원회

호 소 문

1950년 6월 8일자 〈로동신문〉 1면에 보도된, 조국통일민주주의전선의 대남(對南) 평화통일 호소문. 국립중앙도서관 북한자료센터 소장 마이크로필름 인쇄본

에 전쟁을 끝내야 한다고 믿었다. 그러려면 남측이 기습에 대비하지 않도록 만드는 것이 필요했다. 1950년 6월 북한의 대남 정책은 바로 그런 맥락에서 이뤄졌다.

북한정권은 7일 조국통일민주주의전선 중앙위원회의 호소문에 이어, 10일에는 북한에서 연금 중인 조만식 부자를 남한에서 체포된 남로당 출신 사형수 김삼룡 · 이주하와 교환하자고 제안했다. 이승만정부가 교환을 수락하자, 북한정권은 20~23일 여러 차례에 걸쳐 교환 장소와 일시를 제시하기도 했다. 또 북한 최고인민회의 상임위는 21일 서울에서 남한 국회와 협상을 갖겠다고 제의했다.

북한의 이러한 제안들에 대해 남한은 처음에 경계하는 모습을 보였으나 오래가지 못했다. 채병덕 참모총장 명의로 11일 오후 4시부터 경계령을 내렸지만 23일 자정을 기해 해제했고 25일 새벽 인민군은 38선을 넘어 전쟁을 시작했다.

## 트로이목마

1950년 6월에 북한정권이 취한 행동은 여러 가지 면에서 기원전 13세기의 트로이목마를 연상시킨다. 트로이군과 오랜 전투를 벌이던 그리스군은 목마를 둔 채 일단 철수했다. 트로이의 사제 라오콘은 무슨 물건인지 모르니 목마를 성 안으로 들여서는 안 된다고 주장했다. 그러나 트로이에 위장 투항해 있던 시논이라는 그리스 첩자는 목마가 전쟁 승리의 영물이며 트로이가 가져가지 못하도록 크게 만든 것이라고 했다. 라오콘이 갑자기 나타난 뱀에 물려 죽자, 트로이 사람들은 목마를

**뱀에게 물려 죽는 라오콘 삼부자** 엘 그레코의 17세기 유화. 라오콘 뒤로 트로이목마와 트로이성이 보인다.

성 안으로 가져갔다. 감시가 느슨한 때 숨어있던 그리스 병사들은 목마에서 나와 성문을 그리스 정규군에 열어줬다. 결국 그리스군은 트로이를 점령하고 파멸시켰다. 여기서 "호의적인 태도를 보이는 적을 조심하라"는 뜻인 "선물 든 그리스 사람을 조심하라Beware of Greeks bearing gifts"는 표현이 나왔다.

기원전 13세기의 그리스와 마찬가지로 1950년의 북한정권도 상대 지도부와 화해할 생각이 없었고 또 화해를 제의한다고 한들 상대가 받아들일 거라고 생각하지 않았다. 북한정권은 6월 7일 조국통일민주주의전선 호소문에서 이승만정권을 적대시하고 배제함을 분명히 했다.

**선물 든 그리스 사람을 조심해라** 앙리 모뜨의 1874년 그림

'조국의 평화적 통일을 파탄시킨 범죄자들인 리승만 · 리범석 · 김성수 · 신성모 · 조병옥 · 채병덕 · 백성욱 · 윤치영 · 신흥우 등 민족반역자들을 남북대표자 협의회에 참가시키지 말 것'과 '조국통일사업에 유엔조선위원단의 간섭을 용허하지 말 것' 그리고 '조선인민은 외국의 간섭 없이 반드시 자력으로 조국의 통일문제를 해결할 것'을 촉구했다. 성문을 열어달라는 요구를 남측의 사회단체에게 제안한 것이다. 그러나 실제 전쟁을 원했거나 전쟁 중 북측에 부역한 남측 주민들은 북한의 기대와 달리 소수였다.

6.25전쟁은 북한의 기습으로 시작됐다. 20세기 동아시아에서 선전포고 없이 시작된 전쟁은 적지 않다. 일본이 1904년 뤼순의 러시아함대 그리고 1941년 하와이 진주만에서 미국함대를 공습할 때 모두 선전포고는 없었다. 일본은 진주만을 공격하던 순간까지도 평화적 해결방

안을 미국정부에게 거론했다. 1950년 6월 북한도 마찬가지였다. 이런 평화 제의들은 진정성이 없기 때문에 평화공세 혹은 거짓임을 강조하여 위장평화공세로 불린다.

## 소리장도, 칼을 품고 미소짓다

36계 등 전략론 문헌 다수는 주로 속고 속이는 것을 다룬다. 손자병법 행군 편은 상대의 표면적 행동을 그대로 받아들여서는 아니 된다고 경고하고 있다. 겸손한 말로 더욱 준비하는 자는 공격하려는 것이고辭卑而益備者進也, 강경한 말로 더욱 공격하는 자는 퇴각하려는 것이며辭强而進驅者退也, 아무런 약속 없이 강화하자는 자는 속이려는 것이다無約而請和者謀也. 이 경구에 따르면 북한 매체의 대남 발언도 과거나 지금이나 액면 그대로 받아들여서는 안 된다.

물론 손자병법식으로 의도와 초기 행동을 늘 정반대로 해석할 수만은 없다. 언행일치의 방식으로 행동하는 경우도 적지 않다. 실제 공격할 의도 없이 온건하게 표현하는 자도 있고, 또 강경한 말을 구사하면서 실제로 공격하는 자도 있다. 적대적 상대의 발언을 정확히 해석할 수 없을 때에는 차라리 아예 무시하는 것이 상대 의도에 말리지 않는 길이다.

겉으로 드러난 행동으로 의도를 속단하지 말라는 경구는 손자병법뿐 아니라 여러 고전에 등장한다. 소리장도笑裏藏刀, 구밀복검口蜜腹劍, 포장화심包藏禍心 등이 그런 사자성어의 예이다. 당나라 이의부는 '늘 미소를 짓지만 남을 해치려는 마음으로 가득 찬笑中有刀' 인물로 평가됐다. 이의부는 당태종과 당고종의 신임으로 온갖 권력을 누리다가 유배지에서 생을 마감했다. 당나라 현종 때의 이임보 역시 '말은 달콤하지만 마음은 위험한口蜜腹劍' 인물로 평가됐다. 이의부와 마찬가지로 말년과 사후가 좋지 않았다.

상대의 나쁜 의도가 의심되면 이를 확인해서 대비해야 한다. 춘추시대 강대국인 초나라 공자와 약소국인 정鄭나라 대부 딸이 정략결혼을 하게 되었다. 초나라는 혼례에 참가하는 병력으로 정나라를 쉽게 점령하려 했다. 초나라는 성 밖에서 혼례를 치르자는 정나라의 제의를 거부하고 예법에 맞게 성 안에서 혼례를 치르자고 했다. 초나라는 정나라가 자신을 믿지 못한다고 오히려 불만을 표했다. 이에 정나라는 초나라가 '나쁜 마음을 감추고包藏禍心' 있는지 정면으로 묻고, 나쁜 마음이 없으면 혼례에 비무장으로 참가할 것을 제의했다. 결국 초나라 사람들은 비무장한 채 정나라 성 안으로 들어가게 되었다. 상대가 불신에 불쾌감을 표하면 표할수록 안전장치를 마련할 필요가 있는 것이다.

## 기습과 대비

기습은 도발자에게 큰 이점을 제공한다. 기습은 반격할 여지를 상대에게 주지 않고 싸움을 일찍 끝낼 수 있기 때문이다. 기습작전은 시간과 공간 가운데 하나에 집중적으로 공략하여 상대의 공간적·시간적 반격 여지를 없애는 것이다. 기습의 유형 하나는 특정지역, 예컨대 접경지역이나 수도를 성공적으로 점령하여 상황을 종료하는 방식이다. 제한적 공간의 성공적 점령은 더 이상의 확전을 원치 않는 상대에게서 반격할 시간타이밍을 빼앗는다. 기습의 다른 유형 하나는 상대의 공격력을 파괴시켜 아예 반격의 빌미를 주지 않는 방식이다. 장악한 지역이 거의 없다고 하더라도 제한된 시간 안에 상대의 대량살상무기를 전멸시킨다면 상대는 반격할 공간베이스을 잃게 된다. 이 유형에서는 기습공격의 목표물이 민간시설보다 군사시설이다.

기습에 대한 대비책으로는 먼저 방어를 생각할 수 있다. 그렇지만 완벽한 방어가 어려워 결국 억지 기능으로 대비할 때가 대부분이다. 자국 피해를 최소화하려는 방어시스템보다 도발자에게 피해를 최대화하는 반격시스템으로 도발을 억지하는 것이다. 억지가 작동하려면 무엇보다 상대에 반격할 수 있는 군사력이 기습공격을 받은 후에도 남아있어야 한다. 반격할 때의 목표물은 상대의 군사시설보다 정책결정자 거주지나 주요 민간시설에 더 큰 비중을 둔다.

기습에 잘 견디는 장치 하나는 동맹이다. 왜냐하면 동맹국은 지리적으로 떨어져 있어 선제공격으로 무장해제하기가 어렵기 때문이다. 한반도는 1953년 정전 이후 전쟁이 재발되지 않고 있다. 전쟁이 완전히 종식되지 못하고 근현대 전쟁 가운데 가장 오래 지속되고 있는 현재의 정전 상황은 한반도 안보상황이 여전히 불안정하다는 사실뿐 아니라, 억지시스템으로 60년 이상 전쟁 재발 방지에 성공하고 있다는 사실을 동시에 보여주고 있다. 그 억지의 주요 구성요소는 미국 및 중국의 개입 가능성이었다.

의심 또한 기습과 기만에 대한 대비책이기도 하다. 믿지 못하는 상대를 둔 상황에서 생존과 관련하여 아무런 안전장치를 갖추지 않는다면 이는 어리석은 행동이다. 적대적 관계에서 상대를 무조건 신뢰하도록 강요하는 방식은 바람직하지 않다. 국내정치에서도 민주주의 자체가 불신에 기초한다. 전권을 받은 특정 국가지도자 1인에 의한 통치가 훨씬 더 효율적이고 생산적인 시스템이지만, 그런 지도자의 행동을 믿을 수 없으니 민주주의가 등장한 것이다.

기습에 대한 대비책 하나는 기습이다. 기습당하기 전에 먼저 기습하는 것이다. 내가 상대를 기습할 동기가 충분하다고 그 상대가 인식하면 할수록 그만큼 내가 기습받을 가능성은 커진다.

기습이 효과적이지 않을 때에는 평화공세나 위장평화공세의 효능도 떨어진다. 남을 속이는 데에 성공해봤자 얻을 게 크지 않다면 굳이 속이려들지 않는다. 따라서 화해나 평화의 진정한 제의가 상대에게 받아들여지려면 속임에 대한 안전장치가 필요하다.

기습과 기만은 단기적으로 성공하더라도 종국에는 패망에 이른 경우가 적지 않다. 사회신뢰는 사회적 자본으로 기능하고, 국가신뢰 역시 외교적 자본으로 활용된다. 신뢰를 지속적으로 받는 것이 한 차례 기습·기만의 성공보다 나음은 말할 나위없다.

**뱀에게 물려 죽는 라오콘 삼부자**
로마 조각가 하겐산드로스, 아타나도로스, 폴리도로스 3인의 기원전 1세기 대리석 조각상

전략 19

# 마키아벨리와 권모술수

## 위선, 드러내어 억제한다

### 마키아벨리, 전근대적 질서의 해체자

1527년 6월 21일 니콜로 디 베르나르도 데이 마키아벨리가 세상을 떠났다. 그의 저작 대부분은 사망 후에야 출간됐는데 그마저도 1557년부터 19세기 중반까지 교황청의 금서목록에 포함됐었다. 신을 부정하고 권모술수를 조장할 뿐 아니라 정치를 종교로부터 독립시키고 교황·추기경을 비롯한 지도자의 위선僞善을 폭로한다고 봤기 때문이다.

마키아벨리의 글들은 명분에 집착하는 중세 세상을 실리적인 근대 세상으로 바꾸는 물꼬를 텄다. 미국 건국 아버지, 프랑스혁명 지도자, 소련공산당 지도자 등이 마키아벨리의 조언을 받아들였다. 죽은 제갈량이 살아있는 사마의 군대를 한 차례 쫓아낸 것과는 비교되지 않을 정도로, 죽은 마키아벨리는 결코 쇠퇴할 것 같지 않던 전前근대적 질서를 해체해버렸다.

| 마키아벨리주의자 및 인간이라는 두 모습으로 그린 마키아벨리 초상화. 김규리 그림

마키아벨리주의, 마키아벨리주의자, 올드 닉 등 마키아벨리에서 따온 용어는 각각 권모술수, 권모술수자, 악마 등 모두 그 의미가 부정적이다. 부자와 빈자 모두 각각 자신의 부와 자유를 빼앗는 방법을 마키아벨리가 가르쳤고, 또 선인과 악인 모두 자신의 행동을 마키아벨리가 각각 위선과 악행으로 매도하거나 노출시켰다고 생각했던 것 같다.

## 위선론과 위선자

마키아벨리와 마키아벨리주의는 별개의 의미다. 마키아벨리는 권모술수를 권고한다는 점에서 위선의 효용을 인정했다. 위선이 통하는 세상이라고 주장하면 위선자일까? 마키아벨리의 저술 행위 자체는 마키아벨리적이지 않다. 위선을 노골적으로 언급하는 행위 자체는 위선이라기보다 겉모습만 악에 가까운 위악僞惡으로 볼 수 있다.

이런 위악은 단순화된 표현에서 연유할 때가 많다. 일부에게 맞는 말이지만 모두에게는 맞지 않음에도 단정하는 수사적 표현이기 때문이다. 이런 노골적 표현들은 하나마나한 말 대신에 명확한 메시지를 전달하려는 마키아벨리의 의도에서 나온 것으로 보인다. 오늘날 우리 사회에서도 너무 솔직하게 발언했다가 곤경에 처한 경우는 허다하다.

마키아벨리 글을 비판하면 마키아벨리주의자가 아닐까? 마키아벨리 글들을 금서목록에 올린 교황청 외에도, 마키아벨리를 공개적으로 비판한 지도자는 적지 않다. 『반反마키아벨리론』을 집필한 프로이센의 프리드리히 2세프리드리히 대왕가 그 대표적 예이다. 사람들이 욕하면서도 따라하는 것처럼, 프리드리히 2세의 통치스타일은 세월이 갈수록 『군주론』 방식이었다.

진짜 위선자는 위선이 통한다고 주장하지도 않고 또 동의하지도 않는다. 위선이라는 단어 자체를 입에 올리지 않고 그냥 묵묵히 위선을 실천할 뿐이다. 위선에 대해 언급해야 할 상황이라면 자신은 그냥 사람들을 믿는다고만 대답할 것이다.

마키아벨리는 인간의 본성을 탐욕, 변덕, 배신, 기만, 위선 등, 성악설에 가깝게 보았다. 그렇기 때문에 도덕률을 초월하여 행동할 것을 주문했다. 이런 주문을 비판하는 측에서는 마키아벨리를 반反도덕주의자로 부르고, 옹호하는 측에서는 초超도덕주의자로 부른다.

위선과 위악 가운데 어느 것이 선이고 어느 것이 악일까? 노골적으로 악한 행위보다 차라리 위선적이더라도 겉으로 선한 행위가 사회적 선善의 실천 가능성을 대체로 높인다. 특히 마키아벨리의 글을 탐독하여 사소한 일에도 온갖 권모술수를 쓰는 사람도 있으니 이는 마키아벨리론의 부작용이다.

행동의 차원과 달리, 분석의 차원에서는 위선을 드러내는 것이 사회적 선의 실천 가능성을 높인다. 대중이 권력자의 위선적 행위를 인지하게 되면 위선의 효능은 감소한다. 마키아벨리 덕분에 지도자의 위선적 행태를 파악할 수 있게 되어 마키아벨리주의의 부작용을 줄일 수 있게 되었다고 할 수 있다.

## 이기적 본성과 이기적 행동

마키아벨리는 모던 정치학의 아버지로 불린다. 인간은 대체로 이기적이다. 생존에 유리한 이기적 인간은 진화의 결과이기도 하다. 인간 본성은 이기적이라고 전제한다는 점에서 경제학 또한 마키아벨리의 후예다. 그러다보니 정치경제적 사고를 가진 사람일수록 이기적인 행동을 할 것이라는 선입관이 많다.

이런 선입관에 대해 일부 경제학자가 실증적으로 반박했다. 말로 하는 이기주의 그리고 행동으로 하는 이기주의는 별개의 것임을 보여줬다. 한 조사에서 이기심을 전제한 과목을 수강한 대학생 그리고 그렇지 않은 과목을 수강한 대학생을 대상으로 돈을 습득했을 때 돌려줄 의사를 물었더니, 돌려준다는 비율은 이기심을 전제한 과목의 수강생들이 낮았다. 그런데 실제로 10달러가 든 봉투에 주소를 적고 우표를 붙여 강의실에 놓아둔 후의 회수율은 오히려 이기심을 전제한 과목의 수강생이 그렇지 않은 수강생보다 거의 두 배 가까이 높았다.

유사한 결론은 다른 조사에서도 확인된다. 미국 대부분 학회의 회비는 회원 본인이 자기 소득에 따라 회비 액수를 선택하여 납부하도록 하고 있다. 실제 소득에 합당한 학회비를 납부한 비율은 이기심을 전제하는 학문에서 더 높았다.

이 두 조사가 엄격하게 수행된 것이라면, 이기심을 인간의 본성으로 공개적으로 받아들일수록 정직한 행동을 한다는 의미다. 권모술수에 대해 말한다고 해서 자신이 직접 권모술수의 행동을 반드시 행한다고 볼 수는 없다. 마키아벨리의 저작은 권모술수로 가득 차있지만 마키아벨리 본인의 권모술수 행동은 별로 전해져오지 않는다. 이와 반대로 권모술수자로 평가되는 인물들은 막상 권모술수를 남에게 권고하지 않았다.

음모에 대해 공공연하게 분석하는 사람들은 음모를 행하지 않는 경향이 있다. 흔히 동양의 마키아벨리로 불리는 한비자가 그런 예다. 한비자의 세 가지 통치 개념 가운데 하나인 술術은 주로 권모술수 기법에 관한 것이다. 진시황이 한비자를 중용하려 했지만 한韓나라 왕족인 한비자가 진나라에 충성하지 않을 것이라는 이사의 모함에 한비자는 투옥되어 자결하였다. 이사는 순자 밑에서 한비자와 함께 공부한 동문이었다. 음모론 전문가가 음모에 희생된 것이다. 한비자의 법가적 통치방식을 따랐다고 볼 수 있는 진이 망하고 한漢나라가 들어서면서 유교가 법가를 대체하게 되었다. 이로써 동아시아에서는 노골적 행위보다 위선이 한 수 위로 작동하게 되었다.

## 마키아벨리적이지 못했던 마키아벨리

마키아벨리가 메디치가에 발탁되기 위해 『군주론』을 집필했다는 사실은 마키아벨리의 이미지를 부정적으로 만들기도 한다. 그렇지만 『군주론』의 헌정사는 발탁되어 일하고 싶음을 드러낸 솔직한 글일 뿐 권모술수적 행동은 아니다. 자신의 소신과 관찰력을 그대로 보여준 것뿐이다.

마키아벨리가 『군주론』을 처음 헌정하려던 메디치가 지도자는 교황 레오네 10세의 동생인 줄리아노 데 메디치였는데, 마키아벨리는 그의 친구 파올로 베토리가 줄리아노의 새 보좌관이 될 것으로 예상했다. 그러나 1516년 줄리아노가 사망하자 『군주론』은 피렌체의 새로운 지도자 로렌초 데 메디치(1492년생)에게 헌정됐다. 물론 로렌초가 『군주론』을 읽었다는 얘기는 없다.

로렌초가 1519년 사망하자 레오네 10세의 사촌이자 로렌초의 오촌 당숙인 줄리오 데 메디치 추기경이 피렌체를 통치하게 되었다. 줄리오는 이따금 공화주의적 성향을 드러낸 마키아벨리를 별로 신뢰하지 않았다. 마키아벨리에게 정무직 대신에 『피렌체 논고』와 『피렌체 역사』를 집필하는 직책을 맡긴 이유도 여기에 있다.

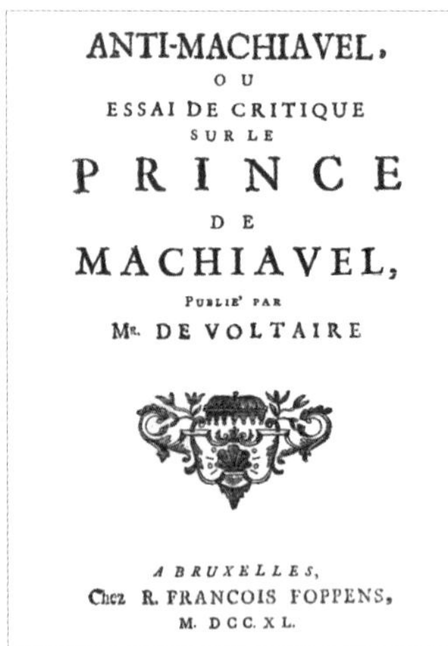


마키아벨리 『군주론』을 비판한 도서 『안티마키아벨리』(1740년 출간)의 속표지. 저자인 프로이센 프리드리히 2세의 통치도 대체로 『군주론』 내용과 유사했다는 평가다.

마키아벨리는 메디치가에 중용되기를 원했지만, 메디치가는 마키아벨리를 중용하지 않았다. 실제 권모술수에 반대되는 통치를 한 것도 아닌 메디치가는 마키아벨리의 제안들을 이미 익히 알고 있었거나 아

| 팔을 뒤로 하여 매단 후 바닥으로 떨어뜨리는 스트라파도 고문 모습(18세기 역사책 삽화). 마키아벨리는 반(反)메디치가 음모 혐의로 스트라파도를 당하는 등 고초를 겪었다. 출옥 후 메디치가에 『군주론』을 헌정했으나 중용되지 못했다. 메디치가의 실각 이후에는 메디치가와 가까웠다는 이유로 또 중용되지 못했다.

니면 저렇게 노골적으로 말하는 자와 가까이 하는 것을 부담스럽게 느꼈을 수도 있다.

줄리오는 교황 클레멘스 7세로 즉위한 후 1526년 스페인과의 전쟁에서 패배함으로써 반反메디치 소요를 겪었고 결국 피렌체는 공화정으로 돌아갔다. 공화정은 마키아벨리의 본래 구상이었기 때문에 공화정 피렌체는 마키아벨리가 국정에 적극적으로 참여할 수 있는 환경이었다. 하지만 마키아벨리는 과거 클레멘스 7세 때 봉직했다는 이유로 공화정에서 배제됐고 이에 충격을 받아 앓다가 세상을 떴다.

각종 처세술 문헌에서 마키아벨리를 자주 언급하고 있지만 정작 마키아벨리 본인은 처세에 능하지 못했다. 마키아벨리는 명예를 중시했다고 평가되기도 한다. 마키아벨리는 『전술론』에서 프로스페로 콜론나의 사촌 파브리치오를 호평한 바 있는데, 그래서 그런지 파격적인 조건으로 콜론나의 중용 제의를 받았다. 마키아벨리는 콜론나의 서기장 대신 낮은 보수의 피렌체 역사 집필 업무를 맡았다. 즉 그의 삶은 자의든 타의든 마키아벨리적이지 않았다.

마키아벨리, 한비자, 사마천 등 권력정치를 강조했던 사상가들 모두 처세를 잘하지 못해 고문을 당하기도 했다. 마키아벨리, 사마천, 정약용, 김만중 등은 세상에서 버려졌을 때 집필에 집중하여 후세에 길이 남을 고전을 저술했다.

마키아벨리는 사망 다음날 피렌체 산타 크로체 성당에 묻혔다. 조각가 이노센조 스피나치가 만든 묘비명(1787년 제작)은 "어떤 찬사도 그 이름보다 못하다"고 쓰고 있지만 마키아벨리에 대한 정반대의 평가도 적지 않다.

『군주론』 헌정사는 "만일 전하께서 높은 곳에서 낮은 곳으로 눈을 돌리시면 제가 그동안 부당하게도 지속적인 큰 악운에 시달려왔음을 아시게 되실 것입니다"라는 문장으로 끝을 맺고 있다. 마키아벨리는 본인이 출세하지 못한 이유를 불운으로 표현했다. 운을 의미하는 마키아벨리의 개념 포르투나fortuna는 결국 능력이나 실력으로 어찌할 수 없는 부분을 설명하기 위해 만든 용어다. 운칠기삼運七技三이니 운칠복삼運七福三

이니 하는 표현처럼 전략에는 한계가 있을 수밖에 없다.

바둑이나 장기에서 묘수를 많이 쓰면 대개 진다. 간혹 쓰는 것이 묘수이지 자주 쓰면 패착을 가져올 수밖에 없다. 기발한 전략일수록 아주 드물게 써야 효과적이다. 묘책을 여러 번 써야 할 정도로 운이 나쁘면 헤어나기 어렵다. 세상을 바꿀 수 있는 전략도 운때가 맞아야 한다. 운때가 맞지 않으면 어떤 전략으로도 세상을 바꿀 수 없다. 결국 대부분은 기본에 충실한 자가 승리한다.

오늘날 우리 사회는 여러 고난을 겪고 있다. 마키아벨리는 고난의 사다리를 탈수록 더 높이 올라갈 수 있다고 봤다. 천재天災가 포르투나의 탓이라면 인재人災는 정책이나 전략으로 해결할 몫이다. 인재가 자주 발생하는 요즘, 우리 스스로 나아질 수 있는 여지는 크다.

# 20 전략

# 마중물

## 작은 아픔으로 큰 병을 이긴다

### 세균·바이러스와 백신의 진화

2015년 유행했던 메르스 사태는 무엇보다도 치료제나 백신이 없었기 때문에 심각했다. 인위적으로 만들어 인간에게 주사한 첫 백신은 1885년 7월 6일에 등장했다. 프랑스의 루이 파스퇴르가 광견에게 물린 조셉 마이스터에게 광견병 백신을 접종한 것이다. 의사 면허가 없던 파스퇴르 대신에 동료 의사가 주사했다. 파스퇴르는 직접 유리관을 입에 물고 광견병에 걸린 불독의 침을 추출하는 진정성을 보였다. 무엇보다도 치료를 받은 소년이 아무런 광견병 증상 없이 나았기 때문에 마침내 파스퇴르는 인류를 구한 영웅으로 등극했다.

파스퇴르와 그의 동료들은 토끼 몸속에서 광견병 바이러스를 키운 후 신경 조직을 건조함으로써 바이러스를 약화시켜 백신을 만들었다. 파스퇴르의 광견병 백신은 광견에 물린 잠복기 환자에게 투여하여 항

1885년 7월 파스퇴르가 인공으로 만든 최초의 인간 백신을 접종하는 모습. ©파스퇴르뮤지엄 웹사이트

체를 만들어 발병되지 않도록 하는 방식이었다. 파스퇴르는 광견병 백신 이전에도 닭콜레라와 탄저병 등 여러 가축 질환의 백신을 개발하였다.

약하거나 죽은 세균·바이러스를 주입하여 가벼운 증상만 일으키게 하면서 항체를 생성하여 면역력을 갖도록 하는 백신 원리는 파스퇴르 이전에 이미 인도, 오스만 등 여러 지역에서 알려졌었다. 그러다가 1796년 영국의 에드워드 제너가 이런 원리에 주목하여 소젖 짜는 여인의 손바닥에 생긴 종기에서 고름을 채취하여 한 소년의 팔에 주입했다. 그 소년은 6주 후 진짜 천연두 고름을 주사해도 천연두에 걸리지 않았다. 우두를 천연두 예방에 이용한 제너를 기리기 위해 어린 암소를 의미하는 라틴어 와쿨라vaccula에서 따온 백신이라는 말은 1881년 파스퇴르가 사용하기 시작했다.

백신의 개발 여부는 이해관계에 따라 좌우되기도 한다. 파스퇴르 등이 개발한 가축 전염병 백신은 당시 경제적인 이유에서도 개발이 필요했다. 백신 개발로 축산업은 엄청나게 성장했다. 한국에서 유행한 메르스 백신이나 치료제가 만들어지지 않은 이유는 오늘날 과학기술 수준이 낮아서가 아니라 감염자가 별로 많지 않았기 때문이다. 한국의 메르스 사태로 비로소 백신이나 치료제의 개발 동기가 생겨나면서 개발이 추신되었다. 다만 동물 실험, 임상시험, 미국식품의약국허가 등의 절차에 수년의 시간이 걸리는데, 수년 후에도 시장에서 메르스 백신이 필요할지 불확실하므로 메이저 제약사들이 적극적으로 나서지 않는 이유이기도 하다.

백신은 그 자체가 전략이다. 전략은 보통 창조적으로 만들어진다. 백신도 발견이 아니고 발명으로 불린다. 치료보다 예방이 훨씬 간단한 상황에서 효과적이다. 약한 자극으로 먼저 내성을 키움으로써 이후에 강한 자극을 극복하는 방식이다. 만일 그 순서가 뒤바뀌면 면역력 형성 없이 질환에 걸려 죽음에 이를 수도 있다.

평소 너무 청결한 사람은 면역력이 없어 건강하지 못하다는 연구도 있다. 인체 질환뿐 아니라 인간관계에서도 마찬가지다. 예컨대 평소 배신을 당하지 않았던 사람이 사업이나 정치에서 큰 배신을 당해 돈과 권력을 잃고 또 건강까지 잃거나 자살로 생을 마감하는 경우는 적지 않다. 그런 비극까지는 아니더라도 사람들은 '자라 보고 놀란 가슴 솥뚜껑 보고 놀라게 되는' 트라우마를 겪는다. 작은 아픔으로 먼저 내성을 키워 큰 아픔을 견디거나 연착륙하는 것 또한 일종의 백신 과정이다. 대체로 높은 수준의 내공도 작은 수준의 산전수전山戰水戰에서 기인한다. 세상에서 늘 좋은 것만 향유할 수는 없기 때문에 작은 불행으로 큰 불행을 막는 것이 전략적 행위이다.

백신 개발은 독성을 약화시킬 수 있어야 가능하다. 백신은 기존 세균이나 바이러스가 자신의 구조를 바꿔버리면 효과적이지 못하다. 세포 분열을 통해 생존하는 세균과 달리, 바이러스는 유전 정보와 단백질로만 구성되어 있어 독립적으로 생존하기 어렵고 숙주의 세포에서만 번식할 수 있다. 그렇기 때문에 바이러스는 오히려 쉽게 변이할 수 있다.

바이러스에 대해 효과적인 백신이 적은 이유도 바이러스의 조합이 다양하고 변이가 가능하기 때문이다. 변이는 백신이나 치료제에 대응

우두를 맞은 사람들 몸에 소가 자라는 풍자 만화. 제임스 길레이의 1802년 작품. 19세기 내내 우두 주사에 대한 불신이 있었다.

한 바이러스의 생존전략이다. 그런 다양성과 변이성 때문에 특정 바이러스 대신 여러 바이러스의 공통된 구조에 반응하는 범용 백신도 개발되고 있다. 마찬가지로 세균과 바이러스 역시 이미 개발된 여러 백신에 대해 내성이 있는 구조로 변이하여 진화하고 있다.

## 때와 장소에 따라 달라지는 가치

같은 물건이나 같은 행동도 그 가치는 시간과 공간에 따라 달라진다. 사람이든 물건이든 때와 장소가 맞아야 출세하기도 하고 활용되기도 한다. 야구에서 안타를 많이 치면 승리에 기여할 가능성이 높지만 늘 그렇지는 않다. 안타(타율)보다 타점이, 또 타점보다 결승타가 승리에 더 중요하다. 점수와 연결되지 않는 안타만 남발하는 선수보다 필요한 때 적시타를 치는 선수가 팀 승리에 더 기여한다.

정치에서는 지지율보다 득표율이 더 중요하고, 득표율보다 의석비가 더 중요하며, 의석비보다 대권이 더 중요하다. 그러다보니 동일한 지지도를 갖고도 더 높은 득표율을, 또 더 높은 의석비를, 또 정권을 얻기 위해 선거제도 조정과 이합집산을 도모한다.

정치나 비즈니스에서 같은 지분이라고 해서 같은 영향력을 갖는 것은 아니다. 상대가 51%의 지분을 갖고 있을 때에는 내가 49%를 갖고 있더라도 엄격한 과반수제에서 내가 가진 영향력은 0이다. 이에 비해 다른 두 경쟁자가 각각 49%와 48%를 갖고 내가 3%만을 갖고 있더라도 내 영향력은 33%에 이른다. 왜냐하면 과반수승리연합은 49+48, 49+3, 48+3, 49+48+3의 총 4가지인데 3이 승리연합에 낄 가능성은

49나 48과 동일하기 때문이다. 3%가 자기보다 16배가 큰 49%와 동등한 영향력을 행사하는 것이다.

어떤 경우에는 3%가 49%와 48%보다 더 큰 영향력을 향유하기도 한다. 만일 49%와 48%가 서로 앙숙이어서 도저히 연합할 수 없는 상황이라면 3%의 선택에 따라 승자가 결정되기 때문에 3%는 누구보다도 더 큰 영향력을 행사할 수 있다.

국회의원들 개인의 영향력도 마찬가지다. 1989년 제13대 국회의 의석비는 민주정의당민정당 43%, 평화민주당평민당 24%, 통일민주당민주당 20%, 신민주공화당공화당 12%였다. 당시 국회 운영에 대한 의원들의 만족도 조사에서 민정당과 민주당 소속 의원들은 대체로 만족하지 못한다고 답변한 반면에 공화당 의원들은 모두가 만족한다고 응답한 바 있다. 민주당과 공화당의 정당별 결정력pivotal power이 같았기 때문에 의원 1인당 영향력은 의원수가 작은 공화당이 더 높았던 것이다.

경우의 수를 감안한 결정력이나 영향력 계산은 전략적 효율성 추구에 도움이 된다. 만일 투입-산출에 관한 방정식이 존재한다면 효율적 전략의 계산은 미분을 통해 가능하다. 하나의 추가 투입으로 기대되는 가치의 증대 계산을 시점별로 계산하여 적절한 타이밍과 투입량을 정할 수 있다. 이런 미분 계산이 산업혁명과 기술혁신을 가능하게 했다.

골든타임(사고수습이 가능한 초기), 마중물(많은 물을 긷기 전에 펌프에 처음 부어야 하는 적은 물), 급격물실急擊勿失, better-now-than-later(너무 늦기 전에 지금이 나음) 모두 작은 대가를 지불하고 큰 혜택을 얻는 백신 원리를 이용한 것이다. 예방전쟁preventive war도 마찬가지다. 이와 반대되는 경우도 있다. 고대 그리스 에피루스 왕 피로스가 여러 전투에 이겼지만

**피로스의 스파르타 전투** 장 밥티스트 토피노 레브룬의 18세기 그림. 고대 그리스 에피루스 왕 피로스는 로마 등과의 많은 전투에 승리했지만 피해가 쌓이면서 스파르타와의 전투 직후 패망하고 말았다.

전쟁 부담을 견디지 못해 결국 패망한 '피로스의 승리', 입찰에서 낙찰받았지만 고가의 입찰가로 인해 오히려 위험에 빠지는 '승자의 저주', '호미로 막을 것을 가래로 막는 것' 등이 모두가 당장은 이겼지만 결국은 손실이 더 큰 소탐대실小貪大失의 사례다.

전염병 백신이 개발되지 못했을 때에는 격리 등 감염 차단이 예방에 필수적이다. 접촉 여부, 감염률, 치사율 등을 입력하면 확산 정도와 사망자 수를 계산할 수 있는 정도가 되어야 최적의 차단 시간과 공간이 나온다. 질환뿐 아니라 감정도 전염된다. 따라서 사회심리적 요소도 고려해야 한다. 치사율 18%보다 완치율 82%에 덜 공포를 느끼는 사람이 많기 때문에 표현 또한 중요하다. '같은 말이라도 '아' 다르고 '어' 다름於異阿異'을 인지한 대처가 동일한 투입으로 효과를 극대화하는 백신적 전략이다. 활성화된 교류로 전염에 취약한 오늘날 개인이든 사회든 백신적 기능에 더욱 의존할 수밖에 없는 세상이다.

# 21 전략

# 앞선 수읽기

## 내다본 한 수로 통일을 이룬다

### 엠스전보 사건, 비스마르크의 수읽기와 나폴레옹 3세의 오판

근대적 의미의 통일과 분단 그리고 재통일을 이룬 대표적 나라는 독일이다. 1989년 베를린장벽이 갑자기 무너지고 이듬해 동서독이 통일됨에 따라 통일은 의지와 관계없이 그냥 닥쳐오는 것으로 생각하기도 한다. 그러나 동서독 통일은 이전에 수많은 전략적 고려가 있었다. 어느 나라든 정교한 전략 없이 통일을 이루기란 쉽지 않다. 특히 독일과 같은 강대국의 통일을 주변국들이 그냥 방관하지는 않는다.

1870년에 발발한 프로이센-프랑스普佛전쟁은 통일을 위한 프로이센의 치밀한 전략이었다. 보불전쟁의 직접적인 계기는 이른바 엠스전보 사건이다. 1870년 7월 13일 아침 프로이센 국왕 빌헬름 1세는 독일 휴양지 바트엠스에서 수행원들과 산책을 즐기고 있었다. 이때 프랑스대사 베네데티가 방문하여 빌헬름 1세의 친척 누구도 스페인 왕위를 계승하지 않는다고 공표할 것을 빌헬름 1세에게 요구했다. 베네데티의 요구 내용은 빌헬름 1세가 불쾌하게 받아들일 만한 것이었다.

바트엠스 회담은 베를린에 있는 비스마르크 수상에게 바로 전보로 전해졌고, 비스마르크는 전보 내용을 간단하면서도 자극적인 문투로 바꿔 공개했다. 프로이센 여론은 일개 프랑스 대사가 프로이센 국왕을 모욕했다고 생각했다. 프랑스 여론 또한 프로이센이 대국 프랑스의 요청을 무례하게 처리했다고 생각했다.

비스마르크는 독일 통일을 위해서 독일의 여러 공국에 관여하고 있던 프랑스와의 전쟁이 불가피하다고 판단하던 차였다. 프로이센-오스

1870년 7월 독일 바트엠스에서 산책 중인 프로이센 국왕 빌헬름 1세(가운데 사람)를 프랑스대사 베네데티(오른쪽 모자 벗은 사람)가 찾아가 만나고 있다. 안톤 폰 베르너의 1880년 목판화. 이 만남을 계기로 보불전쟁이 발발했고 전쟁 결과 독일은 통일했다.

트리아 전쟁(1866년)의 연장선에서 프랑스와의 전쟁 필요성을 인식하고 있었다. 이미 여러 군사 개혁과 대외동맹을 성공적으로 이룬 프로이센은 프랑스와의 전쟁이 승산이 낮지 않다고 판단하고 있었다. 독일 통일을 위해서는 여러 독일 공국들을 아우르는 분위기 조성이 필요했는데, 비스마르크는 독일 공국들에 관여하고 있던 프랑스를 통일독일의 출범에 필요한 제물로 여겼다. 이처럼 엠스전보의 자극적 공개는 독일 통일을 위한 비스마르크의 한 수였던 것이다.

이에 비해 프랑스는 사태 전개를 잘 내다보지 못했다. 당시 프랑스 지도자는 1848년 대통령으로 선출됐다가 1851년 쿠데타로 의회를 해산한 후 1852년 황제로 즉위한 나폴레옹 3세였다. 한때 그는 국내의 지지를 기반으로 국제무대에서 주도적 외교를 펼치기도 하였다. 집권 후반기 여러 국내외 비판에 직면한 나폴레옹 3세는 앞으로의 유럽 질서

1870년 9월 프랑스 스당에서 프로이센군에게 패배하여 포로로 잡힌 나폴레옹 3세가 비스마르크(오른쪽) 옆에 앉아있다. 빌헬름 캄프하우젠의 1878년 그림

| 1871년 1월 프랑스 베르사유궁전에서 개최된 독일제국 선포식. 안톤 폰 베르너의 1877년 그림

와 프랑스 국내정치를 주도하기 위해서라도 자신이 프로이센 국왕보다 우위에 있다고 천명하고 싶었을 뿐이다. 그래서 프로이센에 전쟁을 먼저 선포했다.

나폴레옹 3세는 오스트리아-헝가리와 함께 프로이센 지배하의 남부 독일 공국(바이에른, 뷔르템베르크, 바덴)으로 진격하여 그들을 독립시키려는 계획이었다. 왜냐하면 오스트리아와 남부 독일 공국들은 프로이센에게 패전한 후 설욕을 벼르고 있었고 전쟁이 나면 프랑스의 편에 합류할 것으로 기대했기 때문이다.

나폴레옹 3세는 프로이센이 엠스전보를 적대적으로 공개했다는 사실에서 프로이센의 전쟁 의지 및 승리 가능성을 높게 인지했어야 했다. 특히 프로이센이 주변 강대국뿐 아니라 독일 내 여러 공국들과도 협력하고 있다는 사실에서 프랑스에 대한 프로이센의 태도는 결코 허세가 아님을 간파했어야 했다. 그렇지만 나폴레옹 3세는 프로이센의 군사력을 과소평가했고 또 주변국의 선호를 잘못 판단하여 프로이센의 신호시그널를 단순한 엄포로 받아들였다.

나폴레옹 3세의 선전포고는 비스마르크가 친 함정에 스스로 빠진 선택이라고 평가할 수 있다. 선전포고 후 사태는 나폴레옹 3세의 기대와 전혀 다르게 또 비스마르크의 기대대로 전개되었다. 프로이센군은 신속하게 동원되어 프랑스를 공격한 반면에, 불과 몇 년 전 프로이센에게 참혹하게 패전한 오스트리아는 프로이센 공격을 주저했고 또 남부 독일 공국들은 프로이센의 편에서 참전했다.

9월 2일 프랑스 스당에서 나폴레옹 3세는 대패하여 포로가 되었다. 나폴레옹 3세는 독일 아헨에 포로로 머무는 동안 아헨 주민들로부터 다음 연금 장소인 카셀로 빨리 꺼져라Ab nach Kassel는 야유를 받았다. 카셀과 관계없이 그냥 '꺼져라' 혹은 '서둘러라'는 의미로 오늘날도 쓰이고 있는 독일어 '압 나흐 카셀'의 어원은 나폴레옹 3세가 이처럼 독일 국민을 결속시켰음을 보여준다.

## 독일제국 탄생의 수읽기

스당 패전 이후 프랑스는 새로운 정부를 구성하여 전쟁을 계속 수행했지만, 결국 1871년 1월 수도 파리는 함락되었고 프랑스가 자랑하는 베르사유궁전 거울의 방에서 통일 독일제국의 선포식이 성대하게 치러졌다. 이런 일련의 정책 결정을 그림으로 나타내면 다음과 같다.

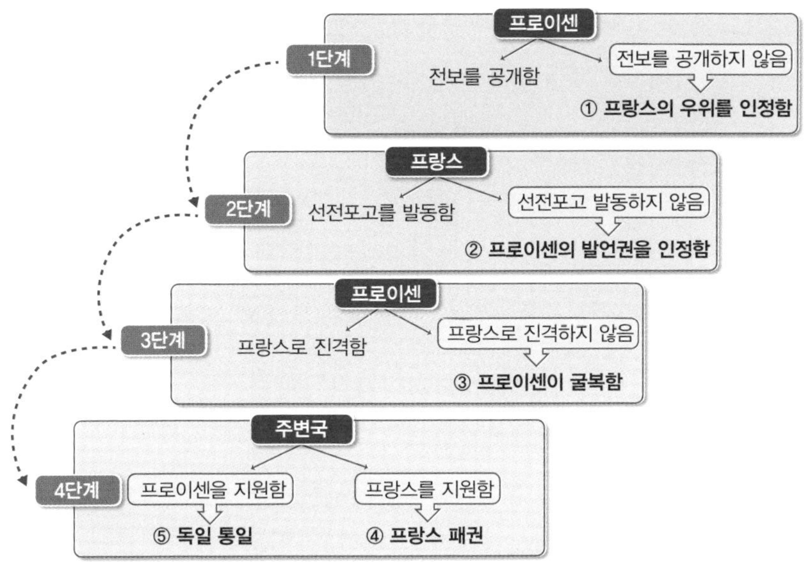


| 보불전쟁의 단계별 전개

다단계 전개 상황에서의 전략 계산은 역순으로 따져보면 간단하다. 맨 마지막 단계인 4단계에서, 주변국은 프랑스가 승리하여 유럽 패권을 다시 갖는 결과(④)를 원치 않았기 때문에 프랑스를 견제할 독일의 등장(⑤)을 차라리 더 나은 결과로 생각했을 수 있다. 즉 4단계에서 주변국은 프로이센을 선택했다. 이런 사실을 내다본 프로이센은 3단계에서 전쟁을 선택했다. 왜냐하면 진격하지 않으면 프랑스에 굴복하는 것(③)이 되고 진격하면 전쟁에 승리하여 통일을 이루는 것(⑤)이 되기 때문이었다.

이런 전개 상황을 제대로 내다보지 못한 프랑스는 선전포고를 하게 되면 전쟁에서 승리(④)하거나 아니면 프로이센이 굴복할 것(③)으로 예상했기 때문에 2단계에서 프로이센의 발언권을 인정하는 것(②)보다 선전포고를 선택했다. 끝으로 엠스전보 사건 직전의 1단계는 프로이센이 세 수를 미리 내다보고 선택해야 하는 단계였다. 전보 공개가 곧 독일의 통일(⑤) 아니면 적어도 발언권 확보(②)를 가져다주고, 이는 프랑스 우위를 인정해주는 것(①)보다 낫다고 판단했기 때문에 전보를 자극적으로 공개하게 된 것이다.

일련의 과정에서 프로이센은 몇 수를 내다보고 선택한 반면에, 프랑스는 프로이센의 전보 공개가 담은 신호를 잘못 해석하여 치욕적 패배를 겪었다. 프로이센은 프랑스 및 러시아와 협력한 상태에서 오스트리아와 일전을 벌였고 또 여러 독일 공국들과 협력하여 프랑스와 전쟁을 치렀다. 주변국의 개입을 사전 조처했고 실제 어떤 국가도 프랑스를 돕지 않았다.

통일 추진자의 정확한 판단과 통일 방해자의 잘못된 판단으로 통일이 이뤄진 사례뿐 아니라 잘못된 전쟁으로 분단된 사례도 있다. 독일은 1939년 일으킨 제2차 세계대전으로 1945년 분단되었다. 아무런 전쟁 없이 동서독이 재통일을 이룬 1990년과 대비된다.

## 한반도 분단의 수읽기

잘못된 전쟁으로 분단이 고착화된 사례는 매우 가까운 곳에 있다. 바로 6.25전쟁이다. 6.25전쟁을 일으킨 김일성은 소련의 지원을 받으면서도 미국의 참전은 없을 것으로 판단했지만 미국은 즉시 개입했다. 심지어 김일성은 남한 주민이 북한군을 열렬히 반길 것이라는 잘못된 판단도 했다. 김일성은 미국이나 남한 주민 등의 신호를 나폴레옹 3세만큼이나 잘못 읽었다. 이런 잘못된 판단으로 시작된 전쟁은 민족통일은 커녕 진정한 남북교류조차 반세기 이상 불가능하게 만들었다.

프로이센의 통일전쟁 대상은 독일 내 다른 공국들이 아니었고 외부 세력 프랑스였다. 이에 비해 6.25 도발의 주대상은 외부보다 남한 내 같은 민족이었다. 동포에게 총부리를 겨눈 섣부른 전쟁이 통일을 매우 어렵게 만든 것이다. 만일 6.25전쟁이 없었더라면 오늘날 이미 남북한은 통일되었을 가능성이 높다. 주변국의 강한 견제를 받던 독일도 냉전 종식과 더불어 통일됐는데, 만일 남북한 간에 전쟁이 없었다면 남북한 통일은 동서독 통일보다 먼저 왔을 것이다.

통일은 그냥 무작정 기다리면 오는 것도 아니고 또 무모하게 추진해서 이뤄지는 것도 아니다. 여러 수를 내다보는 전략적 준비와 추진이 있어야 실현될 수 있다.

22 전략

# 사과의 정석

## 비굴하지 않으면서 진정성을 담는다

### 클린턴 스캔들 사과

소셜미디어가 발달된 요즘 정치, 경제, 문화 등 여러 분야에서 지도층 인사가 사과를 요구받거나 직접 사과하는 모습이 꽤 많아졌다. 특별히 잘못이 많아졌다기보다 공개적으로 잘 드러나는 환경이 조성되었고, 그러한 상황에서 사과하지 않으면 더 큰 어려움을 겪기 때문일 것이다.

1998년 8월 17일 밤, 빌 클린턴 미국 대통령이 백악관 인턴이던 모니카 르윈스키와의 스캔들에 대해 4분짜리 사과 연설을 했다. 클린턴의 연설은 어설픈 해명으로 새로운 위기를 불러오지 않고 스캔들을 마무리 국면으로 전환시켰다고 평가된다.

연설 직후 미국 유권자를 대상으로 실시한 각종 여론조사에서 대통령직 사임이나 탄핵에 찬성한 비율은 소수인 1/4에 불과했다. 다수는 클린턴이 대통령직을 사임해서는 안 되고, 이제 르윈스키 스캔들은 마무리됐으며, 대통령 사생활을 더 이상 문제 삼지 말아야 한다고 생각했다.

클린턴 연설은 대통령 직무수행 지지율을 높이지도 낮추지도 않았다. 대통령 직무 수행 지지율은 연설 이전과 마찬가지로 60% 정도를 유지했다. 사실 르윈스키 스캔들은 발생 때부터 클린턴 직무 수행 지지율에 별 영향을 미치지 않았다.

물론 클린턴 연설이 클린턴의 결백을 확신시켜 주지는 못했다. 클린턴이 대배심원단에 진실을 말했다고 생각한 비율은 1/3에 불과했고, 자신에 대한 수사를 방해하지 않았다는 클린턴의 주장에 대해서도 믿는다는 사람보다 믿지 못한다는 사람이 더 많았다. 클린턴이 법을 위반했다고 생각한 비율은 대략 절반에 달했다. 심지어 클린턴을 좋아한다는 미국인 비율은 연설 직후 더 떨어졌다.

클린턴 연설을 계기로 스캔들이 종식돼야 한다는 다수 미국인들 가운데에는 클린턴을 지속적으로 좋아한 사람뿐 아니라 클린턴을 나쁘게 보더라도 아이들 앞에서 공공연하게 다룰 주제가 아니거나 너무 오래 다루어진 지겨운 이슈라고 생각한 사람도 포함됐다. 그런 점에서 클린턴 연설은 정서적 · 윤리적 측면에서 상황을 호전시키지 못했더라도 정치적 · 법률적 측면에서는 르윈스키 스캔들에 종지부를 찍는 데 기여했다.

4분짜리 연설에서 클린턴은 르윈스키와의 부적절한 관계를 인정하고 자기 책임을 강조하면서도 자기 방어를 소홀히 하지 않았다.

먼저, 거짓말을 한 적이 없다고 했다. "르윈스키와 성관계를 갖지 않았다"는 1998년 1월 해명이 "법적으로는 정확한 진술이었다"고 주장했다. 클린턴의 1월 해명은 당시 클린턴이 보인 코 만지기 행동이 거짓말에 수반되는 행동 사례로 여러 문헌에서 소개될 정도의 거짓말이었다. 8월 연설에서 클린턴은 자신의 1월 발언이 거짓말이었다고 말하지 않고 대신에 "사람들을 오도했다"거나 "그릇된 인상을 줬다"고 표현했다. 또 위증이나 증거은닉 같은 불법행위를 저지르지 않았다고 강조했다.

클린턴의 사과문에는 주어가 없었다. '실수'나 '잘못됐다'고 표현했을 뿐, '미안하다' 혹은 '사죄한다'는 말은 등장하지 않았다. 오히려 "대통령에게도 사생활이 있다"고 항변했다. 특히 정치적 의도가 담긴 '너무 오랜' 조사로 '너무 많은 무고한 사람들'이 큰 피해를 입고 있다고 호소했다.

클린턴 사과문은 다음의 내용으로 끝마쳤다. "미국에는 '잡아야 할 기회', '해결해야 할 문제', '당면한 안보 문제'가 있으니 '과거 7개월의 구경거리에서 벗어나서' 21세기 미국에 다가올 도전과 미래에 다시 집중하자"는 내용이었다.

클린턴 연설문은 대체로 사과문의 정석을 따르고 있다. 가족과 주변 사람이 큰 피해를 입고 있고 국가의 당면 과제를 시급히 처리해야 한다고 언급했다. 실제로 힐러리의 남편 옹호가 빌 클린턴의 정치적 위기 극복에 큰 도움이 됐다.

사과문은 과거 행위의 사과, 현재 상황의 수습, 미래 재발의 방지, 무고한 피해, 다른 당면 위기 등 다섯 가지 요소로 구성될 때 잘 받아들여진다.

예컨대 2015년 메르스 사태와 관련한 여러 발언 가운데 반응이 좋았던 사과문은 자신의 무한한 책임을 강조하면서 책임은 없지만 헌신적으로 수습하고 있는 의료진에 대한 격려를 부탁하는 내용이었다. 자기 책임이 아니라는 투로 남 탓을 한 발언과 달리 우호적 반응을 얻었다.

## 사과의 진정성

2015년 8월 12일 서대문형무소에서 전직 일본총리가 보여준 무릎 꿇고 사죄하는 모습, 그리고 비슷한 시기 친일파 후손 국회의원이 웹사이트에 올린 사과문도 진정성을 보여줬다.

늘 문제가 되는 부분은 사과의 진정성의 문제이다. 잡아떼는 모습보다 오히려 과잉 사과가 더 큰 동정을 받는다. 잘못을 반성해서 사과하는 모습이어야지, 잘못을 숨기지 못해 하는 사과는 효과를 보지 못한다. 상대가 사과의 진정성을 느끼려면 사과문에 '~라면if', '~지만but' 등의 유보적인 단어가 없어야 한다. 잘못하지 않았는데 사과하라고 하니 사과한다는 메시지는 차라리 사과하지 않는 것보다 못하다. 진정성을 의심받을 말과 행동은 조심해야 한다. 소셜미디어의 발달로 단어 하나 표정 하나 모두 생생히 전달될 수 있기 때문이다.

대중은 잘못의 경중輕重보다 사과의 진정성에 따라 반응하기도 한다. 특히 대중이 잘못의 경중을 판단하지 못할 때에는 큰 잘못보다 작은 잘못이 결과적으로 더 큰 어려움을 가져다주기도 한다. 큰 잘못을 저지른 측은 진지하게 사과하는 반면에, 작은 잘못을 저지른 측은 진지하게 대처하지 않는 경향이 있다. 이로 인해 대중은 진정으로 사과한 큰 잘못보다 오히려 사과하지 않은 작은 잘못에 대해 응징하기가 쉽다.

2015년에 표절 의혹이 불거진 유명 작가가 특정 언론매체를 통해 사과의 변을 밝혔다가 오히려 역효과를 가져왔다. 인터뷰 방식에 대한 비판으로 시작하여 마치 남의 일인 양 말하는 '유체이탈 화법'의 '주어 없는 사과'였다는 혹평을 받았다.

사실 자신의 잘못에 대한 인정은 경제인이나 문화인보다 정치인이 더 어렵다. 정치인의 사과 내용은 자기 주변이나 집단의 잘못일 때가 많고 자신의 행동일 때는 드물다. 자기 잘못을 인정하면 당장 공직에서 사임하라는 요구가 나올 수 있기 때문이다. 길게 보고 차차기를 노리는 정치인이라면 사과는 곧 새로운 자리를 위한 투자일 수 있겠지만, 당장의 자리에 연연할 수밖에 없는 정치인이라면 사과는 곧 정계 은퇴이다. 단임제하에서의 대통령도 마찬가지이다.

'미안하다는 말이 가장 어렵다Sorry seems to be the hardest word'라는 팝송 제목처럼 사과는 정치지도자 입에 좀처럼 오르지 않는다. 팝송 가사처럼 "상대가 나를 사랑하고 배려하며 필요로 하고 내 말에 귀를 기울였으면" 하는 사람은 미안하다고 말하기 어려울 수 있다.

1998년 8월 연설에서의 클린턴 얼굴 표정과 말투는 사과하는 모습이 아니었다. 만일 위증이나 매수 등의 잘못을 인정했다면 탄핵됐을 것이다. 클린턴은 법적 처벌을 감수하면서 무조건 사과하는 방식 대신에 모호성을 유지했다. 미국인 대부분은 "미안하다sorry"는 말을 자주 하지만 법적 책임이 있는 경우에는 그렇게 표현하지 않는다.

정치지도자에게는 비굴하지 않다는 이미지도 중요하다. 실제 클린턴은 동정심을 유발하려 하지 않았다. 스캔들이 나쁜 계부 등의 불우한 성장 환경에서 기인한 것이라는 동정을 얻었다고 한들 정치적 지지를 얻게 되는 것은 아니었다. 동정하는 것과 표를 주는 것은 별개의 것이다. 동정심으로 한 번 정도 표를 줄 수 있어도 계속해서 표를 주지는 않는다. 지속적인 지지가 필요한 정치지도자에게 동정심은 그리 유용하지 않다.

## 거짓말과 말 바꾸기

정치인의 거짓말은 늘 논란거리다. 밝혀지지 않을 거짓말이라면 주저하지 않고 하지만, 곧 밝혀질 거짓말이라면 에둘러 할 뿐 잘 하지 않으려 한다. 발각될 가능성이 불확실한 때에는 아예 모른다고 해야 거짓말 논란에서 비교적 자유롭다. 정치인의 말 바꾸기 또한 그 연장선에 있다. 이런저런 약속을 많이 하다보면 지키지 못할 약속이 발생할 수밖에 없다. 그래서 다변多辯보다 침묵이 유리할 때가 많다.

한국정치사에서 민정 이양 약속이나 정계 은퇴 약속은 늘 조롱거리였다. 당사자들은 거짓말한 것이 아니라 약속을 지키지 못한 것이라고 항변할 것이다. 거짓말은 이미 진위가 판명된 과거사에 대한 발언인 반면에, 약속은 진위 여부가 아직 확정되지 않은 미래사에 관한 발언이다. 약속은 시간이 지나봐야 허언虛言, 즉 말 바꾸기인지 아닌지가 판명된다. 애초에 지킬 의사 없이 속이는 임시방편으로 약속한 경우도 있고, 약속을 지킬 능력이 없어 못 지킨 경우도 있다.

그런 점에서 말 바꾸기와 거짓말은 각각 오십보백보五十步百步다. 그 차이는 '오십보백보'라는 맹자의 고사성어처럼 거의 없는 것으로 동아시아에서 인식되고 있는 반면, 구미歐美사회에서는 차이가 있는 것으로 받아들인다. 말 바꾸기와 거짓말에 대한 사과 요구와 사과 효과도 문화에 따라 다르다. 사과에 따른 눈물의 효과도 마찬가지다. 문화에 따라 사과의 정석도 달라진다.

어떤 문화에서든 서로 미워할 때에는 진솔한 사과가 쉽지 않다. 상대의 꼬투리를 잡아 사과를 요구하고 또 상대는 버티려는 기싸움일 뿐이다. 물론 기싸움의 결말, 즉 사과 여부는 어느 쪽의 입장이 더 보편적이냐에 따라 좌우된다.

대한민국에서 8월은 사죄라는 단어가 자주 등장하는 달이다. 일제의 패망으로 해방을 맞이한 달이기 때문이다. 아베 신조 일본총리의 전후 70년 담화는 일본정부가 이미 충분히 사죄했음을 함의했다. 과거형이자 3인칭인 사과는 진정성이 없어 역효과임을 아베총리가 모를 리 없고 따라서 외국에 비굴하지 않으면서 또 책임지지 않기를 원하는 일본 내 지지층을 위한 담화였다고 해석할 수밖에 없다. 일본 내 특정 지지층을 위한 지도자의 담화문이라면 나름 성공적일 수 있었겠지만 동아시아 지도자로서의 담화문이라면 앞서 살펴본 사과의 정석과는 동떨어진 내용이다.

전략 **23**

# 커뮤니케이션

## 적대적 관계일수록 오히려 소통한다

### 냉전시대 미국과 소련 간 핫라인

"민첩한 갈색 여우는 나태한 개 위로 점프했다 The quick brown fox jumped over the lazy dog's back 1234567890"

1963년 8월 30일 핫라인긴급직통라인으로 소련정부에 보낸 미국정부의 메시지다. 기존 팬그램(A부터 Z까지 모든 알파벳이 포함된 문장)에 아라비아숫자와 아포스트로피(')를 더해 만든 문구였다.

이 메시지를 보내기 10개월 전, 미국은 쿠바행 소련 선박을 해상 봉쇄하면서 소련과 전면전까지 염두에 둔 일촉즉발의 위기를 겪었다. 인류가 제3차 세계대전의 가능성을 가장 크게 체감한 순간인 쿠바 미사일 위기다. 일분일초를 다투는 긴박한 상황임에도 미국과 소련은 상대국의 공식 외교문서를 받는 데에 반나절이나 걸렸다. 이처럼 느슨한 연락시스템으로는 위기가 조속히 해결되지 않는다. 이에 미국과 소련 정부는 위기관리 방안으로 핫라인을 개통하기로 1963년 6월에 합의하고 2개월 후 개통했다.

핫라인이 모든 글자들을 제대로 타이핑하고 프린트하는지를 테스트하기 위해 개통 당일 여우와 개가 등장하는 팬그램을 보낸 것이다. 소련은 모스크바 석양에 관한 서정적 러시아어 글로 답변했다.

미 · 소 간 핫라인의 공식 명칭은 직통연결DCL, direct communications link이었고, 미국의 관련 부서에서는 MOLINKMoscow-link로 불렀다. 미국 대중에게는 레드폰으로 불렸는데, 그러다 보니 다이얼도 없고 버튼도 없는 붉은 전화기가 영화 등 여러 매체에서 미 · 소 간 핫라인 소품으로 자주 등장했다. 그러나 국가 정상 간에 아무런 다이얼링 없이 수화기만 들면 바로 통화할 수 있는 붉은 전화기는 미 · 소뿐 아니라 우방국 간에도 존재하지 않았다. 오늘날 정상 간 통화는 특정 국제전화번호를 통해 이루어진다.

영화 등에서 핫라인 소품으로 등장한 레드폰. 다이얼도 없고 버튼도 없는 붉은색 전화기이다.

1963년 개통된 미 · 소 핫라인은 텔레타이프였다. 미국은 영문 텔레프린터 4대를 모스크바에 보냈고 또 소련은 러시아어 텔레프린터 4대를 워싱턴에 보냈다. 미국은 모스크바에 설치된 영문 텔레프린터로, 소련은 워싱턴에 설치된 러시아어 텔레프린터로 각각 메시지를 보냈다. 1980년대에 미 · 소 간 핫라인의 방식은 텔레타이프에서 팩시밀리로 교

| 미국 국방성에서 미·소 핫라인을 설치하여 테스트하고 있다.

체되었고, 2000년대 와서는 이메일 시스템으로 바뀌었다.

미 · 소 간 핫라인은 백악관과 크렘린을 직접 연결하는 선이 아니었다. 대서양과 여러 나라를 경유하는 유선이다 보니 중간에 지하공사 등으로 케이블이 단절되어 불통되는 사고도 종종 발생했다.

이런저런 한계가 있지만 미 · 소 간 핫라인은 가공할 만한 힘을 가진 적대세력 간의 의사소통을 가능하게 한 전략적 아이디어로 평가되고 있다. 그래서인지 핫라인의 아이디어를 제공했다고 주장하는 사람이 여럿이다. 노벨상위원회의 공식 웹사이트는 노벨경제상 수상자 토마스 쉘링이 핫라인 설치에 기여했다고 언급하고 있다.

당시 케네디정부는 게임이론가 등 여러 전략가들을 중용했고 따라서 토마스 쉘링과 같은 게임이론가들의 아이디어가 미국의 정책에 많이 반영되었다. 핫라인이라는 직통 채널도 그런 전략적 효과를 고려하여 추진되었다.

전쟁의 결과는 누가 먼저 공격하느냐에 따라 달라질 수 있다. 상대 공격을 받은 후에 반격할 때의 파괴력은 동일한 군사력으로 선제적으로 기습 공격할 때의 파괴력에 미치지 못한다. 그래서 상대가 도발하는 것이 확실하다면 상대의 도발 전에 선제공격하여 상대를 미리 초토화하는 것이 피해를 줄이는 방안이다. 이를 예방전쟁으로 부른다.

선제공격을 하더라도 상대가 반격하여 전쟁 자체를 피할 수 없고 또 핵전쟁처럼 전쟁 승리가 평화보다 못할 때도 있다. 상대가 도발할 걸로 오해하게 되면 먼저 공격해서라도 전쟁 피해를 줄이려 한다. 핫라인은 우발적인 전쟁을 미연에 방지하기 위한 의사소통의 수단이다.

미 · 소 간 핫라인의 첫 공식 교신은 이른바 6일전쟁 때였다. 1967년 6월 이스라엘은 아랍국가를 상대로 예방전쟁을 일으켰다. 정말 아랍국가들이 전쟁을 먼저 시작하려고 했는지는 여전히 논란 중이다. 6일전쟁은 잘못된 정보에 의해 시작된 예방전쟁이라는 주장도 있다. 하여튼 이 6일전쟁 때문에 소련 흑해함대와 미국 제6함대가 지중해로 출동했다. 이때 미 · 소 간 핫라인이 가동됐다. 소련총리 코시긴은 미국대통령 존슨에게 메시지를 보냈다. 전투 행위가 즉각 중지되도록 미 · 소가 행동해야 한다는 내용이었다. 6일전쟁은 더 이상 확전 없이 이름 그대로 6일 만에 종식되었다.

## 남북한 핫라인, K-K라인을 꿈꾸며

핫라인이 더욱 필요한 관계가 있다. 먼저 적대적인 관계에서다. 신뢰가 쌓여 오해도 없고 또 오해가 있다고 해도 바로 적대적 행동으로 옮기지 않을 관계에서는 굳이 핫라인이 필요 없다. 이와 달리 오해가 심각하여 바로 적대적 행동을 취하기 쉬운 관계에서는 핫라인이 큰 의미를 갖는다.

둘째, 어느 정도 대등한 관계에서다. 힘의 우열이 분명한 관계에서는 우발적인 전쟁 가능성이 높지 않다. 더구나 선제공격이냐 반격이냐 하는 것이 전쟁 결과에 큰 영향을 미치지 못한다. 이에 비해 힘이 비슷할 때에는 공격과 반격 시점의 미세한 차이가 승패를 가르기도 한다. 따라서 핫라인의 효능은 경쟁국 간에서 빛을 발한다.

셋째, 인접국 간의 관계에서다. 한반도처럼 야포만으로도 주요 시설들이 사정거리 내에 있을 때에는 기습 여부가 승패를 좌우하기 때문에 기습 가능성뿐 아니라 기습을 제거하려는 예방공격 가능성 또한 높다. 따라서 핫라인의 역할이 중요하다.

남북한 관계는 이런 핫라인이 필요한 관계다. 특히 일방이 속전속결의 군사독트린을 채택할수록 타방에 의한 예방전쟁의 가능성 또한 낮지 않기 때문이다.

1971년 9월 20일 남북한 적십자회담에서 남북 직통 전화 개설에 합의했다. 9월 22일 판문점 공동경비구역 내 남측의 자유의 집과 북측의 판문각을 연결하는 2개 회선이 개통됐다. 1972년에도 여러 남북 간 접촉으로 전화선이 운영되기 시작했다가 1976년 판문점 도끼사건으로 단절되는 등, 남북 직통 전화와 함정 간 국제상선 주파수 연결은 개통과 단절을 반복하고 있다. 2005년에는 남북 간 광케이블이 연결되어 이후 개성공단의 주요 전화선으로 운영된 바 있다. 연평도 포격 등으로 촉발된 일련의 긴장 조성 행위들은 남북 간 핫라인이 없어 악화된 측면이 크다.

냉전시대 미국과 소련은 실무진 간의 연결을 단절시키지 않고 자국 메시지를 상대국에게 늘 전달했다. 이에 비해 북한은 접촉 여부를 전략적 선택지로 삼고 행동하고 있다. 벼랑끝 전략에서 자주 나오는 전략이다. 위기는 실무진 간 접촉 유무와 관계없이 고위직 간 접촉이 있어야 덜 악화된다.

그런 점에서 기존 실무적 차원의 남북 직통 연결 외에 핫라인 설치가 필요하다. 1963년 존 케네디Kennedy와 니키타 흐루쇼프Khrushchev가 개설한 핫라인은 그들의 이름 이니셜을 따서 K-K라인으로도 불린다. 이 참에 두 코리아의 이니셜을 딴 진짜 K-K라인을 만들어보면 어떨까?

한반도 K-K라인은 같은 언어를 사용하기 때문에 연결이 복잡하지 않다. 동일한 언어를 사용하여 잦은 접촉을 갖는 외국의 우방국 정상 간 국제전화처럼 말이다. 물론 여기서 말하는 한반도 K-K라인이 청와대 대통령 집무실과 북한 최고지도자 집무실 간 직통 전화를 의미하지는 않는다. 그런 핫라인은 영화 장면으로는 매력적이지만 위기관리가 그렇게 운영되는 것은 아니다. 백악관과 크렘린이 바로 연결되지 않은 것처럼 남북 두 지도자 집무실 간 직통 연결은 적절한 방식이 아니다.

북한정권의 절대적 호전성을 믿는 사람들은 남북 간 핫라인 설치에 동의하지 않을 수 있다. 핫라인은 변명 등으로 시간을 벌어 상대의 대비나 반격을 늦추기 위해 사용될 수도 있기 때문이다. 1963년 당시 미국 내 야당이었던 공화당은 핫라인을 뮌헨회담에 비유했다. 뮌헨회담은 주변국들이 히틀러에게 끌려 다니다가 결과적으로 오히려 히틀러에게 전쟁 동기를 부여했다고 평가되는 의사소통이다.

인권 등 여러 측면에서 북한 지도자를 비판하는 사람들도 남북 간 핫라인 개설에 동의하지 않을 수 있다. 그러나 북한을 실제로 통치하는 북한 지도자는 그 정통성과 민주성에 관계없이 매우 중요한 협상파트너다. 파트너로 인정하지 않는다고 해서 도발이 방지되는 것은 아니다.

도발 원점 타격은 도발 방지에 효과적이다. 전략적 그림에서 도발 원점이란 화력이 발사된 총구보다 도발 명령을 내린 지휘부다. 도발이 너무 자주 발생하기 때문에 희생을 치르더라도 아예 도발의 뿌리를 선제적으로 뽑는 게 낫다고 생각할 때도 있다. 상대가 그렇게 판단하지 않도록 신중한 행동과 의사소통이 필요하다.

일방이 진정 전쟁을 원한다면 핫라인이 별 의미가 없지만, 쌍방이 전쟁을 원치 않을 때에는 의사소통이 매우 중요하다. 한반도에 전쟁이 일어나면 전투는 북한정권을 종식시킬 방식으로 전개될 수밖에 없기 때문에 북한정권은 전쟁을 원치 않을 것이다. 북한에 비해 발전된 남한으로서도 전쟁으로 잃을 게 너무나 크기 때문에 전쟁을 원할 리 없음은 물론이다. 의사소통이 잘못되어 쌍방이 원치 않는 결과가 도래하는 것을 막기 위한 핫라인이 필요하다.

냉전시대 쿠바미사일 위기 후 설치된 미·소 간 핫라인을 벤치마킹해보자. 남북 간 핫라인이 개통되면 첫 메시지는 테스트 문장이 될 것이다. 1963년 미·소 간 핫라인 테스트 메시지로 등장한 팬그램은 오늘날 MS 윈도우에서 자판 및 폰트의 테스트 문구로도 사용되고 있다. 앞서의 미 · 소 간 핫라인 테스트 번역 문장에 글자 '큰'을 추가하면 ㄱ부터 ㅎ까지 한글 기본 자음이 모두 포함된 팬그램이 완성된다. 이를 남북 간 핫라인의 테스트 메시지로 보내는 모습을 상상해본다. "민첩한 갈색 여우는 나태한 큰 개 위로 점프했다 1234567890"

전략 24

# 동맹의 결성과 결렬

## 뭉치면 살고 흩어지면 죽는다

### 고구려·백제·신라 삼국 간 동맹의 전개

668년 9월 21일(음력), 고구려 수도 평양성이 불탔다. 당과 신라의 연합군에 포위된 고구려 장수가 불을 지르고 투항한 것이다. 평양성 함락 직후 나당연합은 분열되었다. 신라는 고구려 부흥군과 연합하여 당과 전쟁을 치른 후에야 한반도 패권을 차지할 수 있었다. 신라의 한반도 패권을 가능하게 한 연합은 300년 동안 여섯 단계를 거쳐 진화된 결과였다.

첫 번째 시기는 백제 근초고왕 재위(346~375) 시절이다. 연燕과의 군사력 경쟁에서 밀린 고구려가 요동지역 대신에 한반도로 남하하던 무렵이다. 이에 근초고왕은 당시 관계가 좋지 않던 신라와 우호관계를 맺었다. 백제는 대對 고구려 전선에 집중하여 고구려 남하를 막을 수 있었고, 신라는 전쟁을 피할 수 있었다. 백제 · 신라 연합은 양국 모두에게 도움이 되었다.

두 번째 시기는 광개토왕(391~412) 시절이다. 백제의 독산성이 신라에 복속되자 백제와 신라는 갈등을 빚었고 이에 신라는 고구려와 연합했다. 신라는 강자에게 편승한 외교를 택했던 것이다. 고구려 광개토왕의 세 차례 백제 공격 가운데 두 번이 신라를 돕기 위한 출병이었다. 고구려 · 신라 연합에 대해 백제는 가야 및 왜와 군사적 협력관계를 맺었다.

고구려 · 신라 연합은 전쟁뿐 아니라 국내정치에도 영향을 주었다. 신라는 동맹 준수의 의지를 보여주기 위해 고구려에 인질을 보냈다. 김金씨계 내물왕은 모계가 석昔씨인 실성을 고구려에 보냈다. 김씨계 왕

영화 '평양성'의 평양성 전투 스틸컷(제작 타이거픽쳐스 · 영화사 아침, 출처: 다음영화). 668년 9월 21일 평양성 함락으로 백제에 이어 고구려도 역사 속으로 사라졌다.

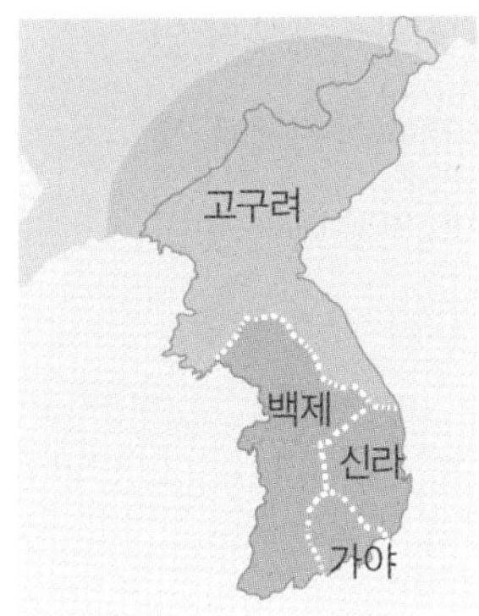


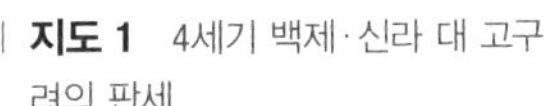
**지도 1** 4세기 백제·신라 대 고구려의 판세

**지도 2** 4~5세기 고구려·신라 대 백제·가야·왜의 판세

**지도 3** 5세기 백제·신라·가야 대 고구려의 판세

권 세습을 도모하던 내물왕으로서는 내치와 외교를 함께 고려한 선택이었다. 이후 고구려는 내물왕 사망, 실성왕 즉위 및 피살, 눌지왕 즉위 등에 깊숙이 관여한 것으로 보인다. 신라 내 여러 정파들은 자국에 군까지 주둔시키고 있는 고구려를 내정에 이용하려 했다.

세 번째 시기는 고구려 장수왕(412~491)과 백제 무령왕(501~523) 시절이다. 427년 평양으로 천도한 장수왕은 북위北魏와 우호관계를 유지하여 남쪽 영토의 확장에 주력할 수 있었다. 이러한 고구려의 위협에 직면한 백제는 북위에 고구려 정벌을 촉구했지만 북위는 고구려와의 우호관계를 깨지 않았다. 그래서 백제는 신라와 협력을 추진했다. 당시 신라도 고구려에 병합될까 우려하던 차였다. 결국 백제와 신라는 공동의 적을 두고 서로 동맹을 결성했다. '적의 적'은 친구라는 맥락에서 백제와 신라는 서로 친구가 되었던 것이다. 이는 균형 외교에 해당한다. 이 시기 백제와 신라는 혼인과 군사교류로 돈독한 관계를 유지했다.

네 번째 시기는 신라 진흥왕(540~576) 시절이다. 돌궐이 중흥함에 따라 고구려는 남쪽 국경에 집중할 수 없었다. 백제 · 신라 · 가야의 연합군이 고구려를 공격하여 백제와 신라는 각각 한강의 하류지역과 상류지역을 차지했다. 이에 고구려는 신라에 한강 상류지역뿐 아니라 하류지역의 점유를 인정해주기로 밀약했다. 그리하여 백제 · 신라 동맹은 결렬되고 고구려 · 신라 동맹이 결성되었다.

## 나당연합

다섯 번째 시기는 수隋의 중국 통일(589)과 당의 건국(618) 그리고 신라 선덕여왕(632~647)과 무열왕(654~661) 시절이다. 7세기에 들어설 무렵 고구려는 돌궐 등과 제휴하여 북서 경계를 안정화한 후 한강지역 탈환을 위해 다시 남하했다. 백제와 신라는 고구려라는 공동의 위협을 맞은 상황에서도 서로 손잡을 수는 없었다. 이미 감정의 골이 깊을 대로 깊었기 때문이다. 대신에 양국은 중국을 통일한 수나라 그리고 수가

| **지도 4** 6세기 고구려·신라 대 백제의 판세

| **지도 5** 7세기 전반 당·신라 대 고구려·백제·왜의 판세

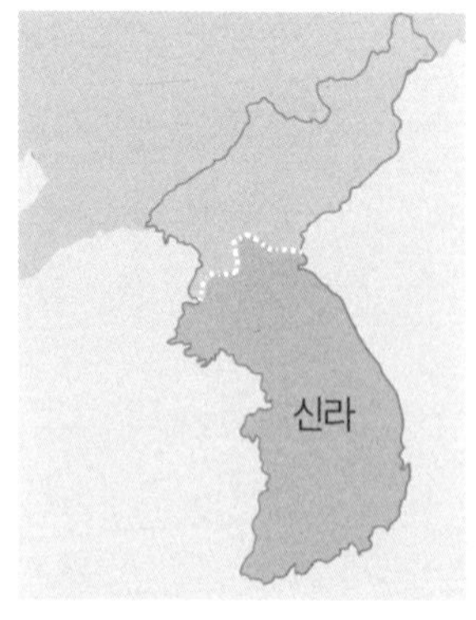


| **지도 6** 7세기 후반 나당전쟁 직후의 신라 영역

망한 후에는 당나라에 접근했다. 백제와 신라는 고구려가 조공의 길을 막고 있으니 고구려를 응징해 달라고 수와 당에 제의했다.

수와 당도 고구려를 남쪽에서 견제해줄 동맹국이 필요했다. '적의 적'은 친구라는 맥락에서 백제와 신라 모두를 친구로 받아들일 만했다. 그렇지만 백제와 신라가 서로 적대적인 상황에서 당은 두 나라와 동시에 화친을 맺기가 어려웠다. 당은 '친구의 적'을 친구로 받아들이기 불편했고 백제는 '적의 친구'를 친구로 여길 수 없었다.

642년 백제 의자왕은 대야성을 비롯한 신라의 40여 개 성을 정복했다. 대야성 전투 직후 성주와 그의 가족들은 처참하게 살해되었다. 그들이 바로 신라 김춘추의 딸, 사위, 손주였다. 김춘추는 고구려 연개소문에게 원병을 요청했다. 그러나 고구려는 죽령 이북의 땅을 돌려달라고 요구했고 이에 고구려 · 신라 연합은 결성되지 못했다. 이미 그 이전에 고구려 · 백제의 연합이 이뤄진 것으로 보인다. 643년 고구려와 백제는 신라의 당 연결로인 당항성을 함께 공격하기도 했다. 물론 고구려 · 백제 연합은 실제로 존재하지 않았고 신라가 당에게 주장했던 내용이 역사서에 그대로 기록되었을 뿐이라는 해석도 있다.

고구려 · 백제 연합이 있었든 없었든 이 시기 신라는 국가 존망의 위기를 절감했다. 그때까지 신라는 고구려나 백제 가운데 늘 누군가와 협력해왔다. 또 자국이 빠진 고구려 · 백제 협력을 경험한 적이 없었다. 동맹을 중시한 신라는 강대국 당을 선택했다. 648년 김춘추와 당 태종은 고구려와 백제를 정복하면 평양 이남을 신라가 차지하기로 약속했다. 이듬해 신라는 당과의 동맹을 공고화하기 위해 자신의 연호를 폐지하고 당의 연호와 관복을 사용했다.

653년 백제는 고구려와의 연합에 왜를 포함시켰다. 이로써 당·신라 연합 그리고 고구려·백제·왜 연합이 대치하게 되었다. 양 진영 간의 여러 전투 이후 660년 당과 신라는 백제의 수도 사비성을 함락시켰다.

백제가 나당연합군의 공격을 받았을 때 왜군은 백제를 지원했지만 고구려군의 참전은 없었다. 나당연합군의 백제 공격이 급박하게 이뤄져서 고구려가 백제를 지원할 여유가 없었다. 고구려가 백제를 지원하지 못한 더 중요한 이유는 고구려와 백제 간에 공유되는 정체성이 약했기 때문이다. 고구려와 백제는 동병상린으로 결속력을 높일 수 있었지만 실제로는 그렇지 못했다. 고구려와 백제의 패망 후 전개된 나당전쟁에서 두 나라 유민들은 서로 다른 입장을 취했다. 백제 부흥운동 세력이 친親당, 반反신라의 태도를 보였다면 고구려 부흥세력은 반反당, 친親신라의 행동을 취했다.

정체성 공유는 고구려와 백제 사이뿐 아니라 고구려 내부 그리고 백제 내부에서조차 부족했다. 백제와 고구려 모두 멸망 직전에 심각한 내분을 겪었다. 외부 위협이 내부 결속은커녕 내부 와해를 가속화시킬 정도로 정체성 공유가 미약했다. 따라서 나당연합군 침공에 대한 혼연일체의 반격이 없었다. 백제 없이 홀로 나당연합군을 상대하던 고구려는 665년 연개소문이 죽자 내분이 더욱 심각해졌고, 668년 결국 평양성이 함락되었다. 이로써 백제와 고구려는 소멸되었다.

## 나당전쟁

여섯 번째 시기는 신라 문무왕(661~681) 시절, 특히 고구려 멸망 이후의 기간이다. 당은 평양 이남을 신라에게 할양하지 않고 도호부를 설치해서 한반도 전역을 직접 통치하려 했다. 신라의 도움으로 고구려를 점령한 당은 이제 신라의 도움이 더 이상 필요 없게 되었기 때문이다. 당의 행동은 승리가 확실하면 전리품을 더 많이 차지하기 위해 승리연합의 크기를 최소한으로 줄이는 것에 해당한다. 다른 말로 표현하면 사냥이 끝난 후에는 불필요해진 사냥개를 잡아먹는 이른바 토사구팽이다.

이런 토사구팽의 위기는 신라에게 처음이 아니었다. 이미 5세기 때 신라는 고구려군의 신라 주둔을 경험한 바 있다. 신라는 강온強穩 양면 전술을 구사했다. 먼저 나당연합 상황을 나당전쟁 태세로 전환했다. 고구려 유민을 받아들여 고구려 부흥운동 세력을 지원하고 또 670년 일본으로 국호를 개명한 왜와도 협력하면서 당을 견제했다. 다른 한편으로는 강수의 외교문서 등을 통해 당 조정을 설득하고 호소하는 접근도 병행했다. 토번이 당을 침공하여 당이 한반도에 집중할 수 없게 되는 운도 따랐다. 그리하여 신라는 대동강 이남의 전 지역을 지배하게 되었다.

당과 신라의 국력 차이는 비교가 되지 않을 정도로 컸다. 하지만 전쟁 결과는 힘을 얼마나 투입하느냐에 따라 달라진다. 신라가 모든 힘을 다 쏟았던 반면, 당은 일부의 힘만을 썼고 그것도 먼 곳에서 출정했기 때문에 압도적인 군사력을 과시할 수 없었다.

특히 당을 상대로 싸우던 신라는 하나로 똘똘 뭉쳤다. 당이 문무왕 책봉을 취소하고 김인문을 신라왕으로 봉했을 때 신라는 내분의 모습을 보이지 않았다. 외부 위협이 있을수록 내부가 더욱 결속되는 현상은 멸망 직전의 백제 및 고구려에서 관찰되지 못했던 반면에, 신라에서는 관찰되었다. 리더십, 정치문화, 사회제도 등에 따라 내부 결속의 정도가 삼국이 달랐던 것이다. 이런 차이는 외부와의 연합에서도 관찰되었다. 신라의 동맹은 비교적 공고했던 반면에, 고구려 · 백제 연합은 느슨했다.

어려움을 공유할수록 정체성도 공유하게 되는데, 그 가운데에서도 생존 위협의 공유가 결속력 증진에 가장 효과적이다. 함께 고통을 겪은 집단일수록 결속력이 높고 서로 협력함은 여러 사회 실험에서 확인되고 있는 사실이다. 오늘날 기업의 사원 연수 때 극기훈련을 실시하는 것도 그런 이유에서다.

신라는 삼국 간 대립의 축을 자신이 중간에 위치하도록 만들었다. 따라서 대부분의 대립구도에서 승리연합에 속했다. 신라의 파트너 또한 백제 · 고구려 · 당 · 고구려 유민 등 다양했다. 신라는 균형자로 또 편승자로도 행동했다. 그런 행동은 일차적으로 신라 존속을 위한 것이었지만 결과적으로는 한반도 패권을 가져다줬다. 이는 시야가 한반도뿐 아니라 아시아 전체를 아울렀기 때문에 가능했다.

오늘날 한반도를 포함한 동아시아의 질서 또한 요동칠 판세다. 균형외교는 그만큼 늘 아슬아슬함을 감수해야 한다. 축복이 될 수도 있고 재앙이 될 수도 있다. 반대인 편승도 마찬가지다. "뭉치면 살고 흩어지면 죽는다"는 말처럼, 격랑의 판세에서는 외부와의 연합뿐 아니라 내부의 결속이 성패의 주요 결정요인이다.

전략 25

# 후보 단일화와 전략적 투표

## 최선을 포기하고 차선을 선택한다

### 2등 DJ가 1등 YS를 누르다

1970년 9월 29일 서울시민회관. 한국 현대정치사에서 두고두고 회자되는 역전극이 벌어졌다. 당시 제1야당 신민당의 대통령 후보 지명대회 얘기다.

1차 투표에서 김영삼YS은 421표를 얻어 김대중DJ(382표)에 앞섰지만, 투표자 885명의 과반수에 22표 모자라 1차 승리에 실패했다. 82표는 이철승을 포함한 다른 사람을 지지했던 무효표였다. 몇 시간 후 2차 투표를 앞두고 이철승 측 대의원들에 대한 양김의 적극적인 지지 호소가 있었다. 특히 DJ가 적극적이었다. 자신을 대통령 후보로 지지해주면 해주겠다는 약속을 명함에 적은, 이른바 명함 각서 등 많은 정치적 거래가 그 짧은 시간에 이뤄졌다. 몇 시간 후 실시된 2차 투표에서 총투표 884표 가운데 DJ는 과반수인 458표를 얻어 410표를 얻은 YS를 눌렀다.

불과 몇 시간 만에 대의원들의 지지 성향이 바뀐 이유는 무엇일까. DJ의 기세였을까, 호남의 바람이었을까. 물론 그 날의 역전극을 보다 드라마틱하게 부각시키려면 그렇게 설명할 수도 있을 것이다. 하지만 그보다는 차선의 후보에 대한 전략적 고려가 작동했기 때문에 가능했던 결과다. 즉 2차 투표 당시, DJ가 최선의 대안은 아니지만 적어도 YS보다는 나은 대안이라고 판단한 대의원들 중 최소한 76명(DJ의 1, 2차 득표차)이 DJ에게 투표했다는 의미다. 바로 이들이 1971년 대통령 선거의 신민당 후보를 결정했다고 볼 수 있다.

## DJ와 YS의 후보 단일화 실패

그로부터 17년 뒤인 1987년 9월 29일 서울 남산외교구락부. 이번엔 DJ와 YS가 제13대 대통령 후보 단일화 담판을 했다. 하지만 담판은 결렬됐고 두 사람 모두 출마하는 것은 기정사실화됐으며, 실제 둘 다 출마했다.

1987년 대통령 선거의 실제 득표율은 어땠는가. 노태우TW 36.6%, YS 28.0%, DJ 27.0%였다. DJ, YS 두 후보가 DJ로 단일화해 TW와 겨뤘다면 TW가 당선됐을 것이고, YS로 단일화했다면 TW가 낙선했을 것이라는 여론조사가 있었다. 만일 그 조사가 정확했고 또 DJ가 그 조사 결과를 믿고 YS에게 양보했다면, YS는 단일후보가 되어 제13대 대통령으로 당선됐을 수도 있다.

야권 단일후보 DJ가 TW에게 패하는 반면, 단일후보 YS가 TW에게 승리하도록 하는 유권자의 선호도 조합은 여러 가지다. 가장 간단한 조합의 예는 유권자 전체를 각각 3분의 1씩 차지하는 세 후보의 지지집단 D, T, Y의 후보 선호 순서가 다음과 같을 경우다.

D : DJ > YS > TW(DJ, YS, TW의 순으로 선호)

T : TW > YS > DJ(TW, YS, DJ의 순으로 선호)

Y : YS > TW > DJ(YS, TW, DJ의 순으로 선호)

이에 따르면 DJ와 TW의 일대일 대결이 벌어진다면 D만 DJ에게 투표하고 나머지 T와 Y는 TW에게 투표하기 때문에 DJ는 TW에게 패배하게 된다. 반면 YS는 TW와의 대결에서 D와 Y의 지지로 TW에게 승리한다.

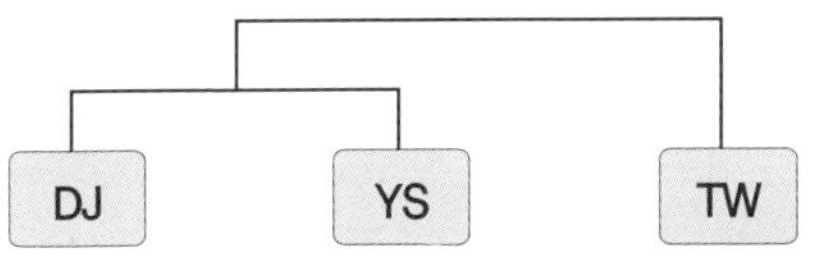


| 야권 단일화 국민투표 후 대통령선거(가상 상황)

그림처럼 야권이 먼저 단일화를 추진하고, 이를 국민투표에 의해 결정한다고 가정해 보자. 선호 후보에 따라서만 투표한다면, DJ와 YS 간의 예선에서 유권자 집단 T와 Y는 YS에게 투표하는 반면, 유권자 집단 D는 DJ에게 투표할 것이다. 만일 YS가 예선에서 승리하여 TW와 최종 결선을 치르게 되면, 유권자 집단 D와 Y가 YS에게 투표하기 때문에 YS가 최종 승자가 된다.

이때 TW는 어떤 전략을 구사할 수 있을까. DJ와 YS 가운데 결선에서 자신에게 질 사람으로 단일화되도록 행동할 수 있다. 즉 TW를 지지하는 유권자 집단인 T는 DJ보다 YS를 더 선호하지만, 야권 후보 단일화 투표에서 자신들이 가장 싫어하는 후보인 DJ에게 투표할 수 있다. 그러면 TW가 최종 대결에서 야권 단일 후보인 DJ를 이기고 당선될 수 있다. 이는 TW가 자신의 천적인 YS를 DJ로 이이제이以夷制夷하는 셈이다. 이처럼 자신의 선호대로 단순하게 후보를 선택하지 않고 최종 결과를 염두에 두고 투표하는 것을 전략적 투표라 한다.

그럼 선거가 TW의 의도대로 진행될까. DJ가 결선에 가면 TW에게 패배한다는 사실을 유권자 집단 D도 안다면, D 역시 다르게(전략적으로) 행동할 수 있다. D는 야권 후보 단일화 투표에서 자신이 가장 선호하는 DJ에게 투표한다면 결국 자신에게 최악의 후보인 TW의 당선을 초래할 수 있음을 인지한다고 하자. 그렇다면 D는 예선에서 최선의 후보 DJ가 아니라 차선의 후보 YS를 지지함으로써 결선에서 YS가 최악의 후보 TW에게 승리하게 만들 수 있다. 이 또한 전략적 투표다. 유권자가 프로라면 D와 Y 모두 YS를 줄곧 지지하게 되는 것이다.

이 상황에서 DJ와 YS 간의 단일화 투표라는 예비 대결은 한 수를 미리 내다보면 결국 DJ 대신 TW와 YS 간의 최종 대결인 셈이다. 즉 전략적 국민 투표에 의한 야권 후보 단일화는 본선에서의 YS 당선이고, 그런 방식을 주장할 측은 바로 YS 진영이다.

물론 1987년 당시에는 선거 여론조사가 잘 공개되지 않아 모든 유권자들이 몇 수를 내다보고 투표할 여력이 없었다. 실제 단일화 투표를 하지도 않았다. 유권자들도 자신의 선호나 지지 성향에 따라 투표했다. 하지만 지금은 선거 여론조사 결과가 유권자들에게 속속 알려지고, 또 각 진영에서도 전략적 투표를 독려한다.

## 3자 대결

YS가 승리한 1992년 대통령 선거에서 일부 유권자들은 자신이 제일 좋아하는 후보에게 투표하는 대신 당선 가능한 차선의 후보에게 투표하기도 했다. 이 또한 전략적 투표다.

1997년 대통령 선거에서는 김대중, 이회창, 이인제 후보 간의 각축이 벌어졌다. 선거운동 기간 내내 이회창 측은 "이인제에게 투표하면 김대중이 당선된다"고 강조했고, 이인제 측은 "이인제에게 투표하면 이인제가 당선된다"고 반박했다. 득표율은 김대중 40.3%, 이회창 38.7%, 이인제 19.2%였다. 이회창과 이인제가 얻은 표를 단순 합산하면 김대중의 득표를 웃돈다. 당시 김대중이 일대일로 대결해서는 이회창이나 이인제에게 이기기 어려웠을 것으로 추정되는 결과였다. 그런 의미에서 1997년 대통령 선거는 김대중 후보가 이인제 후보로 이회창 후보를 제압한 이이제이以李制李였다고 할 수 있다.

2012년 대통령 선거에서도 야권 후보 단일화 문제가 불거졌다. 당시 박근혜·문재인·안철수의 3자 동시 출마의 경우에는 박근혜가 가장 앞서고, 박근혜와 문재인 간의 양자 대결에서도 박근혜가 앞서며, 박근혜와 안철수 간의 양자 대결에서는 안철수가 앞서고, 야권 후보 단일화 경쟁의 단순 지지도에서는 문재인이 안철수를 앞선다는 여론조사가 있었다.

만일 문재인과 안철수 간의 국민경선이 치러졌다면 어땠을까. 물론 자신이 가장 선호하는 후보에게 투표하는 유권자가 많았을 것이다. 그와는 달리 안철수보다 문재인이 본선 경쟁력이 있다고 판단해서 문재인에게 투표하는 안철수 지지자도 있었을 것이고, 반대로 안철수가 박근혜에게 승리할 후보라고 판단해서 안철수에게 투표하는 문재인 지지자도 있었을 것이다. 또 두 사람 가운데 박근혜에게 패배할 가능성이 큰 후보에게 투표하는 박근혜 지지자도 있었을 것이다. 이 모두 전략적 투표다.

자신이 지지하는 후보가 당선될 가능성이 매우 낮다고 인식한다면 당선 가능성이 더 큰 차선의 후보에게 투표하는 전략적 투표 행위는 오늘날 민주정치에서 흔히 일어난다. 전략적 투표는 겉으로 2등이나 3등, 심지어 꼴등이던 대안이 1등을 제치고 최종 승자가 되는 것을 가능하게 한다. 전략적 투표는 유권자들로부터 강한 호불호好不好를 받는 후보 대신에 차선으로 선호되는 후보에게 기회를 주어, 타협을 중시하는 민주정치를 가능하게 만드는 민주적 행위이기도 하다.

전략 **26**

# 집단행동

## 감정에 호소하고 대의명분을 갖춘다

### 파리 '국민 엄마'들, 베르사유궁을 점거

1789년 10월 5일, 근대적 의미의 대규모 여성 시위가 최초로 벌어졌다. 당시 프랑스는 흉작과 사회 불안정을 겪고 있었는데, 그런 민중의 고통에 아랑곳없이 10월 1일 열린 호사로운 베르사유궁전 파티에서 만취한 궁전 근위병들이 프랑스혁명의 상징인 삼색 장식을 던져 밟고 방뇨했다는 소문이 돌았다. 높은 물가와 빵 부족 등의 사태로 어려움을 겪던 파리의 수천 명 여성들이 이에 격앙해서 베르사유까지 장장 6시간을 행진한 사건이다.

시위대는 창검뿐 아니라 대포도 끌고 갔다. 포탄 없는 대포였기 때문에 시위 목적이 강했다. 물론 시위대 뒤에는 수만 명의 민병대가 있어 언제든지 폭동으로 전개될 수 있는 상황이었고, 실제 폭력 사태가 발생했다.

1789년 10월 5일 베르사유로 행진하는 파리 여성들. 창검, 빈 대포, 부르주아 복장의 여성, 남성으로 의심되는 참가자 등이 포함되어 있다.

시위대 대표를 만난 루이 16세는 왕실 창고의 식량을 분배해주기로 약속했고 일부 시위대는 자신의 목적을 달성한 것으로 받아들였다. 그러나 다수의 시위 참가자들은 왕후 마리 앙투아네트가 그 약속을 무효화할 것이라고 믿고 왕과의 만남에 만족하지 않았다.

그러던 중 베르사유궁전에 잠입한 시위대 한 사람이 스위스 용병으로 구성된 궁전 근위대의 발포로 사망하자 시위대 다수가 궁전에 난입했다. 난입한 자들은 근위병들을 살해하고 그 시신 일부를 창끝에 효시하는 광기의 모습을 보였다. 이런 위협적인 시위대의 요구에 따라 왕실과 의회는 다시 파리로 옮겨졌다. 루이 16세 부부는 3~4년의 유폐 기간을 거친 후 1793년 1월과 10월에 각기 단두대에서 처형되었다.

베르사유 시위는 이미 잠재적으로 평민 쪽에 기울어진 권력의 무게중심을 만천하에 공개적으로 드러낸 사건이다. 이리하여 베르사유 시위에 참가한 여성들은 '국민 엄마'라는 별칭을 얻었다.

1789년 10월 6일 베르사유궁전에 난입하여 근위병을 참살한 군중이 시신 일부를 창검에 걸고 행진하고 있다.

## 마리 앙투아네트, 분노 표출의 희생양

시위는 불만의 집단적 표출이다. 베르사유 시위 직전에는 귀족들이 빵 값을 높게 받기 위해 일부러 빵 공급을 줄인다는 음모설이 파다했다. 빵 부족과 물가 폭등을 가뭄 등에 의한 천재天災가 아니라, 국왕을 비롯한 지배층에 의한 인재人災로 본 것이었다.

각종 매스컴이 발달한 오늘날과 달리, 사실 확인이 쉽지 않은 시절에는 한 번 퍼진 소문이 그냥 하나의 사실로 대중에게 각인되는 경우가 많았다. 특히 간단한 문구로 표현되는 내용이 더 그랬다. 당시 왕후 마리 앙투아네트가 말했다는 "빵이 없으면 케이크를 먹으면 될 것 아니냐"는 구절은 군중을 격앙시키기에 충분했다.

마리 앙투아네트가 실제 그런 말을 했다는 근거는 없다. 어떤 왕후가 그런 말을 했다는 장 자크 루소의『고백록』구절이 그 근거로 주장되기도 하는데,『고백록』저술 시점의 마리 앙투아네트 나이가 10대 초반이었고 더구나 그녀가 프랑스로 시집오기 전이었다는 점을 감안하면, 루소가 말한 왕후가 마리 앙투아네트일 가능성은 희박하다.

'빵 대신 케이크' 발언 외에도 보석과 남자 문제 등 마리 앙투아네트에 관한 소문이 많았다. 주로 왕후가 민중의 궁핍을 전혀 아랑곳하지 않고 사치에 빠져있음을 비치는 내용이었는데, 소문 다수는 지어낸 말에 불과했다. 심지어 현대 한국 사회에서 '마리 앙투아네트'를 '말이 안 통하네'의 의미로 쓸 정도이다.

실제 마리 앙투아네트가 그런 말이나 그런 행위를 하지 않았다 하더라도 철없고 사치스럽다는 그녀의 이미지는 이미 프랑스 국민에게 박혀 있었다. 그녀가 프랑스와 오랜 세월 경쟁했던 오스트리아 합스부르

**처형장으로 끌려가는 앙투아네트** 윌리엄 해밀턴의 1794년 작품

크 왕족이라는 사실 또한 그녀에 대한 프랑스 국민의 반감을 높였다. 각기 다른 이유로 루이 16세 체제를 싫어하던 세력들은 마리 앙투아네트에 관한 말을 재생산하고 전파했다.

'아니면 말고'식의 중상모략에 대한 응징은 공권력이 무너진 상태에서는 불가능했다. 오히려 마녀사냥식의 한풀이 굿으로 진행되어 일부 군중은 그런 소문이 중상모략일 가능성을 인지하면서도 마녀사냥에 동참하여 집단적 카타르시스를 즐기려 했다. 루이 16세 부부는 민중과 소통해야 했지만 불신과 불통이 정권과 목숨을 앗아갈 줄 몰랐었는지, 과감한 개혁을 시도조차 못했다.

베르사유 시위는 루이 16세의 사촌인 오를레앙 공작 루이 필리프 2세가 왕위 찬탈을 노려 기획한 것이라는 주장도 있다. 오를레앙 공작은 입헌군주제가 채택된다면 국왕으로 취임할 유력한 후보였는데, 왕정 시기 내내 루이 16세의 견제를 받다가, 루이 16세가 처형된 해 11월에는 그 자신도 처형되고 말았다. 오를레앙 공작이 얻은 게 없기 때문에 그의 개입은 없었다는 주장도 있지만, 기획했다가 실패한 음모도 많다.

베르사유 시위는 루이 16세 체제의 붕괴를 원했던 여러 행위자가 직간접으로 개입하여 시작되었고 전개된 것이다. 베르사유 시위대에는 반半강제적으로 참가한 부르주아 여성 그리고 여장하여 참가한 남성도 있었다는 주장이 있다. 베르사유궁전 점거 아이디어는 시위 발생 이전에 이미 공공연하게 거론되고 있었다. 누가 어느 수준의 시나리오를 갖고 베르사유 시위를 추진하고 전개했는지는 알 수 없지만, 적어도 주요 인물들이 각자의 손익계산을 해가면서 베르사유 시위를 유도 혹은 방치하였음은 분명하다.

## 선동, 사회적 불만을 압축하여 군중을 결집

오늘날 선동정치가를 의미하는 '데마고그demagogue'의 어원은 고대 그리스 도시국가에서 시작했는데, '평민의 지도자'라는 뜻의 긍정적 의미로 사용된 용어였다. 고대 그리스는 급진적 변화 대신에 숙의를 통해 정책 변화를 도모하던 체제였다. 따라서 급격한 신분상승이 어려웠던 하층계급 출신 데마고그들은 즉각적인 집단행동을 유도하기 위해 감정에 호소했나. 이성으로 하나하나 따지다 보면 행동으로 이어지기 어려운 반면, 감정은 바로 행동으로 전이되기 때문이다. 감정에 호소하다 보면 과장하기 마련이다. 이에 따라 데마고그의 뉘앙스도 점차 부정적으로 바뀌게 되었다.

선동이라는 어원도 마찬가지이다. 선동은 남을 부추겨 움직이도록 하는 행위다. 선동가의 입장에서는 잘못을 알려 남들을 옳은 방향으로 행동하게 만드는 정당한 행위다. 강물이 좁아지는 곳에서 통나무들이 서로 뒤엉켜 더 이상 하류로 내려가지 못할 때 어느 특정 통나무를 제거하면 나머지 전부가 잘 흘러간다. 이 통나무를 킹핀으로 부른다. 볼링에서 잘 맞추면 모든 핀을 쓰러뜨릴 가능성이 높은 한가운데의 핀 또한 킹핀으로 불린다. 선동은 제거할 킹핀을 지목하여 변화를 이끈다는 의미에서 전략적 행위다.

선동가들은 절차적 진실성보다 실질적 변화로 자신의 거짓 행위를 정당화한다. 진실 자체는 중요한 것이 아니며 세상을 바꿀 다수의 힘을 동원하기 위해서는 약간의 진실 왜곡을 감수해야 한다고 믿는다. 그렇지만 약간의 거짓을 수용한 세상 바꾸기 점화가 과연 누구를 위한 세상 바꾸기인지가 의문일 때가 많다. 만일 선동이 올바른 사실을 전달하여 체제를 바로잡는 것이라면 긍정적인 기능을 수행한다고 볼 수 있겠지만, 거짓 정보로 선동할 때가 적지 않기 때문에 선동 또한 부정적으로 받아들여진다.

감정에 기초한 행동에 대해 후회할 때가 있듯이, 이성과 지성이 뒷받침되지 않는 집단행동은 여러 부정적 결과를 초래한다. 거짓에 의한 선동이 세상을 바꾸기도 하지만 대체로 그 선동가는 결국 응징을 받았다. 역사적으로 이름을 떨쳤던 선동정치가도 거짓이 드러남에 따라 그 대가를 치렀다.

어떤 경우에는 자신의 거짓이 탄로 날 때 그 거짓을 폭로하는 상대를 선동이라고 폄하하기도 한다. 상대의 폭로를 선동으로 규정할 때에도 그 근거를 제시하지 못하면 결국 효과를 보지 못하게 된다.

## 군중, 추종하기도 선도하기도

집단행동이 늘 쉬운 것은 아니다. 이 어려움은 고양이 목에 방울 다는 행위에 비유할 수 있다. 쥐들은 고양이 목에 방울을 달면 고양이의 접근을 미리 알게 되어 좋지만, 목숨 걸고 방울을 달려는 쥐는 별로 없다. 이것이 바로 집단행동의 어려움이다. 민주화라는 혜택은 민주주의 쟁취에 기여한 사람이나 기여하지 않은 사람이나 모두 향유할 수 있는 것이기 때문에 개인적으로 큰 희생을 치르지 않고 무임승차하려고 하고, 따라서 공공적 집단행동이 어렵다는 것이다.

집단행동은 불참자는 누릴 수 없는 잿밥이나 콩고물 등 사적 혜택을 참가자에게 제공할 때 더 용이하다. 그런 사적 혜택의 제공은 집단행동의 공공성이 약할 때 가능하다. 역설적으로 공권력의 공공성이 약한 사회일수록 집단행동의 참가자를 규합하기가 쉽다. 정치권의 줄서기와 패거리가 흥행할수록 정치권력의 공공성이 약하다는 반증이다. 문제는 대규모 시위의 참가자 모두에게 사적 혜택을 제공하는 것이 불가능하다는 점에 있다. 따라서 세상을 바꿀 대규모 집단행동에는 참가자 모두가 함께 향유할 수 있는 공공재적 대의명분이 필수적이다.

오늘날은 시위에 참여한다고 해서 부담해야 할 희생이 크지 않다. 사실 226년 전 베르사유 시위도 참가 자체에 위험 부담이 컸던 것은 아니다. 이미 반反왕정이 대세였다. 오히려 친親왕정의 행동에 훨씬 큰 대가가 뒤따랐다. 대세를 간파하지 못하고 자신들에게 주어진 임무를 충실히 수행하다 처참하게 죽임을 당한 스위스 출신 근위병들이 그런 예다.

군중 심리는 양면적이다. 먼저 다수에 동조하여 심리적 안정을 꾀한다. 이미 그렇게 믿고 많은 말과 행동을 해왔던 군중은 새로운 진실이 불편할 수 있다. 그래서 진실보다 다수의 믿음을 따르기도 한다. 여러 사회실험은 본인이 직접 목도한 사실조차 주변 다수의 의견에 따라 부인함을 보여준다. 남과 다른 믿음을 가져 심리적 갈등을 겪기보다는, 남과 같은 믿음을 가져 심리적 안정감을 얻는다. 더구나 진위에 대한 복잡한 분석 대신에 다수의 믿음을 그냥 따르는 것이 훨씬 더 효율적이다. 교차로에서 행인과 운전자가 직접 신호등을 보지 않고 다른 행인과 차량의 움직임에 따라 움직이는 것이 그런 예다.

군중은 다수에 대한 동조뿐 아니라 남과 다르다는 선별적 자존감도 추구한다. 시위 참가자는 불참자에 비해 소수라는 맥락에서 선별적이고 선구적인 행위자다. 대의명분이 있는 시위에 참가하는 것은 선별적

자부심을 제공한다. 이처럼 대세를 따르되 남을 선도하려는 성향은 시위 동원 기법뿐 아니라 줄 세우기 마케팅 기법에서 활용되는 주요 요소다.

오늘날 우리 사회에서 시위 현상은 흔해졌다. 특히 온라인에서 더욱 그렇다. 베르사유궁전이 아닌 청와대로 행진하려는 시위도 종종 시도된다. 순수한 마음으로 시위에 참가하는 사람, 또 이를 정치적으로 이용하는 사람, 또 정치적 동기에 의한 순수하지 않은 시위라고 역공하는 사람 등 다양한 입장과 행동이 존재한다. 세상은 길게 보면 순간적 감정보다 합리적 이성이 이끄는 쪽으로 변화해왔음을 숙지해야 한다.

27 전략

# 과반수의 상대성원리

## 26%의 힘으로 전체를 차지한다

### 돌고 도는 국민의 뜻

2014년 세월호 특별법과 관련한 논쟁에서 한쪽은 자신의 의견을 '유가족 뜻'이라고 주장했고, 다른 한쪽은 자신의 주장을 '국민의 뜻'이라고 규정했다. 모든 유가족의 입장이 100% 똑같지는 않을 테고, 더욱이 국민의 생각도 똑같을 수가 없다. 생각이 어느 정도 공유돼야 '유가족 전체의 뜻' 또는 '국민 전체의 뜻'이라고 말할 수 있을까?

1987년 10월 12일 국회는 개헌안을 대다수의 찬성으로 통과시켰다. 재적의원 272명 가운데 258명이 표결에 참여하여 254명이 찬성했다. 10월 27일 실시된 국민투표(투표율 78%)에서도 투표자의 93%가 찬성해 현행 헌법(제10호 헌법)이 탄생했다. 이 정도면 국민의 뜻이라고 해도 별 이의가 없다.

민주주의 원칙에 어긋나는 유신헌법이나 제5공화국 헌법에 대한 국민의 뜻은 어땠을까. 1972년 11월 21일 실시된 유신헌법안 국민투표(투표율 92%)에서는 찬성표가 92%로 집계되었다. 1980년 10월 22일 제5공화국 헌법안 국민투표(투표율 96%)에서도 찬성률이 92%였다.

당시의 정치상황을 감안한다면 국민들이 그 두 헌법안을 최선으로 봤기 때문에 찬성한 것은 아니다. 그냥 국민 다수가 이전 헌법보다 새 헌법이 더 나을 거라고 판단한 데 불과하다. 헌법안에 대한 정당이나 사회인들의 의견 개진이 금지된 상황에서, 1972년의 국민 다수는 정국 불안정의 제3공화국 헌법보다 유신헌법이 더 낫다고 생각했고, 1980년의 국민 다수는 장기집권의 유신헌법보다 단임제의 제5공화국 헌법이 더 낫다고 생각했다는 것이다. 제5공화국 헌법의 추진세력은 국민들 눈에 유신헌법보다 나은 헌법만 제시하면 된다는 전략적 판단을 했을 것이다. 이어 1987년의 국민 다수는 대통령을 직접 뽑지 못하는 제5공화국 헌법보다 직선제 대통령제의 현행 헌법이 더 낫다고 생각했다.

마찬가지로 언젠가는 현행 헌법 대신에 내각제(제2공화국형) 헌법이나 대통령중임제(제3공화국형) 헌법을 국민 다수가 선택할 가능성도 있다. 일부 여론조사에 따르면 현재 5년 단임 대통령제보다 4년 중임 가능 대통령제가 더 높은 국민 지지를 받고 있다. 과거 국민의 압도적 지지를 받은 헌법이라 해도 시간이 지난 뒤에는 또다시 국민 다수가 지지하는 새로운 헌법으로 교체될 수 있다. 국민 전체의 뜻은 돌고 돈다.

## 다수결의 함정

개헌이라는 국민의 뜻을 확인할 때 90% 찬성이 꼭 필요한 것은 아니다. 현행 헌법에 따르면 과반수 투표와 투표자 과반의 찬성만 있으면 된다. 다만 국민투표 이전에 국회의원 재적 3분의 2 이상의 찬성이 있도록 규정하여 가급적 더 많은 동의를 구하도록 하고 있다.

개헌안 의결 외에도 대통령을 탄핵소추하거나 국회의원을 제명할 때에도 재적의원 3분의 2 이상의 찬성이 필요하다. 또 재적의원 과반수 찬성이나 출석의원 3분의 2 찬성을 요구하는 사안도 있다. 나머지 대부분의 의결에는 재적의원 과반수의 출석과 출석의원 과반수의 찬성으로 의결하는 게 현행 헌법 49조의 내용이다.

'재적 과반수 출석, 출석자 과반 찬성'으로 전체의 뜻을 결정하는 것은 가장 흔한 민주주의 원칙이다. 이 다수결 원칙에서는 극단적인 경우, 재적 26%가 전체의 뜻을 결정할 수도 있다. 예컨대 재적 100명 가운데 찬성 26명, 반대 74명이라고 하자. 반대파 가운데 25명만이 출석하고 찬성파 26명은 전원이 출석한다면 26대 25로 통과된다.

출석자 과반 찬성이 확실할 경우, 반대파는 어떤 전략을 구사할 수 있을까. 출석자가 과반에 미달하여 의결 자체가 진행되지 않도록 만드는 것이다. 아프거나 출장 중이라 출석이 불가능한 의원들은 늘 있게 마련이다. 링컨 대통령은 주 의원 시절 출석자 과반 찬성을 확신한 상대 정파가 의사정족수를 채우기 위해 의사당 출입문을 봉쇄하자 의안 통과를 저지하기 위해 창문으로 뛰어 내리기도 했다.

국회 의결에 51% 대신 대략 60%의 동의가 필요하도록 만든, 이른바 국회선진화법은 어떤가. 폭력 국회를 예방하기 위해 도입했다고 하지만, 사실 몸싸움을 하고 안

하고는 의결정족수와 별로 상관이 없다. 표결에 지면 49%뿐 아니라 20%도 몸싸움을 벌일 수 있다. 지금의 국회는 의안이 통과되지 않기 때문에 몸싸움이 없는 것뿐이다. 통과에 많은 찬성을 요구할수록 아무런 결정을 하지 못하는, 이른바 식물국회가 될 가능성은 높다. 국회선진화법에 반대하는 사람들은 이 법이 헌법이나 법률에 특별한 규정이 없는 한 '과반수 출석, 출석자 과반 찬성'으로 의결한다는 헌법 49조에 위배된다고 주장한다.

정치학자 아렌트 레입하트Arend Lijphart 같은 여러 학자들은 오래 전부터 다수결 제도의 문제점을 지적해 왔다. 인종, 종교, 언어, 출신지역 등에 의해 다수 집단과 소수 집단 간의 구분이 뚜렷한 사회에서는 소수 집단이 지속적으로 정권에서 제외되기 때문에 권력을 지지의 비율만큼만 제공하는 것이 바람직하다는 것이다. 왜냐하면 제도권 내에서 자신의 의사를 반영시킬 수 없는 소수 집단은 폭동이나 시위와 같은 비제도적인 방식에 의존할 수밖에 없기 때문이다. 그래서 51%의 지지를 얻은 정파에 권력의 51%를, 49%의 정파에 권력의 49%를 부여하는 비례대표제나, 각 정파가 자치권을 갖고 전국적 이슈는 거국적 합의로 추진하는 합의제를 제안한다.

## 만장일치제의 함정

다수결과 만장일치제를 포함하여 어떤 결정 방식이 민주적일까. 1972년 노벨 경제학상을 수상한 케네스 애로Kenneth Arrow는 민주적 의사결정방식이 존재하지 않음을 수학적으로 증명한 바 있다. 애로가 말한 민주주의 조건은 ① 어떤 후보나 정책 대안과도 경쟁할 수 있어야 하고, ② 그 경쟁의 결과는 제3의 후보나 정책 대안이 있고 없음에 따라 달라지지 않아야 하며, ③ 후보나 정책 대안 간의 우열관계는 순환되지 않아야 하고, ④ 전원이 더 선호하는 후보나 정책 대안은 그렇지 않은 대안보다 우선적으로 선택되어야 하며, ⑤ 집단의 선택이 특정 개인의 선호와 늘 완전히 일치해서는 안 된다는 5가지다.

애로의 '민주주의 불가능성 정리'를 달리 표현하자면, 어떤 방식이 위 ①, ②, ④, ⑤번의 네 가지 민주주의 조건을 충족시킬 때 그 방식에 의한 후보나 정책 대안 간의 우열관계는 순환될 수밖에 없다는 것이다. 예컨대 국민의 뜻이 대통령 중임제보다는 내각제를, 또 내각제보다는 대통령 단임제를 원한다면, 상식적으로는 대통령 중임제보다 단임제를 원하는 것이 국민의 뜻이어야 한다. 이것이 위 ③번의 비非순환성 조건인데, 현실은 늘 그렇지가 않다. 국민이 단임제보다 중임제를 선호한다면, 이는 세 가지 권력구조에 대한 국민 선호의 우열관계가 순환되는 것이다.

심지어 만장일치제에서도 우열관계가 돌고 돌 수 있다. 예를 들어 어떤 통일 이슈에 대해 여당 · 야당 · 북한의 주장이 각기 다르고, 그런 주장에 대해 국민들이 각각 전체의 35%, 5%, 60%를 차지하는 ①, ②, ③으로 나뉘어 있다고 하자.

① 35% : 야 > 여 > 북(야당, 여당, 북한의 제안 순으로 선호)
② 5% : 야 > 북 > 여(야당, 북한, 여당의 제안 순으로 선호)
③ 60% : 여 > 야 > 북(여당, 야당, 북한의 제안 순으로 선호)

만장일치제를 채택하는 경우, 여당안과 야당안 가운데 양자택일하는 결과는 무승부다(여≡야). ①+②의 국민 40%가 야당안을 지지하지만 60%의 국민 ③이 여당안을 지지하여 어떤 제안도 만장일치로 지지되지 않기 때문이다. 만장일치제에 의해 여당안과 북한안 가운데 양자택일하는 결과도 무승부다(북≡여). ①+③의 국민 95%가 여당안을 지지하는 반면에, ②의 국민 5%는 북한안을 지지하기 때문이다. 이에 비해 야당안과 북한안 간의 대결에서는 야당안이 채택된다(야≫북). ①, ②, ③ 세 집단 모두 북한안보다 야당안을 더 선호하기 때문이다.

위의 세 가지 우열관계를 종합하면 '여≡야≫북≡여'다. 이는 순환되는 우열관계다. 즉 야당안은 북한안보다 만장일치로 더 선호되고, 그 야당안과 비기는 여당안 또한 북한안에 이겨야 하는데, 그렇지 못하다. 북한안은 야당안과 경쟁한다면 존속할 수 없겠지만, 여당안이 존재하기 때문에 나름 생명력을 갖는다.

## 우열의 상대성

이이제이以夷制夷와 같은 전략으로 결과를 뒤바꿀 수 있는 경우는 대체로 순환관계에서다. 고전적 순환관계는 오행五行 간의 상극관계다.

> 수극화(水克火) : 물이 불을 끈다. 즉 물은 불의 천적이다.
> 화극금(火克金) : 불이 쇠를 녹인다.
> 금극목(金克木) : 쇠가 나무의 성장을 저해한다.
> 목극토(木克土) : 나무가 흙을 황폐화시킨다.
> 토극수(土克水) : 흙이 물을 흐리게 한다.

이에 따라 오행 간의 우열관계는 다음처럼 순환된다. … ≫ 水물 ≫ 火불 ≫ 金쇠 ≫ 木나무 ≫ 土흙 ≫ 水물 ≫ …. 이 상극관계와 더불어 상생관계도 존재한다.

| |
|---|
| 목생화(木生火) : 나무가 불을 지핀다.<br>화생토(火生土) : 불탄 재가 흙을 살찌운다.<br>토생금(土生金) : 흙은 광물을 만든다.<br>금생수(金生水) : 광물은 좋은 물을 만든다.<br>수생목(水生木) : 물은 나무를 돕는다. |

물이라는 천적이 있는 불은 어떻게 해야 할까. 그림의 土-水-火 삼각형에서 불은 화생토火生土, 즉 자신이 도울 수 있는 흙土을 이용하여 그 흙이 물을 극土克水하게 하여 물의 영향력을 약화시킬 수 있다. 이는 상생관계로 천적을 극복하는 방식이다. 이런 전략이 없다면 불은 물에게 일방적으로 당할 수밖에 없지만, 순환적 상황을 이용한 전략적 사고로 천적도 극복할 수 있는 것이다. 물水도 자신이 키우는 나무木로 천적 흙土을

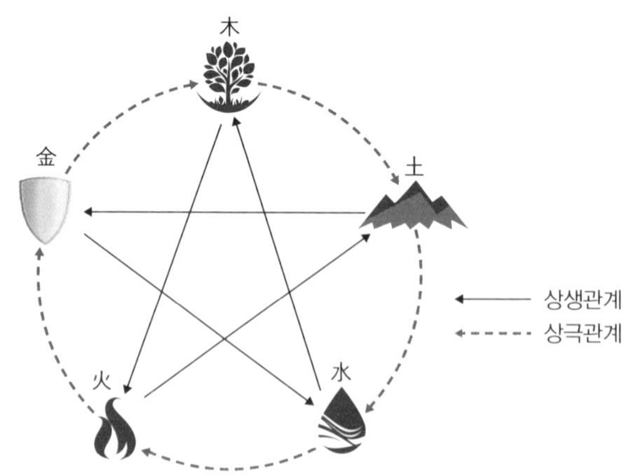

극복할 수 있다. 나무木와 쇠金 역시 유사한 전략을 구사할 수 있다.

사람이든 사물이든 약점은 있게 마련이고, 그 물고 물리는 관계는 대체로 돌고 돈다. 영원할 것 같았던 권력도 언젠가는 무너진다. 정치인들은 국민의 뜻이라는 단어를 자주 입에 올린다. 쿠데타의 주역들도 자신의 행위가 국민의 뜻이라고 말한다. 만장일치의 국민 뜻도 돌고 돌 수 있는데, 하물며 다수결이나 특정 집단에 의해 결정된 뜻은 더더욱 무너지기 쉽다. 개인 의지의 총합과 구분되는 '일반 의지' 그리고 시대에 따라 달라지는 '시대정신'이니 하는 것도 절대적이지 않을 뿐더러 언젠가는 바뀌는 법이다. 그런 상대성을 활용하여 세상을 바꾸는 것이 바로 전략이다.

# 28 전략

# 위기관리와 청중비용

## 민주주의 리더십으로 위기를 돌파한다

### 쿠바 미사일 위기와 연평도 포격

독재국가와 민주국가가 전쟁을 하면 누가 이길까. 또 독재자와 민주국가 지도자 가운데 누구의 위협이 더 통할까. 사람들은 독재자의 호전적 위협이 더 통하고 또 독재국가가 이길 가능성이 높다고 생각하는데, 사실은 정반대다. 통계에 따르면 민주국가의 승률이 독재국가보다 훨씬 높았다. 또 전쟁 일보 직전의 위기상황에서도 민주국가보다 독재국가가 더 자주 굴복했다.

1962년 소련이 미국 바로 앞에 위치한 쿠바에 미사일을 설치하려 했을 때 10월 22일 미국 대통령 케네디는 대對국민연설을 통해 이 사실을 알리고 쿠바 봉쇄를 선언했다. 미국 정부가 쿠바 해상의 봉쇄를 선언함으로써 미국과 소련은 일촉즉발의 위기를 맞게 되었지만 결국 소련은 쿠바에서 미사일을 철수시켰다. 또 1983년 11월 23일에는 소련을 겨냥

한 미국 미사일이 서독에 배치됐을 때 소련은 강하게 반발했지만 철회시키지 못했다.

냉전시대 미·소 간 대치상황에서 미국의 승리는 종종 국가지도자가 대외 경고를 행동으로 실천하지 못했을 때 국내정치에서 부담해야 할, 이른바 청중비용audience cost으로 설명된다. 청중비용을 피하려 하는 민주국가 지도자는 다음 선거를 위해서라도 공개적 경고를 실천할 수밖에 없기 때문에 상대국이 그 경고를 심각하게 받아들인다는 것이다. 이에 비해 독재자에게는 청중비용이 별로 중요하지 않다.

2010년에 발생한 연평도 포격 사건도 쿠바미사일 사건과 종종 비교된다. 11월 23일 오후 두세 시쯤, 연평도 주민들은 '아닌 밤중에 홍두깨'의 포탄 세례를 받았다. 1953년 정전협정 체결 이래 처음으로 북한이 남측 영토, 민간인을 향해 포탄을 퍼부은 사건이다. 연평도 포격 8개월 전에는 인근 해상에서 천안함이 침몰하는 사건이 발생했다. 이후 이른바 5.24조치 담화문에서 이명박MB 대통령은 북한이 "우리의 영해, 영공, 영토를 무력 침범한다면 즉각 자위권을 발동할 것"이라고 밝혔다. MB는 천안함 사건 직후 백령도를 방문한 데 이어 10월 연평도를 방문

| 북한 연평도 포격도발에 대한 이명박 대통령의 대국민 담화 발표

하여 서해의 영토와 영해에 대한 수호 의지를 대내외에 천명했다.

1962년 10월 22일 쿠바 봉쇄를 선언하는 케네디 대통령

11월 남측은 서해 NLL북방한계선 이남 해상에서 사격훈련을 실시한다고 북측에 통보했다. 22일과 23일 아침, NLL을 인정하지 않는 북측은 자국 영해에 남측 사격이 이루어질 경우 즉각적인 물리적 조치를 취하겠다는 통지문을 남측에 보냈다. 하지만 남측은 연례적인 호국훈련이라 예정대로 오전 10시 조금 넘어서부터 약 4시간에 걸쳐 사격훈련을 실시했다. 남측 사격훈련이 끝난 직후인 오후 2시 반경부터 약 1시간에 걸쳐 북측은 연평도 군부대 및 민가에 무차별 포격을 실시했다. 북측의 포격이 시작된 10~20분 후 남측도 대응 포격을 하였다.

## 위기에 대응하는 전략

그림은 A국과 B국 간의 간단한 위기대응 게임이다. 제1단계에서 A가 상대국 도발 시 강하게 응징하겠다고 천명할지 말지를 선택한다. 그런 경고가 없다면 상황은 A와 B 간의 대세에 따라 흘러간다고 볼 수 있다.

만일 A가 B에게 경고했고 제2단계에서 B가 이를 수용하여 도발하지 않는다면, A의 승리다. 만일 A의 바람과 달리 B가 도발한다면, 공은 다시 A에게 간다. 이 제3단계에서 응징하냐 안 하냐의 두 가지 선택지가 A에게 주어진다. 응징하면 전쟁이고, 응징하지 않으면 B의 승리다. 제

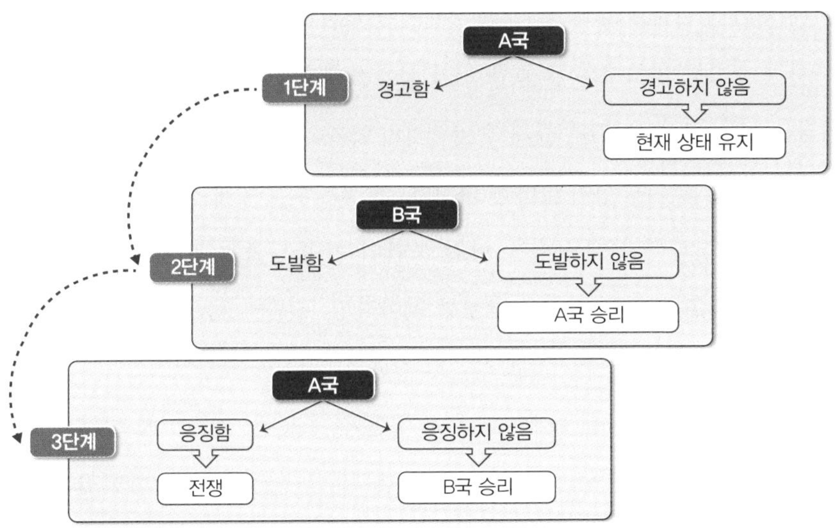

| 위기대응 게임

2단계에서 B가 도발할지 말지는 제3단계에서 A가 어떻게 할지에 대한 B의 추정에 달려 있다. A가 감히 전쟁까지는 원하지 않을 것이라고 B가 판단한다면, B는 도발을 선택하게 된다.

연평도 포격 사건에서 쌍방은 상대의 경고를 대수롭지 않게 여겼다. MB의 5월 경고를 북측은 무시했고, 남측도 포격 사건 전날과 당일의 북측 경고를 심각하게 받아들이지 않았다. 포격 사건 직후 청와대 벙커 회의에서 MB는 "단호하게 대응하되 확전되지 않도록 하라"고 합참의장에게 지시했다. 3시 반경 청와대 대변인은 "대통령이 확전 방지를 지시했다"고 언론에 알렸다. 이후 청와대는 언론에 배포한 대통령 지시 문구를 수차례 바꾸다가 저녁 6시에는 청와대 홍보수석이 '확전 자제'라는 표현은 전혀 없었다고 발표했다. 북한의 포격 직후 남측은 항공기 출격 여부 그리고 출격 항공기의 공대지 미사일 장착 여부와 관련해 오랜 시간 우왕좌왕했고, 또 교전규칙의 국제법적 해석을 두고 한미연합사에 수차례 전화하는 등 오랜 시간 설왕설래했다.

그림에서 좌(응징)로 갈지 우(응징하지 않음)로 갈지 묻고 고민한다는 것은 우로 갈 가능성이 높다는 의미다. 전쟁은 남측에게 결코 바람직하지 않은 결과이기 때문이다. 만일 북한이 이런 남측의 전개상황을 미리 예상하고 연평도 포격을 감행한 것이라면, 전략적으로는 옳은 선택이다.

만일 그림의 제3단계에서 A가 좌로 갈지 우로 갈지 고민하지 않고 무조건 자동으로 좌(응징)로 가는 시스템이라면 어떨까. 그렇다면 B는 도발 감행을 주저하게 된다. 남측이 정치적 고려 없이 매뉴얼대로 즉각적이고 심각한 대북 공격에 나설 것으로 북측이 예상했다면, 북측은 아예 도발하지 않았을 것이다. 전쟁은 북한, 특히 북한정권에게 매우 심각한 결과를 초래할 수 있는 선택이기 때문이다.

자동적으로 확전되는 사안에서 북한이 도발한 적은 없다. 연평도 포격 사건, 판문점 도끼 사건 등은 모두 남측의 응징이 즉시 가동되지 않을 것이라고 판단했을 때 북한이 일으킨 사건이다. 역설적이게도 자동적으로 확전되는 응징시스템이 도발을 억지하는 것이다.

국민 지지에 의존하는 민주국가 지도자는 자신이 천명한 대외 경고를 실천하지 못하면 정치 생명이 거의 끝난다. 따라서 외부를 응징하겠다고 천명했으면 그대로 행한다는 것이다. MB가 연평도 포격을 받고 강력 대응하지 못했을 때 대통령 지지도는 가파르게 하락했다.

포격 사건 1개월 후 한국군은 연평도 앞바다에서 사격훈련을 다시 실시했다. 일부 언론에서는 "우리의 주권을 쏘았다"고 보도했다. 연평도 포격 당시 북한이 발끈했던 한국군의 K-9 자주포는 딱 1발만 쏜 것이라 동일한 수준의 훈련이 아니라는 주장도 있지만, 일단 굴복하지는 않았다는 대내적 모양새는 갖추었다.

12월 사격훈련에 대해 북한 조선중앙TV는 남측이 북한군을 두려워한 나머지 사격훈련 장소와 타격 지점을 변경했다고 주장하면서 "우리 혁명 무력은 앞에서 얻어맞고 뒤에서 분풀이하는 식의 비열한 군사적 도발에 일일이 대응할 일고의 가치도 느끼지 않는다"고 보도했다. 독재자의 청중비용이 작다는 맥락에서 보면 북한정권은 자신의 대남 경고를 꼭 실천해야 할 필요가 없고, 따라서 12월 사격훈련을 응징하지 않았다.

배후에 있는 국민을 이용하는 전략은 민주정부만이 구사할 수 있다. 예컨대 정부 간 합의가 최종적으로 의회의 비준을 받아야 발효되는 국가는 그렇지 않은 국가보다 협상에서 상대국의 양보를 얻기가 더 쉽다. 독재자보다 민주지도자가 국민을 핑계로 상대를 더 잘 설득할 수 있는 것이다.

가격 흥정에서도 대리인을 내세우는 측이 유리할 때가 많다. 주인이 아닌, 대리인에 불과한 자판기에서 가격을 깎는 소비자는 별로 없다. 오히려 자판기가 돈을 먹고 상품을 내놓지 않아 자판기를 흔들다 깔려 죽은 사람들도 생긴다. 실제 미국에서 일어난 이야기다.

## 치킨게임

위기상황은 보통 치킨게임으로 설명된다. 이는 쌍방이 서로 마주보고 자동차를 몰았을 때 피한 측은 치킨(겁쟁이)이 되고, 피하지 않은 측은 영웅이 되는 게임이다. 미친개에 물리지 않으려면 미친개와 싸우지 않고 피하게 되는데, 실제 미치지 않았지만 미친 것처럼 보여줘 상대가 피하게 만드는 것이다.

치킨게임에서는 선택을 바꿀 여지가 있는 자가 패배하고, 자신의 선택이 바뀔 수 없음을 상대에게 인지시키는, 배짱 센 자가 승리한다. 그 배짱은 잃을 게 없으니 배 째라는 식의 불리한 처지에서 오는 경우가 많다. 한쪽이 작은 것에 목숨 걸고 싸우면 다른 큰 것을 갖고 있는 쪽은 양보하게 된다.

벼랑끝 전략brinkmanship, 배수진背水陣, 필사즉생必死則生, 이런 전략을 잘못 쓰면 벼랑 끝에 떨어지거나 물에 빠지거나 아니면 죽을 수도 있다. 자충수自充手, 즉 바둑에서도 자기가 놓은 돌이 오히려 자기의 수를 줄여 결국 패하게 될 때도 있다. 배수진에서는 비기는 것이 없다. 이기지 않으면 참패이다.

치킨게임에서 나의 강경한 의지를 반대편에서 믿지 않으면 내가 원하는 결과를 얻지 못한다. 치킨 상황에서는 자신의 강경함을 상대가 믿도록 만드는 것이 중요한데, 상대가 그렇게 믿지 않음에도 강경하게 밀어붙이면 모두에게 최악의 결과가 발생한다. 상대의 강경한 모습은 쇼이고 상대는 궁극적으로 양보할 것이라고 쌍방이 확신하는 상황은 매우 위험하다.

상대를 압박하여 주도하든지, 상대에게 밀려 양보하든지, 계속 밀리는 판을 뒤집거나 계속 주도권을 잡기 위해 몇 차례의 파국을 감수하든지, 이 가운데 어떤 전략이 나은지는 때와 장소에 따라 다르다.

29 전략

# 대안과 판도 바꾸기

## 꼴찌가 빠져도 선두가 바뀔 수 있다

### 10.26 사태와 서울시장 선거

1등이 사라지면 그 자리를 누가 차지할까. 2등이 새로운 1등으로 등극하기도 하지만 그렇지 않은 경우가 더 많다.

1979년 10월 26일, 충격적인 사건이 발생했다. 현직 대통령이 시해된 것이다. 그 절대 권력자를 이어 누가 새로운 권력자가 되었을까. 당시 정치권에는 김대중, 김영삼, 김종필의 3김씨를 비롯한 여러 대권주자들이 있었고, 행정부 쪽에도 최규하 총리 등 후계자로 거론되던 인사들이 있었다. 10개월의 혼란을 겪은 후 실제 정권을 잡은 사람은 그들이 아니었다. 10.26 사태 당시 국군 보안사령관을 맡고 있던 전두환 소장이었다.

박정희 대통령이 사라지면 전두환 소장이 최고 권력자 자리를 차지할 거라고 10.26 사태 이전에 전망했던 사람은 없다. 박정희 대통령 살해의 주도자, 즉 당시 가장 많은 정보를 갖고 있었다는 김재규 중앙정보부장조차 전두환 소장의 권력 장악을 예상치 못했다. 이처럼 권력 공백 이후 새로운 패권은 애초 후보군에도 있지 않았던 쪽이 잡는 경우가 적지 않다.

10.26 사태 직후 3김씨는 대체로 낙관적인 모습을 보였다. 같은 해의 12.12 군사반란 직후에도 마찬가지였다. 결국 민주화는 8년이 더 연기되었고 자신들이 정권을 잡는 데에도 적어도 13년을 더 기다려야 했다. 특히 김재규 중앙정보부장의 행동은 자신이 결코 의도하지 않은, 전두환 정권의 등장을 초래했다. 세상을 바꾸기는 했지만 자신이 원치 않은 방향으로 정세는 전개되었다. 즉 전략적 사고가 없었다.

투표의 사례를 살펴보자. 2011년 10월 26일에 실시된 서울시장 선거는 당시 오세훈 서울시장이 무상급식 주민투표와 관련하여 시장직을 사퇴하면서 실시된 보궐선거다. 오 시장 사퇴 선언 직전의 여론조사에 따르면 한명숙, 나경원, 추미애, 박영선 정도가 다음 서울시장으로 물망에 올랐다. 그러다가 안철수 서울대 융합과학기술대학원장의 출마 가능성 보도 이후의 여론조사들은 안철수, 나경원, 한명숙, 박원순 순으로 지지도를 발표했다.

오세훈 사퇴 직전의 여론조사에서 2, 3, 4등을 달리던 정치인들이 오세훈 사퇴 이후 각각 1, 2, 3등으로 한 단계씩 올라가지 않았다. 또한 안철수의 불출마 직전에 2, 3, 4등으로 평가받던 후보들이 안철수의 불출마 이후 각각 1, 2, 3등으로 올라가지도 않았다. 2011년 선거의 당선자는 박원순 후보였다. 안철수 불출마 전에는 빅3에 포함되지 못했던 그가 서울시장으로 당선된 것이다.

## 1위가 빠진 판도 변화

후보 간 경쟁 결과는 다른 후보가 있고 없음에 따라 영향을 받는다. 특히 1인1표의 다수결에서는 본래 특정 후보에게 갈 표가 대신 다른 후보에게 가기도 하고, 특정 후보에게 가지 않을 표가 별다른 후보가 없어 그 후보에게 가기도 한다. 다른 후보의 유무에 따라 각 후보의 득표가 달라지니 당선자도 달라질 수 있다.

사람들은 한 후보에게만 표를 주는 방식보다 각각의 후보에게 차별화된 표나 점수를 주는 방식이 복잡하지만 더 나은 방식이라고 생각한다. 왜냐하면 얼마나 좋고 싫으냐가 반영될 수 있고 또 특정 후보 유무에 따라 결과가 바뀌지 않는다고 생각하기 때문이다. 이런 방식은 실제로 각종 콘테스트와 외국 의회선거에서 채택하고 있다.

만일 각 유권자가 가장 덜 좋아하는 후보에게 0점을, 그리고 한 단계씩 좋아할수록 단계당 1점씩 더 준 후, 가장 많은 총점의 후보가 선출되는, 이른바 '보다 방식Borda count'으로 서울시장을 선출하는 경우라면, 안철수 불출마가 어떤 선거 결과를 가져올까. 설명의 편의상 서울시민이 10명이고 아래와 같은 후보 선호도를 갖고 있다고 임의로 가정해보자.

Ⓐ (1명) 안 > 나 > 박 (시민 Ⓐ는 안철수, 나경원, 박원순 순으로 선호하며, 3인이 출마한 점수투표제에서 안 후보에게 2점, 나 후보에게 1점, 박 후보에게 0점을 줌)

Ⓑ (3명) 안 > 박 > 나

Ⓒ (3명) 나 > 안 > 박

Ⓓ (3명) 박 > 나 > 안

10명이 3인의 후보에게 점수투표를 실시한 결과, 세 후보는 아래와 같은 총점을 받는다.

안 : 2점 × 4명(Ⓐ+Ⓑ) + 1점 × 3명(Ⓒ) = 11점
나 : 2점 × 3명(Ⓒ) + 1점 × 4명(Ⓐ + Ⓓ) = 10점
박 : 2점 × 3명(Ⓓ) + 1점 × 3명(Ⓑ) = 9점

따라서 위 가정하에서 세 후보가 출마했다면 총점은 안철수, 나경원, 박원순 순이었고 안철수가 당선되었을 것이다. 그러나 안철수는 출마를 접었다. 그렇다면 시민 10명의 후보 선호도는 다음과 같이 다시 정리된다.

Ⓐ (1명) 나 > 박
Ⓑ (3명) 박 > 나
Ⓒ (3명) 나 > 박
Ⓓ (3명) 박 > 나

안철수가 빠진 이후 나경원은 Ⓐ+Ⓒ의 4명에게 1점씩 받아 4점을 얻고, 박원순은 Ⓑ+Ⓓ의 6명으로부터 6점을 얻는다. 박원순이 나경원에게 6:4로 승리한다. 즉 안철수의 불출마 이전에 3등을 했던 박원순이 안철수의 불출마 이후에는 2등에게 역전하여 1등에 오른 것이다. 따라서 당선을 위한 박원순 후보의 핵심 전략은 안철수 교수가 자신을 지지해주는 것이라기보다는 안 교수의 불출마 자체였다. 실제 선거일 50일 전에 안철수와 박원순은 짧은 회담을 갖고 박 후보로의 단일화를 발표했다.

1등의 공백은 종종 판 바꾸기로 연결된다. 그 판 바꾸기로 기존 서열이 사라진다. 그렇다면 판 바꾸기는 애초에 불리한 측에게 더 유혹적인 전략이다.

2011년 서울시장선거에서 나경원 후보의 1억 원대 피부클리닉 출입 의혹이 제기되었는데, 그런 이슈를 그의 감표 요인으로만 보는 것은 단선적인 생각이다. 억대 피부과 이슈는 나경원과 박원순 간의 양자대결의 판을 바꾼 것이기도 했다. 기존 판에다 극소수 특권층 대 나머지, 즉 1 대 99라는 새로운 이슈를 추가한 것이다.

그림 1은 억대 피부과 이슈 등장 이전, 두 후보와 10명 유권자의 입장을 기존 판인 가로축 위에 나타낸 것이다. 이 선거판에서는 유권자 40%(①, ②, ③, ④)가 박 후보를 더 가깝게 느꼈던 반면에, 60%(⑤, ⑥, ⑦, ⑧, ⑨, ⑩)는 나 후보를 더 가깝게 생각했다. 즉 나 후보가 박 후보에게 6:4로 승리할 판세였다.

그림 2에서는 억대 피부과 이슈가 등장함으로써 기존의 가로축 외에 세로축인 1대 99의 이슈가 추가되었다. 그 새로운 이슈에서의 유권자 입장이 드러났다. 물론 기존 가로축에서의 유권자 입장에는 아무런 변화가 없다. 그렇지만 이 새로운 선거판에서는 유권자 60%(①, ②, ③, ④, ⑤, ⑥)가 박 후보를 더 가깝게 느꼈다. 따라서 박 후보는 40%(⑦, ⑧, ⑨, ⑩)의 지지를 얻는 나 후보에게 6:4로 승리하게 된다.

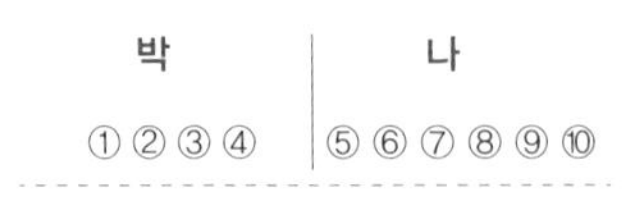

**그림 1** 1차원의 박원순-나경원 경쟁

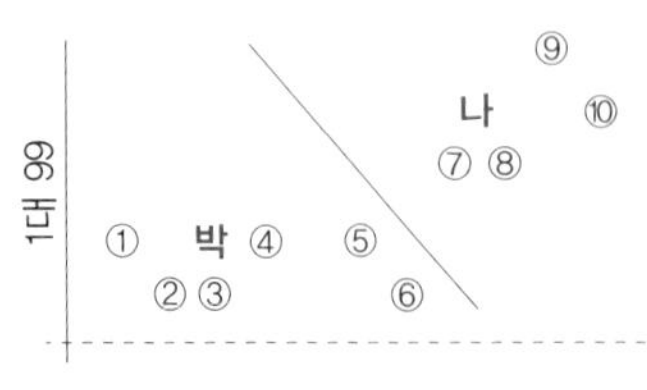

**그림 2** 2차원의 박원순-나경원 경쟁

당시 여론조사들은 안철수와의 단일화로 급상승한 박 후보의 지지도가 이후 조금씩 하향하는 추세였고 나 후보의 지지도는 조금씩 상승하는 추세였는데 그런 추세들이 억대 피부과 이슈 등장과 함께 뒤바뀌었음을 보여준다.

억대 피부과 이슈는 일종의 스캔들이다. 그 스캔들은 그 흠결의 크기만큼 지지율 감소를 초래했다기보다, 1 대 99와 같은 새로운 이슈의 추가로 판이 바뀐 것으로 이해할 수 있다. 나 후보가 피부클리닉에 지불한 액수가 수백만 원에 불과하다고 해명했지만 지지도를 회복하지 못한 이유가 바로 여기에 있다.

## 3위가 빠진 판도 변화

1등뿐 아니라 다른 사람의 공백도 새로운 1등의 향방에 영향을 준다. 앞서 가정한 서울시장 선거에서 박원순이 불출마하고 대신에 안철수와 나경원이 양자대결을 한다고 해보자. 그렇다면 서울시민 10명의 선호는 다음과 같이 재정리된다.

Ⓐ (1명) 안 > 나
Ⓑ (3명) 안 > 나
Ⓒ (3명) 나 > 안
Ⓓ (3명) 나 > 안

이 경우, 안철수가 4명(Ⓐ+Ⓑ)에게 1점씩 총 4점을 받는 반면에, 나경원은 6명(Ⓒ+Ⓓ)으로부터 1점씩 총 6점을 받게 된다. 본래 2등이었던 나경원이 3등의 불출마로 1등이었던 안철수에게 승리하는 경우다. 물론 이는 가상의 상황이다. 그렇지만 3등의 공백도 1, 2등 사이의 우열관계를 뒤바꿀 수 있음은 물론이다.

이를 다른 사건으로 옮겨서 살펴보자. 1909년 10월 26일은 안중근 의사가 중국 하얼빈에서 이토 히로부미伊藤博文를 사살한 날이다. 안 의사의 의거는 일본 내 권력 향방에 어떤 영향을 주었을까.

이도가 권력에 가까이 가게 된 결정적 계기는 '오쿠보 정권'으로 불릴 정도로 막강한 영향력을 행사하던 오쿠보 도시미치大久保利通의 피살(1878년)이었다. 오쿠보의 경쟁자들이 아닌, 이토가 오쿠보의 자리를 이어받았던 것이다. 이후 이토는 1885년 초대 내각 총리대신을 시작으로 1901년까지 네 차례나 총리직에 올랐다. 그러다 1903년 이토는 큰 영향력을 행사하던 입헌정우회 총재직에서 밀려났다.

안 의사 의거 당시의 일본 정국은 가쓰라 다로桂太郎와 사이온지 긴모치西園寺公望, 이 두 사람이 번갈아 총리를 맡을 정도로 서로가 1, 2등의 경쟁자이자 협력자였다. 굳이 분류하자면 사이온지는 이토와 함께 온건파로 분류할 수 있고, 가쓰라는 강경파로 분류할 수 있다. 당시 사이온지의 정우회가 의회를 장악하고 있었기 때문에 1908년에 들어선 2차 가쓰라 내각의 수명은 짧을 수밖에 없는 상황이었다.

1910년 5월 일본에서는 다수의 사회주의자와 무정부주의자가 메이지明治 일왕을 암살하려 했다는 죄목으로 검거되었다. 이른바 대역大逆사건이다. 안 의사 의거가 그 모의의 출발점이었다는 주장과 가쓰라 내각의 날조였다는 주장이 오늘날까지 제기되고 있다. 그 진실이 어떠하든 이토의 피살은 결과적으로 2차 가쓰라 내각을 더 연장시켰다. 1, 2

등이 아닌 이토가 사라지면서 1, 2등 간의 경쟁 판도에 영향을 주었던 것이다.

여러 조사기관에서 차기 대권주자에 관한 지지도를 발표하고 있다. 각 후보의 지지도는 앞으로 부침을 거듭하고, 또 그 지지도 순위는 다른 주자가 있고 없음에 따라 크게 변동할 것이다.

어떤 강력한 차기 후보가 다음 대권을 잡는다는, 이른바 대세론은 현실화될 때도 있고 그렇지 않을 때도 있다. 대세론 주인공이야 판을 유지하려 하지만 그렇게 쉬운 일이 아니다.

스캔들도 일종의 판 바꾸기다. 스캔들은 그 흠결만큼 지지를 감소시키기 때문이 아니라, 판을 바꾸기 때문에 매우 파급적이다. 사실이 아니라고 밝혀진 스캔들조차 판세에 큰 영향을 끼친다. 현 상황이 유리한 측은 어떻게 판 유지가 가능할까 고민할 것이고, 불리한 측은 새로운 프레임frame을 들고 나와 판을 바꾸려 할 것이다.

30 전략

# 이념 정체성 바꾸기

## 양자 대결에서는 중간으로 간다

### DJ의 좌우 '클릭'과 대선 결과

정치에서 정당의 정체성 논쟁은 늘 있어왔다. 좌로 이동하는 이른바 좌左 클릭이 보수정당에 도움이 되는지에 대한 논쟁이 있었고, 또 진보정당의 우右 클릭에 대해서도 마찬가지 논쟁이 제기된다.

한국정치사에서 대통령급 정치지도자 가운데 가장 오래 기간 진보적 이미지를 지녔던 이는 김대중DJ 전前대통령이다. 네 차례 대통령후보 시절의 DJ 이미지를 비교하면 1997년 때가 가장 덜 좌파적이었고 이때 DJ는 대통령에 당선됐다. 1997년 대통령선거 시기와 그 직전 선거인 1992년 선거를 앞두고 DJ는 어떤 색깔의 이미지를 만들었는지 비교해보자.

선거에서 정체성 '클릭'

먼저, 1989년 8월 2일로 거슬

러 올라가보자. 이날 DJ는 서경원 의원 북한 밀입국 사건과 관련되어 국가안전기획부국가정보원 전신에 의해 강제구인되어 조사받았다. DJ는 서 의원의 방북 사실을 사전에 몰랐고 인지한 즉시 서 의원을 당국에 출두하게 했으며 북한 자금을 받은 적이 없고 서 의원 공천에 관여한 적이 없다고 주장했다. 강제구인 이전인 6월에 이미 대對국민 사과 성명을 발표하고 서 의원을 당에서 제명했다.

이를 두고 같은 편에서는 배신이라고 하고 상대편에서는 '도마뱀 꼬리 자르기'의 위장이라고 말한다. 색깔 문제로 피해 본 정치인으로서 잘 수습했다는 평가도 있을 것이다. 평가가 어떠하든 DJ는 북한 밀입국 사건이라는 정치적 위기를 극복했다.

DJ의 좌파적 이미지는 1990년에 단행된 이른바 3당 합당으로 다시 짙어졌다. 김영삼YS 민주당 총재와 김종필JP 공화당 총재가 노태우 대통령 측에 가담하여 민주자유당이라는 거대 보수정당을 창당했기 때문이다. 1992년 대통령선거는 그런 이념적 스펙트럼에서 실시됐다.

선거를 20여 일 앞두고 DJ는 전교조, 전노협, 전농, 전대협, 전빈련 등 민족민주를 주창하는 단체의 총연합체인 전국연합과 연대했고, 범민주단일후보로 추대됐다. 집토끼(전통적 지지자), 즉 좌파성향 유권자의 적극적 지지를 받아 대통령에 당선하려는 전략이었으나, 선거결과 집토끼보다 훨씬 많은 산토끼(부동표)를 놓친 것으로 드러났다.

YS와의 대결 구도에서 DJ는 전국연합과 연대함으로써 좌측으로 이동했는데, 이동 전에 YS보다 DJ를 더 가깝게 여겼던 유권자 일부(■)는 DJ의 좌클릭 후 DJ보다 YS를 더 가깝게 인식하게 되었다. 결과적으로 DJ는 자신이 좌측으로 이동한 거리의 절반을 YS에게 넘겨주고 804

그림 1 1992년 대선에서의 DJ 위치 변경에 따른 지지율 변화

DJ-전국연합 연대 이전의 지지비율

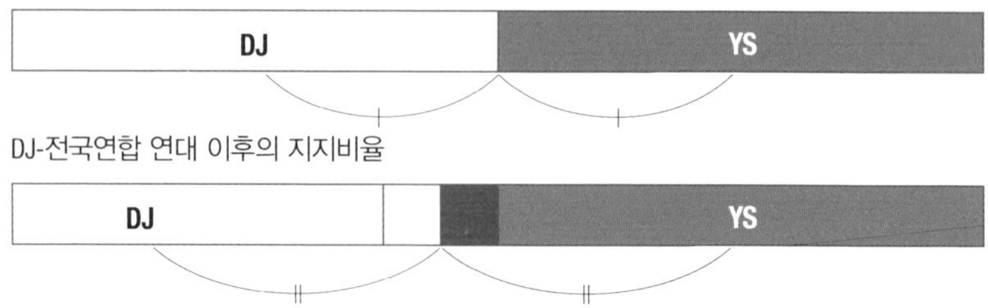


만 표(33.8%)를 얻었다.

1992년 선거 패배 직후 DJ는 정계를 은퇴했다가 1995년 7월 다시 정계로 복귀했다. 1997년 대통령선거를 앞두고 DJ가 취한 선택은 우클릭이었다. DJ는 스스로를 온건보수, 개혁적 보수로 부르고 당시 여당인 신한국당한나라당을 수구냉전, 보수꼴통으로 불렀다. 실제 DJ가 개혁적 보수였는지 아니면 위장된 보수였는지는 호불호에 따라 다르게 평가되고 있다.

DJ는 1996년 여름부터 영남지역과 보수성향 단체에 구애를 펼치는 등 우파적 행보를 이어갔다. 8월 연세대 특강에서는 한총련이 민주세력과 건전 통일세력에 피해를 주니 자진해산하라고 주장하기까지 했다. 9월 강릉에서 북한 잠수함이 좌초한 후 무장공비가 도주한 사건이 발생하자 10월 내내 북한을 강하게 규탄하고 국방비 증액과 군인 사기 진작 등을 주장했다. 1997년 3월에는 노동자가 임금인상 요구를 자제해야 한다고 주장했다. 4월 미국 방문 때에는 주한미군이 북한의 남침 억제뿐 아니라 북한 위협 소멸 후의 동북아 평화 유지에도 필요하다고 역설했다.

| **그림 2** 1997년 대선에서의 DJ 위치 변경에 따른 지지율 변화

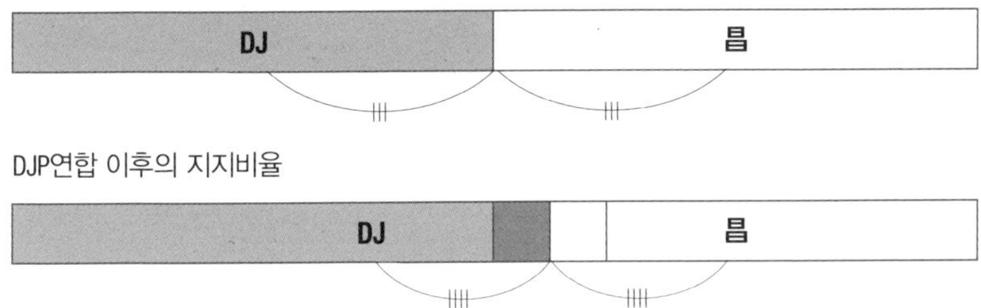


결정적인 우클릭은 DJP 연합, 즉 YS 측에서 이탈한 JP와 연대한 것이었다. 1997년 11월 3일 국회의원 회관에서 DJ와 JP는 대통령 후보 단일화 합의문에 서명했다. DJ와 JP의 가치관이 다르기 때문에 연대하면 DJ와 JP의 지지자 일부는 이탈할 수밖에 없었다. 집으로 들어올 산토끼(추가될 지지자)가 집 나갈 집토끼(빠질 지지자)보다 더 많다고 판단했기 때문에 연대가 성사됐다.

1997년 대통령선거를 앞두고 DJ는 이회창昌후보와의 일대일 대결에서 밀렸다. DJ는 DJP연합을 통해 우측으로 이동했는데, 본래 DJ보다 昌을 더 가깝게 여긴 유권자 일부(그림 2의 ■)는 DJP연합 이후 DJ를 더 가깝게 받아들였다. DJ가 우측으로 이동한 거리의 절반만큼 昌에게서 지지를 뺏은 결과가 되었다. 상대에게서 한 표를 뺏으면 득표차는 두 표가 되니 결국 이동한 거리만큼 득표차 효과를 본 것이다. DJ는 1,033만 표(40.3%)를 득표했다.

물론 1997년 선거결과는 제3의 후보(이인제)와 경제위기에 의해 영향을 받았다. 사실 1992년 선거에도 정주영 후보와 박찬종 후보라는 결코 무시할 수 없는 제3의 후보 등 다른 주요한 요인이 있었다. 따라서

DJ의 득표율이 1992년 33.8%에서 1997년 40.3%로 6.5%포인트 증가한 것에는 우클릭의 영향이 지대했다고 말할 수 있다.

## 중간투표자정리

이제 최근 선거를 살펴보자. 2012년 총선과 대선은 양자대결이었다. 공약 기준으로 보면 미투이즘me-too-ism이나 판박이로 표현될 정도로 유사했고 중도층의 지지를 얻으려는 노력도 있었다. 하지만 연대 파트너 기준으로는 중간으로 간 것이 아니었다.

민주통합당은 반反MB 혹은 반反새누리당의 연합군사령부를 자처하고 양자대결구도로 몰았다. 2012년 총선에서 민주통합당은 막말 파문을 일으킨 후보를 내치지 못했다. 또 통합진보당과의 연대 때문에 한미자유무역협정FTA과 제주해군기지 이슈에서 좌파적 입장을 표명했다. 2012년 대선에서도 통합진보당은 민주통합당을 지지했다. 민주통합당에 호의적이던 유권자 가운데 일부는 민주통합당이 좌경화되었다고 생각했을 것이다.

**그림 3** 2012년 선거에서의 양당 위치 변경에 따른 지지율 변화

민주통합당-통합진보당 연대 및 새누리당 좌클릭 이전의 양당 지지비율

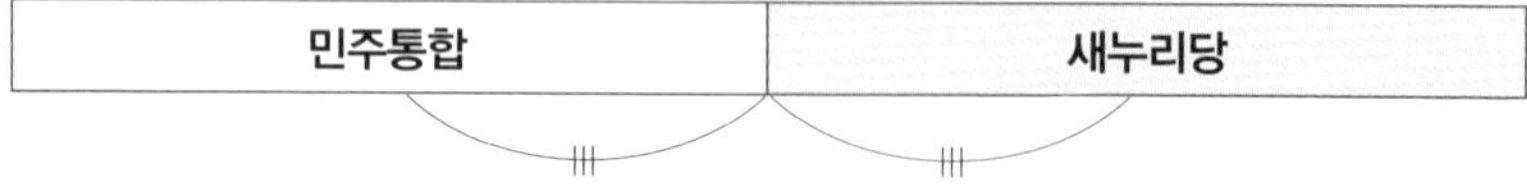


민주통합당-통합진보당 연대 및 새누리당 좌클릭 이후의 양당 지지비율

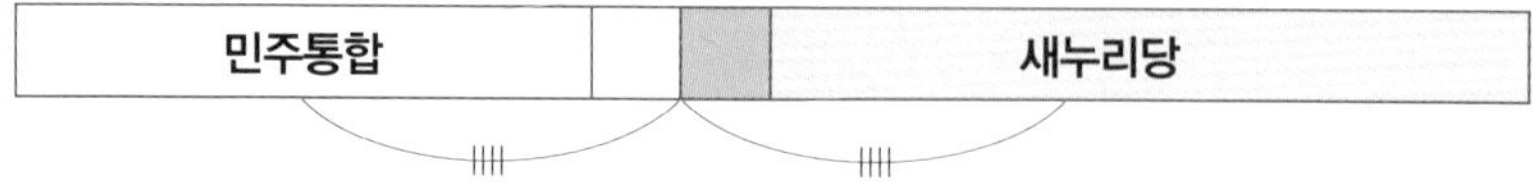

새누리당도 대선을 앞두고 이인제 대표의 선진통일당과 합당했다. 그렇지만 당명, 인사, 공약 등을 통해 좌클릭의 모습을 보임으로써 민주통합당보다 더 중간으로 갔다.

그림 3의 ■는 민주통합당-통합진보당 연대 및 새누리당 좌클릭 이전에 새누리당보다 민주통합당을 더 가깝게 받아들였던 유권자이다. 이들은 두 야당의 연대 및 새누리당의 변신 후에 민주통합당보다 새누리당을 더 가깝게 여겨 새누리당에 투표했다. ■는 3.5%포인트라는 박근혜-문재인 두 후보 간 득표율차를 설명하기에 충분한 크기이다.

이런 선거에서 관찰되는 법칙 하나는 "투표자들을 한 직선 위에 이념 순으로 배열했을 때 그 중간에 위치한 후보는 다른 후보와 일대일로 대결해서 지지 않는다"는 '중간median투표자정리定理'다. 유권자 모두가 투표에 참여하고 양당 가운데 하나를 선택하는 상황에서는 '중간으로 가기'가 승리의 길이다. 중간으로 가기는 투표에 참여하고 싶은데 누구를 찍을까 고민하는 유권자에게 구애하는 전략이다.

좌파 정당에 우클릭이, 우파 정당에 좌클릭이 유리한 선택이 되려면 몇 가지 조건이 충족되어야 한다. 먼저 좌우左右나 보혁保革 등 하나의 기준으로 유권자를 배열할 수 있어야 한다. 여러 기준으로 배열되어야 한다면 항상 유리한 위치는 존재하지 않는다.

둘째, 유권자는 입장이 달라도 가깝기만 하면 그 가까운 정당에 투표해야 한다. 만일 자신과 아주 가깝게 위치한 후보가 없을 때 아예 기권하는 유권자가 다수라면, 중간 위치 대신에 가장 많은 유권자가 몰려 있는 위치로 가야 유리하다.

셋째, 기본적으로 양당제여야 한다. 새로운 유력 정당의 등장이 용이하다면 중간으로 가는 것은 위험을 수반한다. 좌클릭 혹은 우클릭 후 생긴 빈 공간에 신당이 진입하여 기존 정당의 집토끼를 가져갈 수 있기 때문이다.

끝으로 유권자가 정치인의 입장 변화를 수용해야 한다. 중간으로 가기는 일종의 박리다매薄利多賣다. 자신의 입장을 포기하고 많은 지지를 받아 선거에서 승리하려는 것이다. 만일 타협에 대한 유권자의 거부감이 크다면, 자신의 입장을 고수하여 소신의 정치인이라는 평판을 얻는 것이 현명하다. 비슷한 생각을 가진 소수로부터 강한 지지를 받는 전략은 후리소매厚利少賣로 부를 수 있다.

정치노선 변경은 자칫하면 의리 없는 정치인, 변절자, 철새, 사쿠라 등의 새로운 낙인을 만든다. 또 당내 경선에서 취한 입장을 본선에서 바꾸기란 쉽지 않다. 뒤집어 말하면 본선에서 경쟁력이 있는 중간적 입장은 특정 이념이 중시되는 당내 경선을 통과하기 어렵다.

2002년 대선의 새천년민주당 당내 경선과 2007년 대선 본선에서 정동영 후보는 중간적 성향을 보여줬는데, 당시 상황은 중간투표자정리가 작동할 수 있는 조건이 아니었다. 이후 중간투표자정리가 통할 상황에서 정 후보는 오히려 한미FTA와 대북정책 등에서 과거보다 더 과격한 입장을 견지했다.

중간으로 가기가 유리한 상황도 있고 반대로 불리한 상황도 있다. 좌클릭이든 우클릭이든, 이를 바꿀 때에는 새롭게 얻을 지지자 수와 이탈할 지지자 수를 비교해야 한다. 자신에 대한 지지 증감보다 경쟁자와의 차이 변화를 계산해야 한다.

선거전략은 유권자가 자기를 지지하도록 만들기, 자기를 지지하는 유권자가 투표에 참여하도록 만들기, 경쟁후보를 지지하는 유권자가 기권하도록 만들기 등을 구분하여 수립해야 한다. 선거전략 가운데 정당 정체성은 특히 중시된다. 왜냐하면 그 정체성에 따라 선거 승리뿐 아니라 계파 간 이해득실도 좌우되기 때문이다.

# 31 전략

# 개방과 폐쇄

## 개방하여 비교우위를 확보한다

### 포츠담칙령, 개방으로 이룬 독일의 부국강병

세계사는 종종 국가의 흥망성쇠로 기술된다. 부국강병의 사례로 언급되는 나라 가운데 하나는 독일이다. 독일의 부국강병은 1685년 11월 8일그레고리력에 시작되었다고 말할 수 있다. 브란덴부르크-프로이센 공국의 선제후인 프리드리히 빌헬름이 포츠담칙령을 공표한 날이기 때문이다.

포츠담칙령 공표 직전은 종교 자유를 허용한 낭트칙령을 프랑스 루이 14세가 폐지함에 따라 프랑스의 개신교 신자들, 즉 위그노들이 외국으로 망명하려던 시기였다. 프로이센 발전을 위해 무엇보다도 인재가 필요하다고 생각한 프리드리히 빌헬름은 이들을 적극적으로 유치하고자 각종 혜택을 제공하겠다고 약속했다. 이 포츠담칙령으로 약 2만 명의 위그노와 유대인이 브란덴부르크로 이주했다. 이들에 의해 브란덴

**포츠담에서 프랑스 위그노들을 환영하는 프리드리히 빌헬름** 휴고 포겔의 1884년 그림

부르크 공국은 급속히 발전하게 되었다.

프리드리히 빌헬름 사망 후 그의 아들 프리드리히 3세가 계승하여 개방정책을 이어갔다. 1701년 브란덴부르크-프로이센 공국은 프로이센 왕국으로 승격했고 공국의 프리드리히 3세가 프로이센 초대 국왕 프리드리히 1세로 즉위했다. 베를린 젠다르멘 마르크트헌병광장에서 오늘날에도 위용을 자랑하는 프랑스성당을 설립한 것은 이때 위그노들에게 제공한 여러 혜택 가운데 하나였다.

이런 외국 문물의 수용은 흔히 프리드리히 대왕으로 불리는 프리드리히 2세 때 정점에 달했다. 그는 프랑스인 가정교사의 교육 때문인지 프랑스 문화를 동경했다. 황태자 시절 외국 문화예술에 대한 관심은 아버지 프리드리히 빌헬름 1세와 심각한 불화를 가져올 정도로 지대했다.

프리드리히 2세는 자신이 직접 그린 도면으로 포츠담에 '근심 없는'이라는 뜻을 가진 프랑스어 이름의 상수시궁전을 짓게 했다. 상수시궁전의 양식은 18세기 프랑스를 중심으로 발달한 로코코 양식으로 언덕 위에 조성되었다는 점뿐 아니라 정원, 숲, 조각상 등이 프랑스의 궁전

**상수시궁전에서 볼테르**(맨 왼쪽에서 세 번째로 앉은 사람)**의 말에 경청하는 프리드리히 대왕**(테이블 맨 왼쪽에서 다섯 번째로 앉은 사람)　아돌프 폰 멘첼의 19세기 그림

모습을 연상시킨다. 프리드리히 2세는 궁전이 완성되자 오래전부터 친하게 지낸 프랑스의 계몽주의 철학자 볼테르를 초청했다. 프리드리히 2세는 자신의 궁전에서 볼테르의 편지를 낭독했고 볼테르는 프리드리히 2세의 편지를 파리에서 낭독하기도 했다. 볼테르는 상수시궁전에 머물면서 역사서『루이 14세의 시대』를 완성했다.

프리드리히 2세는 볼테르뿐 아니라 루소 등 다른 프랑스인들과도 교류했다. 상수시궁전 서재에는 2천여 권의 책들이 보관되어 있는데 대부분 프랑스어로 되어 있다. 프랑스어를 사용하던 당시 유럽의 귀족들처럼 프리드리히 2세도 독일어보다 프랑스어에 훨씬 익숙했다. 그가 쓴 저서들도 프랑스어로 되어 있다.

부국강병을 이룬 프리드리히 2세는 당시 민족국가의 개념이 없던 독일의 여러 작은 공국 사람들에게 독일민족의 자긍심을 심어주었다. 히틀러를 비롯한 독일의 여러 정치인들은 프리드리히 2세를 자신의 롤모델로 내세우면서 국민 지지를 동원했다. 그러나 프리드리히 2세 등 독일민족주의의 상징적 인물 다수는 당시 프랑스 문물의 추종자였다. 프로이센은 프랑스와의 전쟁을 통해 독일 통일을 이루었는데 역설적이게도 그 독일 힘의 원천은 프랑스 선진 문물의 적극적 수용이었던 것이다.

외국의 선진 문물을 무작정 받아들인다고 해서 부국강병이 될까. 바이에른 왕국은 프로이센 왕국과 더불어 독일의 대표적인 큰 영방이었다. 바이에른의 루트비히 2세는 프랑스 문화에 대한 동경심에서 그 누구에게도 뒤지지 않았다. 독일 통일을 두고 프랑스와의 전쟁이 일어났을 때에도 루트비히 2세는 프랑스풍 궁전 건축에 몰두했다. 루트비히 2세가 지은 궁전 가운데 킴호수의 작은 섬에 건축된 헤렌킴제궁전은 그가 얼마나 프랑스 궁전을 좋아했는지를 잘 보여준다. 자금 부족으로 본관만 지어진 헤렌킴제궁전은 전쟁홀, 거울홀, 평화홀의 홀 배치 순서를 포함해 베르사유궁전을 거의 그대로 재현한 건물이다.

루트비히 2세의 재위 시절 바이에른 왕국은 프로이센-오스트리아 전쟁 때 오스트리아 편에 참전했다가 패전했으며, 프로이센-프랑스 전쟁 때에는 프로이센에 가담하여 독일 제국 성립 후 연방에 편입되었다. 바이에른의 국력은 프로이센에 전혀 미치지 못했다.

프로이센의 외국 문물 수용이 궁극적으로 새로운 생산자로 자리매김했던 반면, 바이에른 루트비히 2세의 문물 수용은 소비자에 머문 행위였다. 무조건 외국 문물을 받아들인다고 해서 부국강병이 되는 것은 아니다. 소비 차원에 그치지 않고 생산 차원으로도 내재화해야 부국강병이 된다.

## 히틀러와 대원군, 배척과 폐쇄가 빚어낸 몰락의 길

외국 문물을 적극 수용하며 부국강병의 길로 가던 독일은 역설적으로 그 위기가 외국 문물의 배척에서 왔다. 포츠담칙령 공표 꼭 252년 후인 1937년 11월 8일, 나치 정권은 유대인을 세계에서 가장 위험한 존재로 단정하는 '영원한 유대인' 전시회를 개최했다. 다시 1년 후인 1938년 11월 9일, 독일과 오스트리아에서 유대인들을 무차별 공격했다. 깨진 유리 파편들이 크리스털처럼 빛나던 밤이라고 해서 이른바 '크리스털 밤'으로 불리는 날이다. 거의 100명에 이르는 유대인이 살해되었고 약 3만 명의 유대인이 체포되었으며 약 7,000곳의 유대인 가게가 파손되었다. 특히 독일에 살던 폴란드 국적의 유대인들을 외국으로 내쫓았다.

나치 정권이 출범한 1933년부터 1941년까지 독일에서 해외로 망명한 숫자는 10만 명을 넘었다. 이는 독일의 국부 유출이었고, 독일은 핵무기와 같은 첨단군사기술에서 뒤져 세계대전에서 패하고 말았다. 독일의 흥성이 외국 인재의 국내 유치에서 왔다면, 쇠퇴는 국내 인재의 외국 유출에서 왔던 것이다.

프로이센이 독일 통일을 위한 예비전쟁으로 오스트리아와 전쟁을 벌인 1866년병인년, 한반도에서도 종교적 사건이 발생했다. 프랑스에서 종교박해를 받던 위그노를 프로이센으로 유치한 프리드리히 빌헬름과 달리, 조선의 흥선대원군은 천주교 금압령을 내려 프랑스 신부와 수천 명의 조선인 천주교도를 처형했다. 이에 프랑스는 조선을 응징하기 위해 7척의 군함을 출정시켰고 어려움 없이 강화도를 점령했다. 그 후 조선군은 프랑스군에 발각되지 않고 정족산성에 잠입하는 데에 성공했다. 1866년 11월 9일, 프랑스군은 우세한 화력을 내세워 정족산성을 공략했지만 양헌수를 수성장으로 한 조선군이 이를 격퇴시켰다. 다음날 프랑스 함대는 철수했다.

| 병인양요 이듬해 흥선대원군이 강화도 해안가에 세운 "바다 문을 지키고 있으니 타국 선박은 삼가 통과할 수 없다"는 의미의 비석

양헌수 부대가 정족산성으로 잠입할 때 이용했던 경로는 덕진

| 프랑스 함대의 조선 강화도 침략

진이다. 덕진진 남쪽 끝 덕진돈대 해안가에 이른바 경고비로 불리는 비석이 하나 있다. 여기에는 "바다 문을 지키고 있으니 타국 선박은 삼가 통과할 수 없다海門防守 他國船愼勿過"는 문구가 새겨져 있다. 흥선대원군은 경고비뿐 아니라 전국 곳곳에 척화비를 세웠다. 척화비의 큰 글은 "洋夷侵犯 非戰則和 主和賣國서양오랑캐가 침범하는 데 싸우지 않으면 화친하는 것이고 화친 주장은 매국이다"는 12자이다. 척화비의 작은 글은 "戒我萬年子孫 丙寅作辛未立우리 만대 자손에게 알림 병인년에 만들고 신미년에 세움"이다. 척화비를 병인년에 만들어 신미년에 세웠다는 문구는 병인양요와 신미양요(1871년)를 외적에 이긴 전쟁으로 여긴 자신감의 표현일 수 있다. 만일 그런 무모한 착각을 한 게 아니라면, 이긴 전쟁인 양 국내에 호도한 것이다.

멀리 갈 것 없이 오늘날 경고비 근처에는 프랑스와 미국과의 전투에서 전사한 참혹한 조선인 시신의 사진들이 전시되어 있다. 조선과의 전투에서 실제 승리한 프랑스와 미국은 큰 이해관계가 없어 조선에서 철수한 것인데, 조선 위정자들은 이를 전쟁 승리라고 우기며 개방하지 않고 쇄국을 고수하다 결국 강대국도 아닌 인접국 일본의 함대에 굴복하였다. 개방이 아니라 쇄국이 나라를 식민지로 전락시킨 것이다. 이웃 강대국의 종교 탄압을 자국 성장의 기회로 삼아 개방한 프로이센의 프리드리히 빌헬름과 달리, 조선의 지배세력은 기득권 유지를 위해 쇄국하여 자국 내 종교 자유를 탄압했고 결과적으로 매국했던 것이다.

## 개방에서의 비교우위 원리

루이 14세나 히틀러뿐 아니라 누구에 의해 퇴출되었다 해서 다른 쪽에서도 반드시 불필요한 존재는 아니다. 남이 버린 것 가운데 가치 있는 것도 있다. 고물상이나 헌책방에서 골동품이나 희귀본 서적을 얻을 수도 있다. 한나라 유방이 등용한 인재 대부분도 세상이 버린 인물들이었다. 남이 버린 인물들의 옥석을 가릴 수 있는 안목이 매우 중요하다.

유치가 늘 성공적으로만 정착하는 것은 아니다. 지방자치 이래 수십 년간 추진되어 온 지방의 유치 사업은 대체로 근시안적이다. 공공기관이나 대기업 그리고 대규모 행사 등을 유치할 때에는 유치되는 측에서도 그 이주가 장기적 안목에서 더 나은 것이 있어야 한다. 지방으로 이전한 기관들 가운데 무늬만 지방 이전인 경우도 많다. 장기적 안목에서 이전이 해당 기관에 나은 선택이 아니라면 강제해봤자 오래 가지 못한다.

모든 분야에서 열악한 국가도 비교우위의 분야는 있다. 개방은 비교

열위의 분야를 수입하고 비교우위의 분야를 수출하는 것이다. 다만 위정자들이 개방을 제대로 관리하지 못하거나 정치적으로 이용하여 나라가 구조적 종속에 빠지는 경우도 있다. 그럼에도 불구하고 개방이 쇄국보다 훨씬 더 나았음은 역사가 증빙한다.

전략 32

# 대외 갈등과 대내 안정

## 외부의 적으로 내부의 적을 다스린다

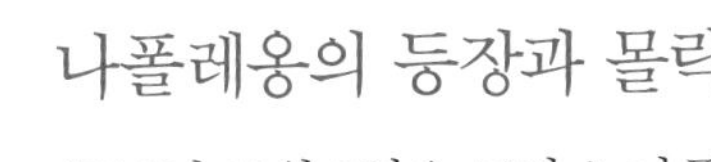

### 나폴레옹의 등장과 몰락

1799년 11월 9일은 프랑스 나폴레옹 보나파르트가 쿠데타를 통해 권력 전면에 등장한 날이고, 1918년 11월 9일은 프랑스의 맞수 독일 빌헬름 2세가 강제로 퇴위되어 유럽 전제황권이 종식된 날이다. 동아시아 일본에서는 1867년 11월 9일 메이지明治가 에도江戶 막부에서 권력을 돌려받아 거의 700년 만에 왕정으로 복고했다.

시대와 장소를 달리하는 이 세 군주의 등장과 쇠퇴에는 공통점이 많은데, 무엇보다도 세상이 그들을 만들었다. 당시 그들의 권력 장악 혹은 퇴진이 요즘말로 '대세'였다는 의미다. 무릇 권력은 세勢 규합에서 시작하는데, 세 규합이 걸림돌 없이 자연스럽게 이뤄졌다.

권력 장악 이후에는 외부에서 자원을 더 많이 가져와 배분함으로써 권력을 유지하려 했다. 세 권력자 모두 집권 후에는 세계 혹은 지역 패권을 추구했다. 장기집권의 기반인 외부와의 지속적인 경쟁, 특히 전쟁은 당시 기본적인 국가전략이었다. 그들의 팽창 정책으로 세상은 많이 바뀌었다.

먼저 나폴레옹 보나파르트의 권력 장악 과정을 살펴보자. 혁명 이후 성립된 프랑스 제1공화정은 반란과 쿠데타로 계속 불안했다. 특히 프랑스 혁명과 공화정에 대한 외부의 위협이 드셌다. 1799년 들어선 5인 총재 정부를 이끌던 사람은 시에예스Emmanuel Sieyès였다. 정국 운영에 어려움을 겪던 시에예스는 의회를 해산하고 헌법을 바꾸고 싶었고, 그 일에 적합한 군인이 나폴레옹이라고 판단했다. 그는 야심가 나폴레옹을 경계하긴 했지만 황제로 즉위하리라고는 전혀 예상치 못했다. 시에예스와 나폴레옹은 11월 1일 만나 쿠데타를 모의했다.

1799년 11월 9~10일, 당시 혁명력曆으로는 2월에 해당하는 안개의 달브뤼메르 18~19일, 나폴레옹의 장병들이 원로원과 500인 의회를 포위함으로써 쿠데타가 감행되었다. 나폴레옹은 쿠데타 과정에서 몇 가지 실수들을 저질렀다. 그래서 브뤼메르 18일 쿠데타는 나폴레옹이 거사에 성공한 날이라기보다, 시에예스의 브뤼메르파가 자코뱅파에 승리한 사건으로 당시에는 여겨졌다.

부르주아 공화국 수립을 원한 브뤼메르파는 쿠데타 이후 나폴레옹을 다시 전장으로 보내든지 아니면 실권 없는 국가원수직에 두려고 했다. 그러나 이후 전개된 일련의 정치무대에서 주인공은 그들이 아니었다. 시에예스는 나폴레옹에 더 이상 저항하지 않고 순순히 협조하는 길을 택하는 대신 원로원 의원직과 더불어 많은 돈과 영지를 받았다. 결국 브뤼메르파는 계급적 특권을 유지하는 대가로 나폴레옹 독재를 수용하게 된 셈이다.

1804년 12월 나폴레옹은 마침내 황제에 즉위한다. 자코뱅파를 제외한 거의 모든 세력들이 정부 요직에 중용되었다. 전쟁이 낳은 영웅 나폴레옹은 전쟁이야말로 민심을 잡고 권력을 유지하는 좋은 수단이라는 믿음에 따라 재위 기간 내내 전쟁을 수행했다. 나폴레옹이 전쟁에서 이

**생클루 오백인회(五百人會)의 보나파르트** 프랑스 화가 프랑수아 부쇼의 1840년 그림. 1799년 11월 10일 '브뤼메르 18일'의 모습을 그린 것으로 나폴레옹 보나파르트가 파리 교외 생클루에서 원로의회 오백인회를 해산시키고 있다.

기는 동안은 프랑스 내의 그 누구도 나폴레옹에 저항할 수 없었다. 뒤집어 말하면, 나폴레옹 정권의 붕괴는 국내 반란에 의해서가 아니라 외부와의 전쟁에서 패함으로써 이루어졌다.

## 일본의 메이지유신과 정한론

무스히토睦仁, 즉 메이지의 경우를 살펴보자. 무스히토는 부왕의 급작스런 사망으로 1867년 1월 15세의 나이로 즉위식도 없이 일왕에 즉위했다. 그 당시의 일본 사회 역시 혼란과 암살이 자행되던 시절이었다. 당시 권력자 에도 막부는 전국을 통제하지 못해 서남지역 번藩, 지방제후의 영지들이 막부에 대항하던 정국이었다. 대외개방 압력에 "존왕양이尊王攘夷, 왕실을 받들어 외세를 배척한다" 구호가 자주 등장하였다.

막부의 마지막 쇼군 도쿠가와 요시노부德川慶喜는 국가통치권을 일왕에게 돌려준다는 '대정봉환大政奉還'을 일부 번들로부터 제의받고 11월 9일 이를 수용한다고 발표했다. 다음해 막부는 번들의 군사적 위협에 항복하고 스스로 해체했다.

왕정복고의 일등공신인 번들도 해체되는 수순을 밟았다. 1869년 영지領地와 영민領民에 관한 판적을 일왕에게 반환했고, 1871년에는 번을 폐지하고 대신 현을 설치하여 중앙정부가 직접 통제하도록 했다. 이른바 '폐번치현廢藩置縣'은 번의 주군들을 도쿄에 강제 이주시키고 대신 현령을 중앙정부에서 파견하는 것이기 때문에, 1867년 대정봉환에 이은 제2의 왕정 쿠데타로 불리기도 한다. 또 메이지 정부는 1873년 사무라이 대신 국민개병제를 도입했다.

이런 일련의 일들은 메이지 이름으로 시행되었지만 메이지가 기획하고 주도한 것은 아니었다. 번 출신의 메이지유신 주체들이 따로 있었다. 막부의 권한을 모두 일왕에 주는 것만으로 국내 불만을 잠재울 수는 없었다. 불만을 잠재우기 위해 뭔가를 줘야 하는데, 일본 내에서는 줄 게 별로 없었다. 그래서 대외팽창이 조만간 필요했다.

메이지유신 3걸 가운데 1인으로 불렸던 사이고 다카모리西鄕隆盛는 지방 무사계급의 반발을 무마하기 위해 조선을 정벌하는, 이른바 정한론征韓論을 주장했다. 그의 주장이 내치를 우선시하는 반대파에 의해 받아들여지지 않자 사이고는 참의직을 사퇴했다. 1877년 사이고는 세이난西南전쟁을 일으켰지만 정부군에 의해 진압되면서 자결했다.

조선의 대일 태도를 문제 삼아 제기된 정한론에 대해 메이지는 동의하지 않는 입장이었지만 정한론 자체에 반대했다기보다는 시기가 좋지 않다는 생각을 갖고 있었다. 그는 정권의 안정적 운영을 위해 언젠가는 외국 진출이 필요하다고 생각했다. 실제 조선 개항, 청일전쟁, 러일전쟁, 한일합방 등이 모두 메이지 일왕 때의 일이다. 외부와의 전쟁 때마다 메이지는 대본영에서 직접 전쟁 준비를 했다. 심각한 전쟁 패배를 겪지 않은 메이지는 죽을 때까지 권좌에 머물렀다.

호전적 대외정책으로 권력을 잃은 사례가 빌헬름 2세다. 그는 부왕이 취임 100일을 넘기지 못하고 병사하자 1888년 29세의 나이로 독일제국 황제에 올랐다. 당시 독일제국의 한 축이었던 재상 비스마르크를 해임시켜 명실상부한 권력자가 되었다. 빌헬름 2세는 세를 규합해서 새로운 권력을 만든 것이 아니라 단순히 세습받은 권력이었다. 따라서 빌헬름 2세는 대외관계에서의 세 규합에 목을 맬 필요를 느끼지 못하

| **빌헬름 2세** 막스 코너의 1890년 그림. 그는 호전적 대외정책으로 권력에서 물러났다.

고, 비스마르크와 달리 동맹을 경시했다. 그러다 제1차 세계대전이라는 엄청난 늪에 빠지게 되었다. 패전이 임박해지면서 독일 내부에서 퇴위 권유를 받고 버티다가 결국 1918년 11월 9일 퇴위 후 네덜란드로 망명하여 1941년에 쓸쓸히 죽었다.

## 오월동주

세 가지 사례를 보면 전쟁은 주요 외교 전략이고, 또 외교는 주요 권력 유지 전략임을 알 수 있다. 외부와의 경쟁이 권력을 공고히 할 수도 있고 반대로 권력을 와해시킬 수도 있는 것이다.

먼저 외부 위협이 국내 안정을 가져다주는 측면을 살펴보자. 그런 의미를 담은 동서고금의 문구는 많다. 손자병법 구지九地 편에 나오는 "서로 미워하는 오나라 사람과 월나라 사람이 같은 배를 타서 풍랑을 만나게 되면 왼손과 오른손처럼 서로 구한다夫吳人與越人相惡也 當其同舟而濟過風 其相救也如左右手.", 즉 오월동주吳越同舟가 그 예라 할 수 있다. 비슷한 현대적 개념으로 국기 집결rally-round-the-flag 현상이 있다. 미국 국민들이 대외 위기 시에 정부(국기)를 중심으로 똘똘 뭉친다는 뜻이다.

개나 사파리의 곰들은 같은 우리에 있는 다른 동물과 서로 앙숙으로 싸우다가도 더 강한 동물을 보면 서로 협력한다. 이는 인간사회에서도 매우 보편적인 현상이다. 여러 실험에서 어려움 없이 함께 있었던 집단보다 함께 어려움을 겪었던 집단이 서로 잘 협력한다. 정쟁도 국가가 위기에 빠지면 자의든 타의든 완화된다. 시위대 내의 내부 이견으로 지지부진하던 시위의 양상이 경찰의 출동이나 진압으로 오히려 일사분란하게 전개되었던 예도 있다.

그래서 마키아벨리는 외부에 있는 적의 존재를 부정적으로만 보지 않았다. 행운fortuna은 군주를 위대하게 만들기 위해 적을 만들어 주고, 군주는 적이라는 사다리를 타고 높이 올라가는데, 현명한 군주는 일부러 그러한 적대감을 조성하기도 한다는 것이다.

외부 적과의 경쟁에서 이기면 권력 유지가 쉽다. 외부와의 전쟁에서 패하더라도 패전의 책임을 경쟁 정파에게 지울 수 있다면 패전 또한 권력 유지에 도움이 된다. 북한 김일성은 6.25전쟁에서 승리하지 못한 책임을 박헌영과 남로당에 넘겨 자기 권력을 더욱 공고히 했다. 제1차 세계대전에서 패한 독일 군부는 좌파가 연합국 측의 부추김을 받고 반전주의와 혁명주의로 후방을 교란하면서 '등 뒤에서 비수'를 꽂았다며 좌파에게 패전의 책임을 돌렸다.

외부와의 경쟁에서 패배하고 또 그 책임을 내부 경쟁자에게 돌리지 못해 자신이 책임져야 한다면, 외부 위협의 조성은 나쁜 수, 즉 패착이다. 나폴레옹 1세와 빌헬름 2세 모두 패전으로 정권을 잃었다. 나폴레옹 1세는 외부 점령자들이 책임을 물었고, 빌헬름 2세는 국내 경쟁자들이 책임을 물었다. 이에 비해 일왕은 1945년 전쟁 패배 후 퇴위되지 않았다. 외부 경쟁자와 내부 경쟁자 모두 일왕에게 전쟁 책임을 묻지 않았다.

외부와의 긴장 관계로 내부를 단속하는 전략은 영구적으로 사용하기 어렵다. 한국 증시와 선거에서 북한 위협론을 강조하는, 이른바 '북풍 효과'도 과거처럼 강하지 않다. 미국 등 서방 강대국과의 대립을 통해 정권을 비교적 오래 유지했던 이라크 후세인과 리비아 카다피 모두 권력을 영원히 누리지 못하고 불행한 죽임을 당했다.

요약컨대 외부와의 경쟁 모드는 내부 정서의 측면에서 정권에 도움이 된다. 그러나 그런 정서만으로는 충분하지 않다. 길게 보면 부국강병에 의한 실리가 분배되어야 권력이 유지된다. 결국 외부와의 경쟁에서 얻은 것으로 전 국민은 아니더라도 적어도 지배연합만이라도 배부르게 해야 정권이 지속된다. 정서든 실리든, 외부 경쟁은 내부 정치를 위한 신의 한 수다. 잘못 쓰면 패착이 될 수 있음은 물론이다.

전략 **33**

# 게임의 규칙

## 정치제도, 엄격한 계산으로 공정성을 확보한다

### 사사오입, 사람을 나누어 반올림하다

정치와 선거는 수數 싸움일 때가 많다. 1954년 11월 29일, 이승만 정권 시절 당시의 집권당인 자유당이 사람 수는 분수나 소수로 나타낼 수 없으므로 사사오입반올림해야 한다고 주장하면서 정족수 미달로 이미 부결된 헌법개정안을 새로운 헌법으로 공포 · 발효한 사건이 발생했다. 이른바 사사오입개헌이다. 애초의 헌법개정안 표결에서는 재적의원 203인 가운데 135인만 찬성하여 국회 부의장이 부결을 선포했다. 이틀 후 개헌 추진세력은 개헌 의결정족수인 재적 2/3가 135.33··· 대신 반올림한 135라고 우기면서 부결 선포를 번복하고 개헌안을 통과시켜 버렸다.

개헌 추진세력은 의결정족수의 반올림 계산이 규칙을 어기지 않은 기발한 한 수로 생각했거나, 아니면 변혁을 위해서는 규칙 위반이 불

| 사사오입 개헌안이 통과되자 민주당 의원이 단상에 뛰어올라 국회부의장의 멱살을 잡았다.

가피하다고 생각했을 것이다. 어떻게 생각했든 135는 135.33…보다 작기 때문에 사사오입개헌은 헌법을 명백히 위반한 것이다. 사사오입개헌은 세상을 바꾸긴 했어도 수학의 부등식 원리에 위배된 곡학아세曲學阿世였다.

민주주의가 발달한 나라일수록 수리계량적 연구방법이 발달해 있다. 합법적인 정치공학의 모색뿐 아니라 규범적 목적에서도 규칙의 수치화가 필요하기 때문이다. 민주사회에서 집단의 결정으로 채택되려면 객관적인 기준과 근거를 제시해야 하는데 엄격한 객관성을 위해 숫자와 등식이 종종 사용된다.

## 비례대표성, 민의에 따라 권력을 부여한다

그런 산술적 계산의 예는 비례대표성이다. 권력이 민의의 크기에 비례하여 부여되어야 한다는 당위론을 실천하기 위한 계산이다. 정당의 득표율 그대로 정당에 의석을 배분하자는 것이 비례대표제의 취지다.

비례대표성은 정당 간의 표 등가성뿐 아니라 선거구 간의 표 등가성도 강조한다. 그런데 소선거구제에서 완전한 표 등가성은 불가능하다. 2014년 10월 헌법재판소가 선거구획정 최대 허용 인구 편차로 결정한

사사오입 개헌에 항의하는 야당의원들

2 대 1 기준은 산술적으로 발생할 수 있는 최대 편차에 근거한 것이다.

사실 현행 선거구처럼 여러 행정구역을 결합할 수 있을 때에는 개별 선거구 간 인구 편차를 2 대 1보다 훨씬 더 낮게 조정할 수 있다. 실제 선진민주국가들 대부분은 인구 편차가 높아봐야 1.5 대 1 이하다. 또 선거구 간 2 대 1 인구 편차 기준에서도 여러 선거구를 집계한 광역지역(시·도) 간 편차는 2 대 1보다 훨씬 낮게, 거의 1 대 1에 근접한 편차로 획정하는 것이 가능하다. 그렇지만 현행 선거구는 광역지역 간에도 작지 않은 편차를 보이고 있다.

선거구획정과 둘러싼 이견 가운데 하나는 비례대표 의석수를 줄일 수 있느냐에 관한 것이다. 비례대표 의석 축소 여부는 정파별로 서로 다른 이해관계가 얽혀 있는데 그럴수록 규범적으로 접근해야 한다.

혹자는 정당 투표에 의해 정당의 전체 의석비가 결정되어야 올바른 비례대표성이라고 믿는다. 정당 투표의 득표율 그대로가 아니더라도 절반 정도가 전체 의석비에 반영되어야 한다는 주장도 있다. 정당 투표 득표율을 갖고 전체 의석비를 결정하는 방안은 유권자들이 비례대표 의석의 표 가치를 지역구 의석 표보다 훨씬 높게 받아들여야만 도입

할 수 있다. 그렇지 않으면 위헌 소지가 있다.

현행 선거제도에서 정당을 선택하는 표의 가치는 지역구 후보를 선택하는 표보다 훨씬 작다. 예컨대 지역구 의석과 비례대표 의석이 각각 250석과 50석이라고 가정하면, 전체 유권자의 평균 1/250에 해당하는 수의 유권자가 지역구 의원 1인을 선출하는 반면에, 비례대표 의원 50인은 전체 유권자가 선출하게 된다. 즉 지역구 의석 표와 비례대표 의석 표 간의 가치는 5 대 1인 것이다. 만일 지역구 투표와 정당 투표의 가치 차이를 이와 다르게 인식하고 투표하는 유권자가 많다면 현행 1인2표제는 유권자의 의중을 잘못 대표하는 방식이다.

지역구에서 높은 득표율로 낙선한 후보가 정당 투표에 의해 비례대표 의석으로 당선될 수 있도록 하는 석패율제 또한 유권자가 표의 가치를 그렇게 인식하지 않고 투표한다면 마찬가지의 문제가 발생한다. 1표로 지역구 의석과 비례대표 의석을 선출한 방식이 위헌이라고 2001년에 결정한 헌법재판소로서는 2개의 표로 1인의 국회의원을 선출하는 방식에 대해서도 위헌으로 결정할 소지가 크다.

선거구획정을 둘러싼 이견 가운데 다른 하나는 인구 편차를 2대 1 이하로 맞추기 위해 농어촌 지역구 의석을 줄일 수밖에 없느냐 하는 문제이다.

만일 특정 지역의 대표는 만들어야 하는데 선거구 인구가 부족하다면 0.5표짜리 국회의원직을 만드는 방안이 있다. 해당 국회의원은 의결에 참여해서 1표 대신 0.5표로 행사하는 방식이다. 재적 과반수 출석과 출석 과반수 찬성으로 의결한다고 규정한 헌법 제49조는 '법률에 특별한 규정이 없는 한'이라는 단서가 있기 때문에 법률 규정으로도 0.5표짜리 국회의원은 가능하다. 헌법이 규정하는 의안에 대해서는 0.5표짜리 국회의원도 1표를 행사하면 된다.

선거구획정의 더 근본적인 문제는 인구 계산 기준이다. 현행 선거구획정은 미성년자까지 포함한 인구 수를 기준으로 한다. 지역에 따라 거주 연령대 분포가 다르기 때문에 인구 수가 유권자 수를 정확히 반영한다고 볼 수 없다. 게다가 정치적 입장이 세대별로 다르기 때문에 지역 유권자의 투표 선택이 해당 지역 전체 인구의 정치적 의사를 제대로 대표한다고 말할 수 없다. 인구 수보다 유권자 수가 비례대표성 계산에 더 적절한 기준이다.

사람뿐 아니라 지역과 면적, 그리고 주민등록 인구뿐 아니라 군장병과 같은 실제 거주자도 선거구획정 기준에 반영되어야 한다는 견해도 존재한다. 분명한 것은 인구비례성 외의 다른 가치 기준을 제기할 수 있어도 비례대표성 자체를 대체할 수는 없다는 점이다. 비례대표성에 벗어나면 평등선거 원칙에 어긋나기 때문이다.

## 개방적 유권자 등록제, 대표성을 높인다

'지지율 = 권력지분'이라는 비례대표성이 간단하게 실천되는 것은 아니다. 현실은 '지지율 ≠ 득표율 ≠ 의석비 ≠ 권력지분'이다. 지지율이 득표율에 그대로 반영되지 않는 이유는 많은 유권자들이 사표방지 심리로 전략적으로 투표하기 때문이다. 득표율이 의석비에 그대로 반영되지 않는 이유는 1등만이 당선되는 소선거구제 때문이다. 또 의석비가 권력지분에 그대로 반영되지 않는 이유는 대통령제와 같은 다수제 의사결정방식 때문이다. 설사 인구 10%의 지지를 받는 정당이 의석 10%를 받는다 하더라도 실제 영향력은 10%에 미치지 못한다. 여러 민주국가에서는 인구비례로 대표되지 않는 지역대표성을 양원제로 반영하고 있다. 그렇다고 10%에게 10%보다 더 큰 영향력을 제공하는, 즉 다수에 대한 역차별은 그 취지가 아니다.

양원제 등의 지역대표성 제도는 헌법 개정이라는 절차뿐 아니라 국회 교착 가능성 때문에 반대 의견도 있을 것이다. 현행 단원제하에서 인구대표성과 지역대표성을 동시에 해결하려면, 지역 특수성이 인정되나 인구가 부족한 지역으로의 유권자 유입을 허용할 필요가 있다. 고향투표제도 그런 예이다. 물론 주민등록제, 학군 및 입시제도 등 여러 제도를 함께 보완해야 한다.

이런 개방적 유권자등록제는 지역 할거 정당체제를 완화한다. 특정 정당이 지배하는 지역구에 전국의 지지자들이 등록하여 다른 정당 후보의 당선을 가능하게 할 수 있다. 현행처럼 이름도 모르는 자기 주소지

| 대한민국 국회의사당. 이조은 그림

국회의원보다는 그간 활동을 주시해온 국회의원을 뽑는 것이 대표성에 있어서 더 바람직하다. 국회의원은 지역 대표보다 국민 대표라는 맥락에서다. 더구나 세금 일부를 선거구민으로 등록한 지역에 납부하도록 만든다면 개방적 등록제는 지방 재정에도 도움이 될 것이다.

현행 공직선거법은 국회의원선거의 선거구획정위원회가 획정안을 선거 6개월 전 국회에 제출하고, 국회는 선거 5개월 전에 확정해야 한다고 규정하고 있다. 획정위와 국회는 공직선거법에서 규정한 이 시한들을 지킨 적이 거의 없다. 여야의 대표들은 선거구획정을 특정일까지 최종 결정하기로 합의했다고 여러 차례 밝힌 바 있다. 하지만 그뿐이었고 합의 시한에 조급해 하는 모습은 없었다. 애초 선거구획정 합의가 쉽게 되지 않을 것을 알고 있었기 때문에 이루어진 대對국민 면피용 발표에 불과했다.

유권자의 선거구 등록을 개방적으로 조정한 후 선거구별 유권자수에 비례한 선거구를 획정하고, 다른 한편으로는 예비후보자 관련 조항을 개정해서 신진 정치인의 진입장벽을 낮추는 것이 공정성에 부합한다.

2000년 미국 대통령선거에서 조지 부시가 앨 고어에게 득표율에서 졌지만 선거인단 수에서 이겨 대통령에 당선되었는데, 제도 변경이나 선거 전략에 대한 논의는 있었어도 선거결과 불복 사태는 없었다. 그런 유사한 선거결과가 대한민국에서 발생한다면 정치적 소요사태가 없으리라 장담하지 못한다. 민주주의에서 게임규칙에 대한 합의는 매우 필요하다. 엄격한 논리에 근거한 합리적인 규칙이 대한민국에도 자리 잡았으면 한다.

34 전략

# 상대의 마음 얻기

## 마음을 비워 세상을 얻는다

### 무릎 꿇은 브란트

1970년 12월 7일, 폴란드 바르샤바 게토(유대인 격리 지역)의 희생자 추모비 앞, 내리던 비가 그치고 서독 총리 빌리 브란트가 무릎을 꿇었다. 사람들은 브란트가 추모비 앞에서 억울한 죽음들을 애도할 거라고 예상했지만 축축한 바닥에 무릎까지 꿇을 거라고는 예상치 못했다.

이런 브란트의 행동은 서독 내에서 거센 반발을 가져왔다. 브란트의 지지자들조차 무릎 꿇은 행동을 비판했다. 그렇지만 두 번이나 세계대전을 일으킨 독일에 대한 주변국의 경계심을 누그러뜨리는 데에 큰 기여를 했다. 주변국에서는 젊은 시절 나치에게 저항하다 박해받은 브란트가 나치와 독일 국민을 대신해서 사죄한 것으로 받아들였다. 이런 진정성 있는 사죄가 있었기에 훗날 주변국들은 독일의 재통일을 허용했다.

| 1970년 12월 7일 게토 희생자 추모비 앞에서 서독 총리 빌리 브란트가 무릎을 꿇고 있는 모습.
©독일 역사박물관 웹사이트

사실 독일의 입장에서는 오늘날 폴란드 서부 접경지역을 역사적으로나 국제법적으로 자국 영토라고 주장할 수 있다. 그런데 독일은 이런 정치적 영유권에 집착하지 않았다. 그 결과, 독일은 다시 통일할 수 있었고, 유럽연합이 확대됨에 따라 과거 한때 독일이 점유했던 지역들은 자연스럽게 독일 경제권역에 포함되었다.

주변국 방문 때 무릎 꿇은 독일 총리는 빌리 브란트뿐이 아니다. 앙겔라 메르켈 총리의 폴란드 방문, 그리고 콘라트 아데나워 총리의 프랑스 방문 때의 행동도 모두 진정성을 인정받았다.

2012년 12월 초 바르샤바 게토에서는 또 다른 독일 지도자가 무릎을

**무릎 꿇은 히틀러** 마우리치오 카텔란
(©MAURIZIO CATTELAN 웹사이트)

꿇었다. 아돌프 히틀러다. 실제 살아 있는 히틀러가 아니고, 이탈리아 예술가 마우리치오 카텔란Maurizio Cattelan이 히틀러 얼굴을 재현하여 만든 조각상이었다. 이에 유대인 유족들이 반발했다. 희생자를 모독하는 상업적 행위에 불과하다면서 작품 철거를 주장해 결국 다음 해에 철거되었다. 중요한 것은 무릎 꿇기가 아니라 진정성이다.

## 조말과 환공의 약속

사마천은 상대 마음 얻기를 신의信義로 이해한 듯하다. 『사기』 '관안열전'에 나오는 이야기로 노나라 장수 조말은 제나라 왕 환공을 칼로 위협하여 노나라 땅을 돌려주겠다는 환공의 약속을 받았다. 뒤에 환공이 약속을 지키지 않으려 했으나, 관중이 다른 나라와의 관계를 위해서라도 조말과의 약속을 지켜야 한다고 조언했고, 이에 환공은 노나라 땅을 돌려주었다. 이후 다른 제후국들은 관중의 예상대로 제나라에 귀의했다.

여기서 "주는 것이 얻는 것임을 아는 게 정치知與之爲取 政之寶也"라는 말이 등장한다. 제나라가 노나라에게 보여준 신의는 다른 제후국들에게 그대로 전파되었고, 또 제나라는 노나라에게 양보한 것 이상으로 훗날 더 큰 보상을 받았다.

사실 제나라뿐 아니라 노나라의 전략도 통했다. 환공을 인질로 땅을 돌려받았기 때문이다. 인질전략이 늘 효과적이지는 않다. 만일 테러범이나 납치범과는 협상이나 대화 자체를 절대로 하지 않는 상대라면, 그 상대에게 어떤 요구를 관철하기 위한 테러나 납치는 시도하지 않게 된다. 그래서 일부 나라에서는 테러나 납치를 예방하기 위해 그들과 협상하지 않는다는 정책을 고수한다.

조말의 행위는 엄밀한 의미의 인질전략이 아니다. 약속에 대한 아무런 보장 없이 환공의 말만 믿고 환공을 풀어주었다. 조말은 환공을 위협해서 얻은 약조를 과연 환공이 지킬 것이라고 어떻게 믿었을까.

노나라는 힘으로 땅을 되찾을 수 없고, 남은 방법은 제나라에 읍소하여 애원하는 것 그리고 인질을 잡아 요구하는 것 두 가지뿐이다. 읍소의 방법만으로는 통하지 않았을 것이다. 제나라가 모든 나라의 모든 읍소를 다 들어줄 수는 없었기 때문이다. 또 인질로 요구하는 내용도 어느 정도 타당해야 한다. 타당하지 않은 요구는 제나라에 약속 번복의 구실을 제공했을 것이다.

칼로 위협하여 받은 약속을 곧이곧대로 믿고 인질을 풀어주는 것은 대의명분과 큰 목표를 가진 상대에게나 통할 전략이다. 말 바꾸기를 밥 먹듯이 하는 상대에게는 통하지 않는다. 협상 시 백지수표를 제시하는 전략도 상대를 봐가면서 구사해야 한다.

여러 설문조사에 의하면 다른 나라 사람들로부터 대체로 신뢰를 받는 특정 국가들이 있고 또 반대로 다른 나라 사람들로부터 대체로 불신을 받는 특정 국가들도 있다. 신뢰와 매력은 국가 간에도 존재한다. 신용이 개인적 자본이라면, 사회적 신뢰는 사회적 자본이고 국가적 신뢰는 외교적 자본이다. 독일이 폴란드와 유대인에게 보여준 양보, 화해, 사죄는 다른 주변국의 마음을 얻었고 독일 통일에 대한 주변국의 동의로 연결되었다.

## 존중과 아부

싸워서 무엇을 얻는 것보다 싸우지 않고 얻는 것이 더 나음은 너무나도 당연하다. 손자병법에서도 백전백승百戰百勝보다 싸우지 않고 양보받는 게不戰而屈人之兵 최선이라고 말하고 있다. 실제 이기기를 좋아하는 자는 질 때가 있을 수밖에 없다.

싸우지 않고 얻는 전략 가운데 하나는 상대를 존중하기다. 사실 존중은 도덕이나 윤리 차원의 개념이 아니라 전략적인 개념이다. 왜냐하면 상대를 존중함으로써 자신도 더 나아질 때가 많기 때문이다. 특히 남을 도우면 자신의 면역 기능이 향상된다는, 이른바 '테레사수녀 효과' 혹은 '슈바이처 효과'도 그런 범주에 속한다.

이타적 행동은 남을 도와주는 데에서 오는 행복감뿐 아니라 물질적 보상을 가져오기도 한다. 2011년 미국 프로야구 경기에서 관중석으로 날라 온 공을 받은 소년이 그렇지 못해 울고 있는 아이에게 공을 양보했는데, 이 선행 장면이 TV로 생중계되어 그 소년은 더 큰 선물을 받기도 했다.

상대의 마음을 사기 위해서는 뭔가를 주어야 한다. 그 뭔가는 실리적 물건일 수도 있고, 또 아무런 혜택 제공 없이 상대를 편하게 만들어

주는 말일 수도 있다. 일방적으로 물질적 혜택을 제공받는 자는 자신이 상대에게 정서적 혜택을 제공한다고 생각할 것이다. 이런 경우 그 정서적 혜택은 대체로 말로만 하는 립 서비스다.

진정성 없이 상대를 존중하는 체할 수도 있다. 생색낼 수 있는 일은 본인이 직접 하고, 남을 아프게 할 일은 남에게 시키기도 한다. 자기 개인의 것이 아닌, 모임의 술로 생색낸다는 계주생면契酒生面, 그리고 남의 칼로 또 다른 남을 죽이는 차도살인借刀殺人은 남을 의식한 행위다. 이간질이나 이이제이以夷制夷 모두 차도살인의 범주에 속한다.

이와 달리, 자기를 희생해서 남에게 혜택을 줘도 말로 모욕감을 주면 악의가 없었다고 하더라도 미움을 받아 손해 보기가 십상이다. 특히 진실이 다수에게 아픈 상처를 줄 때 그 다수는 불편한 진실보다 편한 거짓을 더 선호하기 때문에 세련된 거짓이 진실로 받아들여지기도 한다. 지동설처럼 진실을 믿거나 주장한 소수가 박해를 받았던 역사적 사례는 무수히 많다.

실제 존중과 아부는 구분하기 어렵다. 대체적으로 존중받기를 갈망하는 사람일수록 아부에 약하다. 아부가 문제될 때에는 아부 받는 사람에게도 책임이 있기 때문에 그런 아부 행위를 아부 행위자들만의 탓으로 나무랄 수는 없다. 그런 이들은 자신의 행위에 대해 존중과 공감의 표현이라고 말할 것이다.

민주주의에서는 권력자에 대한 아부만큼이나 유권자에 대한 아첨도 심각하다. 정치인의 선심 대부분은 계주생면에 불과하다. 조삼모사朝三暮四는 아침에 3개, 저녁에 4개를 주는 대신에 아침에 4개, 저녁에 3개를 줌으로써 인기를 얻는 것이다. 사실 이 정도의 조삼모사는 큰 문제가 아니다. '아침 3개, 저녁 4개'와 '아침 4개, 저녁 3개'는 실제 원숭이들에 별 차이가 없기 때문이다. 유권자가 '아침 3개, 저녁 4개'보다 '아침 4개, 저녁 1개'에 더 끌리는 수준이라면 문제가 된다. 이 정도라면 기만이다. 현명한 유권자에게는 조삼모사가 잘 통하지 않는다. 유권자가 긴 안목을 가지면 조삼모사는 줄어들 수밖에 없다. 유권자를 의식하여 가급적 많은 혜택을 주려고 하는 것 자체는 나쁘지 않고, 실제 혜택은 적게 주면서 눈속임하는 것이 나쁜 것이다.

개인이나 집단의 행위는 복잡한 전략적 계산 없이 "그냥 좋아서" 혹은 "그냥 싫어서"에 의해 좌우되는 경우가 많다. 현행 단임제 대통령 임기 말에는 현직 대통령의 인기가 추락하고 따라서 대통령이 추진하는 정책은 반대에 직면하며, 또 나쁜 모든 게 대통령 탓이라고 말하기도 한다. 노무현 대통령 임기 말, 많은 정치적 행위가 "노무현이 싫어서"라는 이유로, 그리고 이명박 대통령 임기 말의 정치적 행위 다수는 "이명박이 싫어서"라는 이유로 선택되었다.

나은 결과를 얻기 위해서는 상대 마음을 얻는 것이 가장 효과적이다. 상대 마음을 얻으려면 자신의 마음부터 바꾸어야 할 때가 많다. 자신의 마음을 바꾸면 그 바뀐 마음대로 무엇이든 얻게 된다. 마음을 비우는 것이 곧 마음대로 얻게 되는 지름길이다.

전략 35

# 토목·건축의 정치학

## 보여지는 것으로 상징을 삼는다

### 고가도로의 정치적 효과

2015년 12월 크리스마스 페스티벌 첫날인 12일, 청계천 복원 10주년을 기념하여 이명박 전 대통령이 직접 인솔하는 투어가 있었다. 같은 날 밤 13일 0시를 기해 서울역고가도로는 박원순 서울시장이 추진하는 공원화사업을 위해 차량통행이 전면 금지됐다.

이명박 시장의 청계천 복원사업과 박원순 시장의 서울역고가 공원화사업은 종종 비교된다. 고가도로를 철거 또는 폐쇄하여 공원화하는 조성 방식, 지역상인 및 중앙정부의 공원화 반대 의견, 차기 대권주자이면서 야당 소속 서울시장이라는 사업주체, 대통령선거 1~2년 전의 완공시점 등 때문이다. 두 사업 모두 정치적 목적으로 추진되었거나 되고 있다는 주장이 제기된다.

무릇 정치는 동원으로 세력화되고, 정치적 동원은 감성으로 동력화

| 2003년 청계천 복원공사 기공식

되며, 원초적 감성은 보이는 걸로 증폭된다. 눈에 보이는 토목구조물이 정치적 상징효과를 갖는 근거다.

고가도로의 해체가 정치적 상징효과를 갖는다면, 이는 거꾸로 고가도로의 건설에서도 정치적 상징효과가 있었다는 의미다. 청계고가도로는 박정희 대통령의 재선 직후인 1967년 광복절에 착공해서 3선 직후인 1971년 광복절에 개통(추가 구간은 1976년 광복절에 완공)했다. 서울역고가도로는 3선 직전인 1970년 광복절에 개통했다.

고가도로는 시민들이 도시 한복판에서 체감할 수 있는 산업화의 가시적 조형물이다. 대한민국 최초의 고가도로는 1967년 12월 27일 개통된 삼각지 입체교차로다. 1967년 대통령선거 직전에 착공하여 그해 말에 개통했다.

삼각지의 명칭은 일제가 경부선철도와 한강로를 개설하면서 생긴

한강, 서울역, 이태원 방면의 세 가지 길에서 유래한다. '철의 삼각지'와 같은 세모 모양 땅의 의미가 아니라, 길이 세 곳으로 나눠져 각角이 3개인 땅이라 그렇게 불린 것이다. 1994년 철거된 입체교차로는 오늘날 삼각지에서 볼 수 없다.

삼각지입체교차로 이전에 만들어진 가요 '돌아가는 삼각지'는 입체교차로 개통과 함께 덩달아 인기를 얻었고, 곧이어 같은 이름의 영화도 상영되었다. 대중문화에서 '돌아가는 삼각지'를 소재로 다룸에 따라 기획되었든 아니었든 삼각지 입체교차로는 서울시민뿐 아니라 국민 전체가 체감하는 토목구조물이 되었다.

## 도심 건물의 정치적 효과

삼각지, 서울역, 청계천, 경복궁에 이르는 도심의 구조물은 정치적 상징효과에 따라 변천했다. 특히, 경복궁은 조선왕조가 출범한 직후 역성혁명을 가시화한 건축물이었다. 왕자의 난을 비롯한 여러 정변으로 인해 바로 왕궁으로 활용되지 못하다가 태종과 세종에 이르러 왕궁으로 자리 잡았다.

조선 개국의 상징물 경복궁은 조선왕조 패망과도 관련된다. 각종 개혁으로 민심을 얻던 흥선대원군은 임진왜란 때 파손돼 방치되던 경복궁을 1865년에서 1872년에 걸쳐 중건했다. 왕족 중심의 권력구조로의 상징효과를 노린 것이었다. '원해서 내는 기부금'이라는 뜻의 원납전願納錢을 거두었으나 실제로는 강제 징수로 백성의 원성을 사 원납전怨納錢으로 불렸다. 또 당백전을 발행하여 물가가 폭등했다. 경복궁 중건

| 김영삼 대통령에 의해 철거된 경복궁 조선총독부 청사

은 사업추진 과정에 있어 홍선대원군의 권력기반을 강화하기도 했지만, 그로 인한 국가재정난은 1873년 홍선대원군 실각의 주요 요인으로도 작용했다.

조선총독부는 경복궁의 중심인 근정전 바로 앞에 총독부청사를 건립했다. 이런 일제강점기 건축물들은 한국인의 마음을 얻지 못했다. 1945년 광복 직후 총독부청사는 독립선포와 제헌국회의 장소가 되었다. 대한민국 중앙청과 국립중앙박물관으로 사용되다가, 50년이 지난 1995년 광복절에 철거되었다.

상징효과는 하나의 건축물뿐 아니라 건축물들 간의 배치로도 추구할 수 있다. 북악산, 총독부청사, 경성부청사서울시청사의 배치를 하늘에서 내려다보면 대일본大日本이라는 한자어를 형상화한 모습이라는 주장이 제기되기도 했다. 일제강점기 건축 당시 실제 그렇게 의도했는지 여부를 떠나 그런 말이 회자되면 그 자체가 정치적 파급효과를 갖게 된다.

## 광장과 공원의 정치적 효과

정치적인 공간 배치에는 광장 설치가 포함된다. 광장은 민주정치와 대중정치의 상징 공간이다. 광장은 고대 그리스와 로마의 정치에서 중요한 기능을 수행했다. 봉건시대와 식민시대의 지배층에게 광장은 불편한 장소였다. 전체주의체제에서도 광장이 필요했다. 히틀러, 무솔리니, 스탈린 등이 건축한 도시에는 광장이 매우 중요한 위치를 차지하고 있다.

집회와 선동이 주요 정치수단인 북한체제에서도 광장은 필수적인 구조물이다. 6.25전쟁 이전의 평양은 구조물에 의한 상징효과를 낼 수 있는 도시 구조가 아니었다. 전쟁 때 미군 전투기의 폭격으로 도시 전체가 파괴됨에 따라 비로소 체계적으로 도시 전체를 설계할 수 있었다. 평양의 도시망은 김일성광장을 중심으로 하여 부도심으로 기능하는 여러 광장 간의 연결이다.

광장은 기념탑이나 동상을 건립하여 선전효과를 높였으며, 상징효과의 극대화를 위해 대형화했다. 평양 5.1경기장의 15만 명 수용 능력은 잠실종합운동장의 2배가 넘는 세계 최대다. 류경호텔 또한 105층의 세계 최대 호텔로 추진되었다. 대동강변의 주체사상탑은 170m로 세계에서 가장 높은 석탑으로 만들어졌다. 김일성동상 또한 인물 입상 가운데 세계에서 가장 크고 가장 많은 것으로 알려져 있다.

북한체제에서는 공원과 유원지도 정치적 기능을 한다. 공장의 공원화사업은 노동자 천국 이미지를 위해서이다. 1977년에 개장한 대성산유희장은 1973년 개원한 서울어린이대공원을 의식하여 조성되었음은 물론이다. 전란과 경제난에도 불구하고 북한정권이 70년 이상 권력을

| 대동강과 주체사상탑을 배경으로 촬영된 김일성광장

유지하고 있다는 사실은 그만큼 체제의 상징효과가 오늘날까지 지대했음을 의미한다.

근대 도시의 계획적 조성은 파리가 처음이다. 1851년 제2공화정 대통령 루이 나폴레옹은 쿠데타를 일으켜 의회를 해산했고 다음해 압도적인 국민 지지로 제2제정 황제로 즉위했다. 나폴레옹 3세는 즉위하자마자 파리를 개조하는 사업에 착수했고, 그의 인기는 1850년대에 높았다가 1860년대 들어 재정문제와 더불어 하락했다. 나폴레옹 3세는 1870년 프로이센과의 전투에서 포로로 잡히는 수모를 겪고 제3공화정이 등장하면서 영국으로 가족과 함께 망명하여 생을 마감했다. 제3공화정은 나폴레옹 3세의 모멸적 패전과 베르사유궁전에서의 독일제국 선포로 프랑스 국민이 받은 정신적 충격을 위안하려 했는데 그 수단 또

| 몽마르트언덕 위의 사크레쾨르성당

한 건축물이었다. 바로 몽마르트언덕 위의 사크레쾨르성당이다. 국민 모금으로 거의 30년에 걸쳐 건축되었고 제1차 세계대전에서 독일이 항복한 직후에 헌당식을 치렀다.

## 정치적 행위 의심하기

토목구조물은 일종의 공공재다. 공공재의 비非경합성, 즉 누가 향유한다고 해서 다른 사람의 향유에 지장을 주지 않는다는 점에서 효율적인 재화다. 그래서 다수가 누릴 수 있는 장소에 세워진다. 만일 토목구조물 향유자의 수와 빈도가 작다면, 이는 비효율적인 재원 집행이다. 어떤 경우에는 비싼 토목공사를 벌이는 것보다 복지수당과 같이 돈으로 지급하는 것이 더 효율적일 수 있다. 현찰은 부의 누수가 적은 효율적인 가치 이전이기 때문이다.

정치적 목적으로 추진되는 사업은 허다하다. 특히 지방선거가 도입된 이래 선거를 의식한 지방자치단체장의 정치성 사업은 매우 많아졌다. 정치적 의도가 있다고 해서 무조건 나쁘게 볼 필요는 없다. 사실 인기영합은 국민을 만족시키려는 노력이라는 점에서 민주주의에 충실한 태도다. 유권자 표를 얻으려는 정치적 행위가 조삼모사朝三暮四적이지 않고 지속적으로 유권자 다수를 만족시킨다면, 정치공학이라고 불리더라도 민주주의와 부합한 행위다.

고기를 잡는 방법을 이전하지 않고, 직접 고기를 주는 방식은 자립을 어렵게 하기도 한다. 정치적 민주주의가 발달했다는 인도에서는 각종 무상증여가 공약으로 등장했고 실천됐지만 결국 저발전을 지속시켰다는 평가다. 그래서 인기영합을 경계하는 것이다.

정치적 행위는 주로 대중의 우매함을 이용하는 경우가 많다. 그런 행위의 정치적 효과는 그것을 의심함으로써 반감된다. 정치적 의도를 지적하고 거론하는 것은 조삼모사 효과를 없애는 길이기도 하다. 정치적 의도가 의심되었음에도 그 정치적 행위에 대한 유권자의 만족도가 지속적이라면 이는 실제 유권자의 복리를 증진시킨 것으로 볼 수 있다. 정치권의 토목공사도 그렇게 받아들이면 된다.

전략 **36**

# 표준의 입체화

## 생명력을 지닌 표준, 입체적으로 해체하거나 연결한다

### 좌측 통행, 우측 통행

국민안전처는 2007년부터 실시해오던 에스컬레이터 두 줄 서기 캠페인을 2015년 10월부터 폐지한다고 공표했다. 1998년부터 시행된 한 줄 서기 캠페인까지 감안하면 8~9년마다 에스컬레이터 통행규칙이 바뀐 셈이다. 사소한 규칙에 신경 쓰지 않는 사람들은 그런 규칙 변경 역시 무심하게 받아들이겠지만, 작은 규칙 하나하나 지키려는 사람들에게는 잦은 규칙 변경이 큰 스트레스이고 사회적으로도 큰 비용이다.

에스컬레이터 통행규칙보다 더 중요한 통행규칙은 좌측통행이냐 우측통행이냐 하는 것이다. 1905년 12월 30일 대한제국 경무청령 제2호 가로관리규칙은 가로에서 차마와 우마가 서로 마주친 때 서로 우측으로 피하여 양보하고, 성문과 교량 및 통행이 혼잡한 가로에서는 우측으로 통행해야 한다고 규정했다. 1921년 조선총독부 경무국은 우측통행을 폐지하고 좌측통행으로 변경했다. 1945년 일제 패망으로 미국과 소련의 군정이 실시되면서 한반도의 통행규칙은 우측통행으로 다시 바뀌었다. 2010년 대한민국 정부는 차량뿐 아니라 사람도 우측으로 통행한다고 고시했다.

좌우 통행의 기준은 고대와 중세에서부터 그 흔적을 찾을 수 있다. 고고학자들은 고대 로마 시대의 채석장 유적지에서 채석장 바깥으로 나가는 방향으로 왼편이 오른편보다 더 파여 있음을 발견했다. 가벼운 빈 수레가 채석장 안으로 들어가서 광물을 싣고 무겁게 밖으로 나왔을 것이기 때문에 채석장 출입 수레는 좌측통행을 했다고 유추했다. 즉 고대 로마 시대는 좌측통행이었다는 것이다.

좌측통행은 봉건시대 기사계급과 관련되어서도 설명된다. 오른손잡이 기사는 칼을 몸 왼쪽에 차야 재빠르게 대응할 수 있었는데 마주보고 걸을 때 칼끼리 부딪쳐 시비가 붙지 않도록 좌측통행을 했다는 해석이다. 칼을 왼손에 잡은 채 말을 탈 때는 말 왼편에서 타는 것이 편했고

좌측 통행의 원칙을 따랐던 일제강점기 조선 경성부의 차도

ㅣ 우측 통행의 원칙을 따르는 대한민국의 차도

또 말을 탄 채 평민들을 감독할 때에도 좌측통행을 해야 제압하기가 편했다는 것이다.

이런 통행규칙은 근대화로 변화를 겪었다. 여러 말들이 끄는 수레에서 마부는 맨 왼편의 말에 앉아야 오른손으로 말채찍을 사용할 수 있었고 또 반대편에서 오는 말들과 부딪치지 않으려 우측통행을 했다는 것이다.

현재까지 발견된 우측통행 규칙 최초의 공식 문서는 러시아 엘리자베타 여왕의 1752년 칙령으로 알려져 있다. 또 18세기 말 미국은 독립 강화의 일환으로 펜실베이니아주를 시작으로 미국 전역에서 영국식 좌측통행 대신 우측통행을 실시했다. 혁명 전후 프랑스에서 좌측통행은 오른손에 칼이나 채찍을 들고 말 위에서 평민을 감독하는 이미지였다. 이러한 이미지의 좌측통행 대신 우측통행이 혁명 이후 보편화됐다. 우측통행은 나폴레옹 보나파르트의 해외 정복으로 유럽대륙 전체로 확산되었다.

영국 등 나폴레옹에게 정복된 적 없는 국가들은 좌측통행을 유지했다. 일본도 영국과의 교류 속에 1872년 철도를 개통함에 따라 좌측통행이 보편화되었다. 식민지 한국도 좌측통행을 따를 수밖에 없었다. 오스트리아 등 유럽대륙의 나머지 좌측통행 국가들은 나치 독일에 점령됨에 따라 우측통행으로 바뀠다. 대체로 좌우 통행방식은 지배국의 방식을 따른 것에 불과했던 것이다. 일본에의 편입, 미군정, 일본으로 반환 등에 따라 좌측통행, 우측통행, 다시 좌측통행으로 바뀐 오키나와도 그런 사례다.

## 통행 규칙의 유지, 변경 그리고 연결

좌우 통행규칙은 자동차의 표준에 영향을 준다. 좌우 통행에 따라 전조등, 윈도우 와이퍼, 방향등 스위치 등이 다르게 설치된다. 가장 중요한 차이는 좌측통행 차량의 운전석은 우측에, 우측통행 차량의 운전석은 좌측에 배치된다는 점이다. 물론 늘 그런 것은 아니다. 1960년대 우측통행으로 바꾼 스웨덴처럼 좌측통행 규칙에서도 많은 좌측 운전석 차량이 운행됐던 경우가 있다. 또 미국 등 우측통행 국가에서도 우편차 등 일부 차량의 운전석은 우측에 위치해 있다.

표준 변경은 쉽지 않다. 좌우통행 규칙을 변경한 나라들은 복잡한 과정을 거쳤다. 바꾸고 싶어도 어려워 포기한 나라도 많다. 예컨대, 파키스탄은 우측통행으로 바꾸려 했지만, 좌측통행에 익숙한 야간수송용 낙타들이 통행규칙 변경에 적응하기 어려울 것으로 판단하여 우측통행을 포기한 바 있다. 한국에서도 5년 전 우측보행이 고시되었지만 에스컬레이터나 회전문의 방향 전환 비용이 부담스러운 곳에서는 여전히 좌측보행이 실시되고 있다. 또 에스컬레이터에서 한 줄 서기를 없애려고 8년간 노력했지만 잘 되지 않았다.

표준은 그만큼 자체 생명력을 지닌다. 어떤 것을 추진하는 측에서는 그것을 표준으로 만들어 그 해체 비용을 높일 수 있다. 물론 반대하는 측에서는 그 표준화를 '잘못된 대못질'로 부르지만, 뭐라고 불리든 박힌 대못을 뽑는 데에는 적지 않은 비용이 소요된다. 표준 구축은 이미 다른 표준이 있을 때보다 아예 없을 때에 더 쉽다. 그래서 표준은 변경보다 선점先占으로 추구한다.

이른바 국회선진화법의 변경이 어려운 이유도 일종의 표준이 되었기 때문이다. 2012년 5월 제18대 국회 마지막 본회의의 국회선진화법 통과로 국회의결에 50% 초과가 필요하던 것이 실제로는 60% 이상으로 바뀌었다. 60% 룰이 표준으로 정해진 결정은 50% 룰에 의해서였지만, 다시 50% 룰로 환원시키려면 60%의 동의가 필요하게 된 것이다. 이를 자기구속적 표준화 전략으로 부를 수 있다.

패전 후 일본의 좌측통행 고수는 일본 자동차산업 성장에 영향을 주었다. 미국 자동차에 일종의 무역장벽으로 작용했다. 미국 자동차 회사들로서는 미국보다 작은 시장인 일본과 영국 등에 수출하기 위한 좌측통행용 자동차의 생산라인을 따로 만들어야 하니 생산 단가가 높아질 수밖에 없었다. 일본 내수시장을 기반으로 성장한 일본 자동차회사들은 1970년대부터 미국보다 훨씬 높은 생산성을 무기로 미국 시장을 장악하기 시작했다. 1960년대부터 1980년대 초까지 일본 자동차의 국내 생산 대비 수입 비율은 거의 매년 1%에 불과했지만, 1960년대 10% 전후에 불과했던 일본 자동차의 국내 생산 대비 수출 비율은 1970년대 중반부터 거의 50%에 이르렀다.

경쟁국의 상품이 들어오기 어렵게 하기 위해 표준을 이용하기도 하지만, 반대로 해당 상품을 생산하지 않는 국가로서는 표준을 바꿔서라도 수입품의 단가를 낮추려고 시도한다. 2009년 사모아독립국은 좌측통행을 채택하고 있는 일본, 호주, 뉴질랜드의 값싼 중고차를 수입하기 위해 좌측통행으로 변경했다. 통행규칙이라는 표준이 자동차라는 사물에 의해서도 좌우되는 것이다.

북한을 통해 시베리아와 중국으로 연결하려는 철도연결 사업은 북한 참여 문제뿐 아니라 표준화 문제도 극복해야 한다. 철로 폭, 에너지 공급방식, 신호체계 등 서로 다른 시스템이 간단히 연결되는 것은 아니다.

한국 내 국철과 도시전철의 운영조차 단일 표준이 아니다. 코레일 운영구간(서울지하철 1호선 포함)은 좌측통행이고 도시전철은 우측통행이다. 이는 표준을 일찍 통일하지 못했다는 점에서 실패 사례다. 표준화 타이밍을 이미 놓친 상황에서는 다른 극복 전략이 필요하다.

한 평면 위에서는 좌측통행과 우측통행이 서로 연결될 수 없다. 그러나 입체적이라면 연결될 수 있다. 꽈배기 형태의 고가나 터널이 그 예이다. 실제 우측통행의 서울지하철 4호선과 좌측통행의 국철이 남태령-선바위 구간에서 그런 방식으로 연결되고 있다. 전류공급방식이 변경되는 구간에서는 전류공급 없이 관성으로 이동한다. 마카오, 홍콩, 태국, 영국 등의 좌측통행 도로가 우측통행의 주변국과 연결될 때에도 입체 도로를 이용한다.

## 표준의 교체

표준 간의 연결뿐 아니라 표준의 교체도 입체적으로 접근할 때 가능하다. 좌우의 일차원적 스펙트럼에서는 철옹성 같은 승자의 위치가 존재할 수 있다. 그림 1의 일차원 공간에서 A, B, C의 3인 투표자가 후보 X와 Y 가운데 자신에게 가까운 후보에게 투표하고 과반수로 당선자를 선출한다고 하자. 그렇다면 B에 위치한 후보 X는 다른 후보와 경쟁해서 절대 지지 않는다. 예컨대 Y가 A와 B 사이에 위치한다면, A만 Y에게 투표하고 B와 C는 X에게 투표하기 때문에 X가 승리한다. 즉 B에 위치한 X라는 표준을 교체하기가 어렵다.

이제 세로축의 스펙트럼이 추가되어 A, B, C가 그림 2처럼 배열되어 있다고 하자. 이 경우에는 지배적 위치를 흔들 수 있다. 예컨대 X가 A, B, C 한가운데에 위치한다고 하자. A를 중심점으로 하여 X를 지나는 원 둘레는 A의 무차별곡선이다. 원 둘레 위의 X를 포함한 어떤 점이든 모두 A로부터 같은 거리에 있기 때문이다. 즉 A가 X보다 더 선호하는 위치는 A 중심의 원 내부이다. B와 C에서도 X를 지나는 원을 그릴 수 있다. A 원과 B 원이 겹치는(A와 B가 X보다 더 선호하는) 부분에 Y가 있다고 하자. Y는 A와 B의 지지로 X에게 승리한다. 이외에도 B 원과 C 원이 중첩되는(B와 C가 X보다 더 선호하는) 부분 그리고 A 원과 C 원이 겹치는(A와 C가 X보다 더 선호하는) 부분도 X에게 이기는

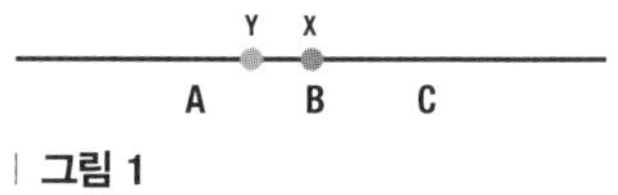

그림 1

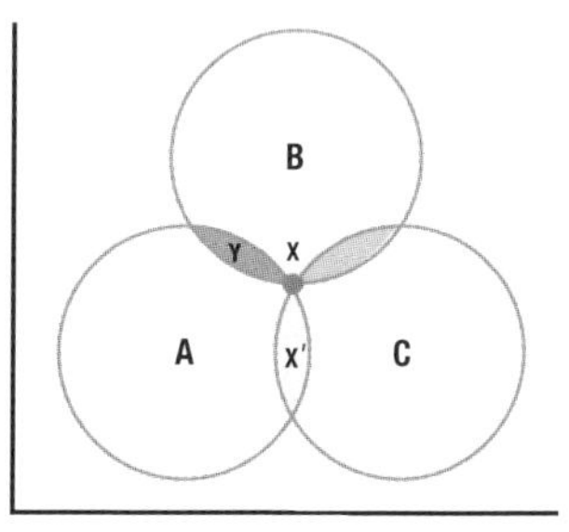

그림 2

위치다. X가 X′을 포함한 어디에 위치하더라도 X를 무너뜨릴 수 있는 Y는 곳곳에 존재한다. 이것이 입체적 표준해체 전략이다.

표준화의 극단적 형태는 의식화이다. 표준화처럼 의식을 심는 작업과 그 의식을 지우는 작업은 전혀 다르다. 같은 종이에 그림을 지운 후 다시 그리기보다는 기존 종이를 버리고 새롭게 그리는 것이 더 쉬움은 물론이다. 일체형 부품이 대량생산되는 시스템에서는 일체형 부품을 통째로 바꾸는 것이 고장 난 부품만을 수리하는 것보다 훨씬 경제적이다.

역사교과서 국정화 문제도 마찬가지다. 국정교과서를 추진하는 측에서는 올바른 표준화로 주장하고, 반대하는 측에서는 잘못된 획일화로 받아들이고 있다. 국정이든 검인정이든 교과서 내용이 제일 중요할 텐데 그것보다 국정이냐 아니냐를 더 심각하게 여기는 이유도 바로 국정화가 의식의 표준화이기 때문이다. 표준화는 자기구속적임을 확실히 깨달아야 한다.

# 찾아보기

ㄴ

ㅅ

ㅈ